中國民主運動史

從中國之春到茉莉花革命潮

翁衍慶——著

目次

導讀

一九八二年十一月，中共留學生第一位獲得博士學位的王炳章先生在美國紐約宣布「棄醫從運」，發起「中國之春」民主運動，舉世雀躍，即為王博士的壯舉而喝采，又為中共在鎮壓「四五天安門民運」和「西單民主牆」之後，民運之火能夠移植海外而鼓舞。人人寄望國內外民運力量的結合，能為中國民主運動帶來一番新氣象。一年後，王炳章又將他集結的民運力量組建為「中國民主團結聯盟」（「民聯」），並在世界各主要城市成立分部。

一九八三年，筆者負笈美國，同學中不乏大陸民運人士，課餘促膝長談，常涉及中國民運之議題，深受他們的民運思想和熱情感動，自此關心中國民主運動的發展情勢。即使在回台後，仍難予忘懷。

「八九民運」爆發後，吸引全球目光，人人都在關注情勢的發展。當看到學生因未能獲得中共善意回應，在天安門廣場採取絕食激烈抗爭手段時，深感不捨，尤其廣場出現一幅「大字報」，學生寫道：「媽媽我很餓，但是我不吃！」更是令人心酸落淚。然而在看到中共總書記趙紫陽出現在學生絕食現場，眼含淚光哽咽的說：「我們來得太晚了……對不起同學們，你們可以批評我們，這是應該的。」以為中共終於被學運感動了。但是，就在這一天鄧小平以趙紫陽同情支持學運，決定罷黜趙紫陽，並堅持學運就是「動亂」，指使軍隊血腥屠殺廣場上民運學生，爆發了震驚世界的「六四」血案。

「六四事件」後，一些學運領袖、異議人士和趙紫陽的智囊紛紛外逃到歐美各國，在巴黎成立「民主中國陣線」（「民陣」），並與「民聯」共同聲明：「作為中國海外民主運動的兩支主要力量，應該在積極合作的基礎上迅速走向聯合」，「向組織上的合併努力，並同時推動有共同意願的其他民運團體一起合併。」

這本是一件好事，如果「民聯」和「民陣」確能合併，並團結海外所有民運力量向中國境內推動民主運動，勢可重振「六四」被打壓後沉寂的民運士氣。可惜這一次合併，卻造成了海外民運最大的分裂，使海外民運從此一蹶不振。

海外民運共分裂了兩次，對中國民運造成了難以彌補的傷害：

第一次的分裂，發生於一九八九年一月的中國「民聯」的「罷王風波」。「民聯」卸任主席王炳章和現任主席胡平之間產生矛盾，導致分裂，王炳章被開除盟籍。「擁王派」出走，另成立「中國民主黨」。當年即爆發「八九民運」，未因「民聯」的分裂，在天安門民主運動期間，未能團結一致充分支援大陸民運，不無遺憾。

第二次的分裂，發生在一九九三年一月，「民聯」和「民陣」在美國華府舉行大會，合併為「中國民主聯合陣線」（「民聯陣」）。一月三十一日選舉主席，最受矚目的候選人是德高望重，年逾七旬的老民運志士王若望先生（《上海文學》副主編，被鄧小平點名批判，開除黨籍，一九九二年八月流亡美國）。會前大家有基本共識，新組織由王老領導，藉其聲望團結整合海外民運各派系的力量。前上海學運領袖徐邦泰亦表態全力支持，還為之助選。但臨到報名參選時，徐邦泰突然背信，堅持參選主席，並強力運作。王若望原定當選後，由徐邦泰作他的副手，情勢丕變，深感這是「嚴重的道德問題，是一種陰謀和手段」，「徐邦泰為了能當上主席……成為一支內鬥的槍。」既然「有人向他潑冷水」、「搞陰謀詭計」，他宣布退出競選。因不齒徐邦泰的作為，又有其他候選人五人退選，與會代表近三分一退席抗議。留在會場的代表，不忍見到分裂，投票選出徐邦泰擔任主席。

民聯」和「民陣」隨即宣布退出「民聯
陣」，恢復獨立運作。原本的一個「團結」大
會，因個人的私慾（財源）和野心（權力），
成海外民運組織空前的大分裂。原最具影響
力的《中國之春》民運刊物，也為徐某強取豪奪，只出刊了數期，即因貪污經費，被切斷財源停刊。

這一次的大分裂，使海外民運從此陷入谷底，民運領袖雖數次嘗試再整合各組織，都無功而返。許多民運人士在失望之餘，黯然退出活動。部分民運領袖甚至「棄運從商」，各界對民運組織的捐款幾乎斷絕，各組織無不經費拮据，無力運作，多已名存實亡。即使如「民聯」亦只能勉強支撐《北京之春》網刊發行，而寄望王炳章能夠回盟，重新領導「民聯」，再創奇蹟。可惜王炳章在二〇〇二年在中越邊界被中共誘捕，判處無期徒刑，獲釋機會渺茫（目前在海外具整合領導民運力量的領袖中，有人認為楊建利博士可能是較佳人選）。

王炳章和許多多民運人士辛辛苦苦所建立的海外民運力量，就因為這兩次分裂，而毀於一旦，識者莫不感到親痛仇快。

自大陸民運陷入低潮後，筆者即有心研究中共治權下的中國民主運動史，並廣泛收集資料，發現多數研究者以一九七六年的「四五運動」，作為中國民運濫觴之始，也有人認為一九七九年的「西單民主牆」，才是中國民主運動的起始。這些看法，各有其立論基礎，但筆者以為任何民主運動的爆發，絕非突然蹦出，必然有其歷史的淵源，承續無數前人留傳下來的民主思想和言行典範，累積茁壯，當不滿怒氣聚積達到臨界點，再也無法壓抑時，自然就會爆炸開來。

中共自贛南「長征」抵達延安，毛澤東完全奪得黨政軍大權後，開始了獨裁政治。一九四一年五月發起「整風運動」，整肅了「洋共」王明，鬥爭矛頭即轉向延安的知識份子。當時中共中研院研究員王實味撰寫了〈野百合花〉一文，諷刺中共領導階層與群眾脫節，並鼓吹言論自由

和民主選舉，獲得延安知識份子的共鳴。毛澤東怒拍桌子說：「是王實味掛帥，還是馬克思掛帥？」王實味因而被殺。《中國思想運動史》一書說：「（延安整風運動）直到現在，它仍然影響著中國大陸的思想生活和政治生活。」王實味實為中共治權下的中國民主運動第一個烈士。

國府時期著名「民主人士」梁漱溟，在中共建政後，於一九五三年向毛澤東為農民請命。他說：「中國將近三十年的革命中，中共都是依靠農民而以鄉村為根據地的。但自進入城市後，工作重點轉移於城市……而鄉村的農民生活卻依然很苦。」「如今工人的生活在九天，農民的生活在九地，有『九天九地』之差。」毛澤東怒不可遏的說：「梁漱溟提出所謂『九天九地』……完全是徹底的反動思想，這是反動化的建議。」梁溟是毛澤東取得政權後，敢與他唇槍舌劍爭辯一之人。梁漱溟在長達半年的被批鬥中，始「三軍可奪帥也，匹夫不可奪志！」因認為中共治權下影響中國思想運動的重要人物，可證明他為農民請命的「九天九地」言論之重要性，和爭取「言論權」的言行，為爾後的大陸民主運動留下了良好典範。

國府時期知名親共作家胡風，早在一九四五年在重慶發表與毛澤東〈在延安文藝座談會上的講話〉內容相背的文章，已得罪毛澤東。一九五二年，毛澤東決心在這篇〈講話〉發表十周年紀念之際，整肅胡風。胡風拒絕認錯，寫了一篇三十萬字的〈關於解放以來的文藝實踐情況的報告〉，主張創作自由、學術自由、思考自由，作家應保持獨立人格等等。激怒毛澤東於一九五五年把胡風打成「反革命集團」，並指示編印《關於胡風反革命集團的材料》，還親撰序言。然而在兩年後的「鳴放」時期，不少知識份子為胡風鳴不平。胡風的〈萬言書〉，因而對中國民運發展起了啟思作用。

梁漱溟和胡風都是中國頂尖著名知識份子，一個爭言論自由，一個爭寫作自由。二人雖因言獲罪，但並不畏權勢，敢於面對毛澤東力爭思想言論自由，所作所為，與民主運動訴求目標一致。毛澤東為馴服全國知識份子，拿梁、胡二人開刀，鋪天蓋地揭批二人的言論，實則是幫助民運思想的傳播。

毛澤東為引誘出更多右派份子，在一九五七年搞了個「引蛇出洞」的「陽謀」，藉鼓吹「鳴放」，保證「言者無罪」，使許多知識份子，特別是所謂「民主人士」，紛紛上當，把中共缺乏民主，剝削人民自由，不尊重人權等實情，傾洩而出，結果都被打為右派，遭受迫害。雖然他們言論都是被誘騙出來，但內容多與民主、自由和人權有關。尤其這些右派份子多屬高級知識份子，和高校學生領袖，由於在「鳴放」當時，毛澤東允許新聞照實報導，因此傳播開來的民運思想，影響極廣。如：

「民盟」副主席章伯鈞說：「現在許多人都說資本主義不好，事實上資本主義還有活力。為什麼還有活力？就因為有多黨制度，有民主制度，有眾議院和參議院，有在朝黨和在野黨……資本主義為什麼還沒有完蛋？就因為有民主。資本主義的國家辦法是：你不行，我來；我不行，你來。在朝的罵在野的，在野的罵在朝的，這就是活力。」

《光明日報》總編輯儲安平說：「（黨群關係不好）關鍵在『黨天下』的這個思想問題上。我認為黨領導國家並不等於這個國家即為黨所有；大家擁護黨，但並沒有忘記自己也還是國家的主人。」

其他「民主人士」批評中共的言論有：「黨政不分，以黨代政，以黨代法」；「國家是共產黨領導的，但不是共產黨所有的。」；「黨究竟應在國家之上，還是應在國家之中？」；「十分懷疑：中華人民共和國的一切權力屬於人民呢？還是中華人民共和國的一切權力屬於共產黨？共產黨是為人民服務的呢？還是人民為共產黨服務呢？共產黨是人民的勤務員呢？還是人民的統治者？人民是國家的主人呢？還是奴隸？」；「（憲法）第八十九條規定人身自由不受侵犯，非經法院決定或檢察院批准不受逮捕，而肅反時的行動證明這條文全被破壞了；第八十七條規定的言論、出版、集會、結社的自由，事實都沒有得到保證。」「大家都把憲法當作一張紙，通過後也就算了……把憲法當成了手紙，亂關人、亂捕人、拆（檢查）信等等，都可以為所欲為」等等。

毛澤東鼓吹「鳴放」誘敵，結果誘發了中共建政後的第一個民主運動——「五・一九學運」。一九五七年五月，中共召開「新民主主義青年團」代表大會。北京大學學生在十九日張貼大字報，質疑北大代表的產生方式不符民主程序，提議開闢「民主牆」。中文系學生張元勳寫了一首詩歌說：「是時候了，年輕人，放開嗓子唱！把我們的痛苦和愛情，一齊都寫在紙上！不要背地裡不平，背地裡憂傷。心中的酸甜苦辣，都抖出來，見一見天光。」「我的詩，是一支火炬……它的火種，來自——『五四』！」

張元勳因而遭到嚴厲批判，同系才女林昭抱不平說：「他有什麼地方值得你們一鬥？我們不是號召黨外人士提意見嗎？人家不提，還要一次一次地動員人家提。人家提了，怎麼又勃然大怒了呢？」為此兩人同被打為右派份子，開除學籍。

林昭後來參與地下民刊《星火》的編輯，被中共以「陰謀推翻人民民主專政」和「反革命」罪名逮捕。在獄中，林昭堅持不放棄民主信念，而被剝奪使用紙筆權力。她就用尖銳物品，戳破指頭、肌膚，沾鮮血在牆壁、襯衫和床單上，書寫了二十餘萬字的血書，控訴中共奴役、剝削人民自由，和殘酷鬥爭。她寫道：「一息沿存，此生寧坐穿牢底，決不稍負初願，稍改初志。」因此她受到慘絕人寰的對待，她在血書上寫道：「最最慘無人道，酷無人性的是：無論在我絕食中，在我胃炎發病，痛得死去活來時，乃至在婦女生理特殊情況下，不僅從來未為我解除過鐐銬，甚至從來沒有減輕。」她說：「人血不是水，淘淘流成河。」林昭曾在「土改」時殘酷鬥爭地主，並揭發母親的「罪行」。後來，她徹底覺醒向母親懺悔：「今後寧可到河裡、井裡去死，決不再說違心話！」一九六八年四月二十九日，林昭被中共祕密槍決，時年三十六歲。死後，中共還向林母索取子彈費人民幣五分錢。不久，林母瘋了，死在街頭。

「五・一九學運」爆發後。北大學生的大字報說：「北大的學生運動，不過是一次世界規模的民主運動的序曲而已。全世界注視著中國，中國注視著青年學生，青年學生注視著我們北京大學，所以我們沒有權利放鬆自己的戰鬥。」

五月下旬，北大學生舉辦「關於胡風問題」辯論會，人民大學法律系學生林希翎與會，她指控中共鬥爭「胡風集團」的錯誤，批評中共「沒有新聞自由」，「真正的社會主義是很民主的，但我們這裡是不民主的，我把這個社會叫做在封建主義基礎上產生的社會主義。」她後來又在歷次演講中說：「（共產黨）在革命大風暴中和人民在一起；當革命勝利了就要鎮壓人民，採取愚民政策。」劉少奇看到林希翎發言內容，批示：「極右份子」，因此成了「六大右派」份子之一（另五人均為民主人士）。

四川大學女學生馮元春，是另外一個敢說敢當的民運烈士。一九五七年六月，馮元春在校內「鳴放辯論會」上說：「毛澤東是偽馬列主義者，共產黨是最殘酷的集團」，「在馬克思的著作裡根本沒有『無產階級專政』這一詞，全是毛澤東的杜撰和引申。所謂無產階級專政就是用暴力奪取政權後的統治階級組成的政府，借用軍隊、警察、監獄去鎮壓老百姓，他們不給人民任何民主自由的權力，也不遵循法律去依法辦事，全國人民代表大會所製定通過的『憲法』僅是一紙空文，毛澤東要想怎麼幹就怎麼幹，想打倒誰就打倒誰，想關誰就關誰，這決不是馬列主義者，是徹頭徹尾的獨裁！」馮元春被逮捕後，以「現行反革命罪」遭判處徒刑二十年。文革時，她在獄中高呼：「打倒獨裁暴君毛澤東」，而被殺害。

「五・一九學運」也有教師積極參與，他們

對中共批評的言論，較「民主人士」的鳴放，更入木三分。如：復旦大學教授楊兆龍批評中共不能將法律定義為「階級鎮壓的工具」；北大「天水心」的大字報說：「黨獨攬一切，專斷一切，黨即人民全體，黨即國家，黨即法律。所謂『民主』實際上已被黨主所代換」；上海第二醫學院大字報說：「已解放八年了，中國人民應該站起來了。應該由中國人民來管理自己的國家！」清華大學徐璋本教授說：應該「取消用馬列主義作為我們的指導思想」。

北大王書瑤的大字報說：「什麼『共產黨是自己的解放者』，什麼『毛主席是中國人民的大救星』，什麼『永遠跟著共產黨走』。於是一切功績都是共產黨賜給的，解放是，民主自由是，大鳴大放也是。但是，不，決不是這樣，人民群眾才是自己的解放者。」「當全國人民的命運掌握在一個小集團手中的時候……一旦小集團不能代表人民而只能代表他自己的時候，人民就要毫不留情地拋棄它……人民一定要自己掌握政權。」「如果不願歷史重演……（人民）就應該及早起來，結束這種權力高度集中的局面，真正的自己當家作主，真正自己決定自己的命運。」

天津第三女中教師黃心平說：「既然允許民主黨派存在，為甚麼不可以實行各政黨輪流執政的辦法呢？」人民大學講師葛佩奇說：「（中共）搞得好，可以；不好，群眾可以打倒你們，殺共產黨人，推翻你們，這不能說不愛國，因為共產黨人不為人民服務。共產黨亡了，中國不會亡……群眾要推翻共產黨，殺共產黨人，若你們不改，不爭口氣，腐化下去，那必走這條路，總有那麼一天。」

「五・一九學運」之言論，不遜於後來的「西單民主牆」和「八九民運」。但因這是毛澤東所誘發出來的一次民運，學生和知識份子以為只要「鳴放」，毛澤東就會聽到「虛心接納」。所以僅止於言論的發表，未若「西單民主牆」能藉「民運刊物」傳播思想，又因為局限於個人言論的表現，也未能產生民運領袖，因此無法如

「八九民運」發展為組織性的行動。

在一九五八年之前，從延安時期的王實味，到中共建政後的胡風，「鳴放」期間的「民主人士」和高校師生等發表的爭民主、反獨裁言論，除梁漱溟一人外，基本上都是毛澤東誘騙出來，卻無意間在民間，在知識份子和校際之間播下了民運的種子，並且默默滋長。尤其林昭、林希翎、馮元春三位女學生在「五・一九學運」中樹立的典範，最受爾後民運人士推崇。

自「反右鬥爭」結束後，毛澤東不再誘敵出洞，但卻開始有人主動反對毛澤東的錯誤政策。一九五八年三月，毛澤東推出「極左」的「三面紅旗」（大躍進〔土法煉鋼與密植深耕〕、人民公社、總路線）之激進路線，宣稱要「五年超過英國，十五年趕上美國」。但「三面紅旗」造成中共經濟崩潰，民不聊生。毛澤東被迫在「七千人大會」上作了「自我檢討」，種下毛澤東發動「文革」，以鬥爭自劉少奇以下全國「反毛」幹部的惡因。

最先「嗆」聲的是武漢大學校長李達（中共創黨元老）。一九五八年九月，李達當面質問毛澤東：大躍進「密植深耕」的農耕口號「人有多大膽，地有多高產」這句話通不通？毛澤東舉紅軍「長征」為例，說「人的主觀能動性可以克服看起來不可能克服的困難」。李達不同意說：「肯定這個口號，就是認為人的主觀能動性是無限大，就是錯誤。」他勸毛澤東：「你不要火上加油，否則可能是一場災難。」「你腦子發熱，達到三十九度高燒，下面就會發燒到四十度、四十一度、四十二度，這樣中國人民就要遭受大災大難了！」李達一語中的，大躍進餓死了二千萬人。文革時，李達被鬥死。

國防部長彭德懷也看不下去，對「三面紅旗」提出質疑，他在於一九五九年三月政治局會議和七月廬山會議上說：「『大躍進』的政策從根本上來講……是錯了！」「人民公社辦早了」，「若不採取措施改正過來……恐怕人民就不會相信你共產主義了。」他還寫了一封〈致主席信〉說：浮誇風氣滋長，「對糧食的產量估計過大，造成了一種假象。」「在對發展鋼鐵的認識上，有嚴重的片面性。」總之「犯了不夠實事求是的毛病」，「一些左的傾向有了相當程度的發展，總想一步跨進共產主義。」

湖南省委書記周小舟也在盧山會議上當面對毛澤東說：「上有所好，下必甚焉」。「哪裡有什麼萬斤畝？」水電副部長李銳問毛，怎會相信有「萬斤畝」？又說「『以鋼為綱』、『三大元帥』（毛澤東提出的「一為糧、二為鋼、加上機器，叫三大元帥。三大元帥升帳，就有勝利的希望。」）等口號不科學。」

結果這幾人被打為「彭德懷反黨集團」，慘遭批鬥。彭德懷等這些坐擁天下的高幹，都是毛澤東獨裁的幫凶，在這個時候，也能「為民請命」，那民間不滿的情緒，當然更是高亢，孕育了民運思潮的發展。

北大校長馬寅初是另一個典範。毛澤東曾在一九四九年發表〈唯心歷史觀的破產〉一文說：「中國人口眾多是一件極大的好事，再增加多少倍人口也完全有辦法。」但是馬寅初認為「人口太多是我們的致命傷」。一九五七年，他當面向毛澤東直言：「不控制人口，不實行計劃生育，後果不堪設想。」並提出他研究報告《新人口論》，但遭到《人民日報》批判。「大躍進」時，毛澤東要「超英趕美」，人力是他推動極左政策的重要資源。馬寅初的節制人口論，便成了絆腳石。於是展開全國性地批判「馬寅初的反動思想」。毛澤東還挑釁的說：「不服輸，不投降，可以繼續寫文章，向我們作戰嘛！」。

馬寅初不失書生傲骨，他說：「我不怕孤立，不怕批鬥，不怕冷水澆，不怕油鍋炸，不怕撤職坐牢，更不怕死……無論在什麼情況下，我都要堅持我的人口理論。」周恩來勸他：認錯了事。仍撼動不了他的意志，他說：「我雖年近八十，明知寡不敵眾，自當單身匹馬，出來迎戰，直至戰死為止，決不向專以力壓服，而不以理說服的那種批判者投降。」一九六〇年一月，馬寅初辭北大校長，遭到軟禁。

北大校風開明，歷來都是中國民主運動的領頭羊，馬寅初身為北大校長，他堅持真理，堅毅不搖的精神，深深印在北大和全國高校師生心中，並在「八九民運」期間呈現。

在「文化大革命」十年浩劫期間，人人自危，言行稍有不慎，就會被鬥被殺。但是，仍然有仁人志士，前仆後繼，為爭民主自由而犧牲，事蹟傳頌千古。

上海知青劉文輝，因反對毛澤東一九六六年發動文革重要文件〈關於無產階級文化大革命的決定〉（簡稱〈十六條〉）內容，寫了一篇〈駁文化大革命十六條〉的萬言書，批判：「文化大革命強姦民意，瘋狂迫害民眾，是全民大迫害」，「（當權者）登天安門城樓掀起瘋狂的紅衛兵運動，宣揚窮兵黷武，高唱世界革命，控制報刊廣播，操縱全國輿論，對內專政暴行，鎮壓知識份子，焚書坑儒，推行愚民政策，比秦始皇更猶有過人之處。」他呼籲：「民主主義者在抗暴鬥爭的旗幟下聯合起來！」劉文輝十一月被捕，次年三月遇害，年僅三十歲。

北京知青遇羅克出身資本家家庭，飽受歧視，對中共強調的「血統論」深惡痛絕，他於一九六六年八月文革爆發時，寫了一篇震撼人心的〈出身論〉文章，批評專門打壓黑五類的「老子英雄兒好漢，老子反動兒混蛋」的對聯說：「不能用遺傳學說來貶低一部分人，抬高一部分人。依照他們的觀點，老子反動，兒子就混蛋，一代一代混蛋下去，人類永遠不能解放。」

他說：「恩格斯本人是資本家，但他背叛了本階級，成了共產主義的第一代公民，成了工人階級傑出的領袖……出身和成份是不能相提並論的……馬克思、列寧、毛澤東出身都不好。」他呼籲：「一切受反動勢力迫害的革命青年，團結起來！組織起來！勝利必將屬於你們！起來勇敢戰鬥吧！」

遇羅克於一九六八年一月被捕，一九七〇年三月五日被殺，年僅二十七歲。文革結束後，一九七八年西單民主牆興起，著名的《四五論壇》、《沃土》和《今天》等民刊特別發表紀念遇羅克的詩文，可見遇羅克當年追求民主，所受之尊崇。

在文革時期，敢於反抗暴政，爭取民主的志士，其中不乏女性，有四位女鬥士，不惜付出個人生命，也要為真理正義奮戰，其中三人被殺，一人自殺未成，遭判重刑。

一、**北京王佩英**：她要求：「毛主席，請您自己跳下政治舞臺吧！否則全國人民奪政權，怒氣沖天那時您怎好退步？」一九七〇年一月二十七日，王佩英被判處死刑，為防止她喊口號，先用細繩勒緊她的咽喉，遊街示眾後槍殺，年五十四歲。

二、**瀋陽張志新**：因反對毛澤東搞「個人崇拜」，「把個人凌駕於黨之上」，被送勞改。一九七三年十一月她在獄中的「批林批孔」大會上高呼：「中共極右路線的總根子是毛澤東」。遼寧省委書記毛遠新〈毛澤東侄子〉指示：「（讓她）多活一天多搞一天反革命，殺了算了。」一九七五年四月四日，張志新先被割斷喉嚨，阻止出聲後，遊街槍決，年四十五歲。家屬不敢收屍，遺體下落不明。

三、**甘肅蘭州農校教師毛應星**：也因反對毛澤東搞「個人崇拜」，判刑入獄。在獄中仍堅持：「縱然對我再加任何壓力，我這種思想立場觀點，一點也不會改變。」一九七〇年四月，中共以她「罪大惡極，屢教不改，死心踏地，不堪改造」判處死刑。她沒有申訴，寫一篇反諷文章說：「無產階級專政下繼續革命是什麼呢？都是欺騙人的一套手法。」四月十四日清晨，毛應星被割斷喉管後槍殺，年四十五歲。

四、**北京外語學院學生王容芬**：文革爆發後，她覺得毛澤東的行徑與希特勒無異，感到「這個國家完了！」決定不惜犧牲，寫信給毛澤東：「請您以中國人民的名義想一想：您將把中國引向何處去？文化大革命不是一場群眾運動，是一個人在用槍桿子運動群眾。」一寄信後，王容芬喝殺蟲劑自殺未遂，被判處無期徒刑。她在獄中仍「拒不認罪、反抗改造」，遭受迫害。文革結束後於一九七九年無罪釋放時，她已經二十三歲，被關了十四年。

一九七六年九月毛澤東死，華國鋒接班，為鞏固權位，提出「兩個凡是」理論（凡是毛澤東作出的決策和指示，都要堅決維護，始終不渝的遵循），以證明他的接班的正當性。因此民運鬥士，轉而接續批判華國鋒。而華國鋒對民運志士鎮壓的殘酷，亦不亞於毛澤東。

上海王申酉出生工人家庭，家貧但喜好讀書，知識豐富，就讀上海華東師範大學物理系。一九六八年「清理階級隊伍」時，他因「思想反動」被抄家，搜出他的日記，記載了大量批評文革的「反革命罪證」，遭受鞭刑，痛不欲生，在他所能取到的紙上，書寫了數百遍「天地難容」極為憤慨的字句。

一九七〇年中共開展「一打三反」運動（打擊反革命破壞活動；反對鋪張浪費、貪污盜竊、投機倒把）時，王申酉被點名批判。他寫的〈我的自由〉等三篇文章，被作為「猖狂攻擊文化大革命」、「破壞一打三反運動」的證據，下放「五七幹校」勞動改造。

一九七六年，王申酉墜入愛河，共幹警告其女友：王申酉「思想反動，五毒俱全」，是一個「反革命份子」，指示二人分手。王申酉寫了一封長信向女友解釋，還未送出，被負責監視的共幹發現搶奪，王申酉急將信撕碎丟進水池。

王申酉被捕後，審訊人員命令他將信的內容，重寫一遍。他寫了六萬餘字，闡述他對「反右」、「反右傾」和「文革」的否定態度；批判毛澤東的「三面紅旗」是「空想社會主義」；表明他對「四人幫」的藐視；認為中國的落後貧窮，社會非變革不可，不可再「閉國自守」。這封重寫的信，便成了他的「自供狀」。

一九七七年四月二十七日，中共以「惡毒攻擊」等多項罪名，宣判王申酉死刑後槍殺，年僅三十一歲。他生前曾說：「人是應該為信仰而活，我也願為自己的信仰而死！」他的犧牲後被推崇為「張志新式」的烈士。

江西女知青李九蓮，在一九六九年被男友出賣她批評林彪，遭中共以「現行反革命罪」判刑五年。林彪事件爆發後，李女獲釋。但她不甘冤獄數年，於一九七四年「批林批孔」期間在贛州張貼「反林彪無罪」等多份大字報。被以「現行反革命翻案」罪名逮捕。李九蓮的被捕，激怒了贛州幹群。有二百五十九個機關，二千多名群眾於四月二十四日，徹夜集會抗議，並成立「李九蓮問題調查委員會」聲援。這是中國大陸民主運動中，首次出現的群眾性抗爭行動。次年，李九蓮被判處徒刑十五年。

華國鋒上臺後，李九蓮祕密寫了一篇〈我的政治態度〉的文章，批評華國鋒的獨裁。一九七七年一月，獄方要她報告思想改造情況，她拒絕說而遭到獄卒辱罵。李九蓮盛怒下不顧後果，拿出〈我的政治態度〉一文，當眾宣讀。被以「惡毒攻擊華主席」、「喪心病狂進行反革命活動」等罪名，判處死刑。十二月十四日，獄卒用一根竹籤將她的下顎和舌頭刺穿在一起，再在口中塞進一個竹筒，然後公審、遊街、槍殺。死後無人敢收屍，曝屍多日，一位戀屍的變態工人，割下李九蓮的乳房和陰部，帶回猥褻。

贛州一位小學女老師鍾海源，於一九七四年在李九蓮張貼的大字報上留言：「李九蓮，妳是我們女性的驕傲。」七五年李九蓮被判刑後，鍾海源書寫抗議傳單散發，隨即被捕。一九七六年北京天安門爆發「四五民運」。鍾海源在獄中公開聲援，批評「華國鋒不如鄧小平」，並在牆上書寫「打倒華國鋒」標語。被以「惡毒攻擊華主席」罪名，於一九七八年四月三十日，判處死刑。鍾海源聆判後，面不改色，當即畫押，把筆一甩。法官問她有何遺言？她說：「跟你們講話白費勁，我們信仰不同。」鍾海源被捕時，女兒僅兩歲，母女親情，橫遭拆散。但她未因而屈服，在獄中屢遭酷刑，頭髮被大把拔掉，小腿骨被打斷，仍不改其志。

執刑前，鐘海源十分安詳，細嚼慢嚥，吃淨她最後一餐。然後，梳理長髮，自挽成髻，換穿一件新大衣，從容準備就義。但卻被獄卒五花大綁，故意弄亂她頭髮，披頭散髮，接受公審，掛牌遊街，押赴刑場。一位高幹子弟因腎衰竭，指定自鐘海源身上「活體取腎」。劊子手僅在鐘女右背打一槍，即抬進醫療車，活剝摘腎而死。

一九七一年九月林彪偕妻兒外逃墜機而亡，中共查出林彪之子林立果曾圖謀殺害毛澤東。後來活躍於西單民主牆的民運人士胡平說：「林彪事件傳出後，我們那個朋友圈子裡都很興奮：『好啊，終於有人要幹掉毛澤東了！』」證明至遲在一九七一年時，民運思想已在中國知識份子中滋長蔓衍，並敢於互相溝通理念。

一九七四年十一月七日，廣州市鬧區出現了一份〈關於社會主義的民主與法制〉的大字報，署名「李一哲」。這是筆名，由作者廣州三位知青李正天、陳一陽、王希哲三人的姓名中各取一字合成。另一位重要成員是郭鴻志。

〈李一哲大字報〉向毛澤東和人大提出六點訴求：一、立法保障人民應有的民主權利；二、限制特權階層；三、保障人民對黨和國家的各級領導的監督權利；四、立法嚴禁拷打、誣陷、草菅人命等「法西斯專政」；五、黨政政策不要經常改變；六、各盡所能，按勞分配。

大字報內容迅速流傳海內外，江青怒斥為「解放後最反動的文章」，中共隨即展開對大字報的批判。一九七六年九月毛澤東死亡後，華國鋒把〈李一哲大字報〉定性為「反革命集團」，逮捕李一哲四人，並牽連數十人。中國大陸民運自此開始步入「群體性」的活動。一九七八年底，鄧小平為打倒華國鋒，開放「西單民主牆」，於是釋放四人，並平反〈李一哲大字報〉。

一九七六年一月八日，周恩來病逝，毛澤東不甘心未在周生前鬥倒他，因此禁止群眾有任何形式的悼念活動。人們於是準備在清明節時，到天安門廣場藉悼念周恩來，發洩對毛澤東和「文革幫」的不滿情緒。自三月十九日起，「人民英雄紀念碑」開始出現悼念花圈，其中不乏北京黨政機構所送花圈，人們更以輓聯、大小字報和演講等方式，公開指責毛澤東和中共的獨裁專制，發出要民主、要法制的怒吼。

四月四日，華國鋒主持政治局會議，指責天安門事件是鄧小平幕後操縱的「有計劃地組織活動」。當晚，毛澤東批准鎮壓清場行動。五日天亮後，群眾發現花圈不見，大小字報被清除，開始鼓噪，呼喊「還我花圈、還我戰友」，並焚燒汽車，焚毀共軍「聯合指揮部」。於是爆發了舉世矚目的「四五天安門民主運動」，開啟了中國大陸群眾性大規模民主運動的重要里程碑。當晚，中共對廣場的群眾進行強力鎮壓，逮捕「反革命」人士。鄧小平被開除一切職務，留黨查看。

毛、周死後次年，人們開始在西單體育場一面長達百米的圍牆上張貼大字報。七月十屆三中全會上，華國鋒抵擋不了大老的壓力，恢復了鄧小平原職。從此，中共中央形成了華國鋒的「凡是派」，和鄧小平的「元老派」之間的鬥爭。

一九七八年九月，文革時停刊的共青團刊物《中國青年》復刊。首期即為「四五天安門運動」辯護，認為這是一場「偉大壯烈的人民運動」。另有二文，提出要破除對毛澤東的迷信，和批判華國鋒的「兩個凡是」的理論。觸怒了「凡是派」，下令查禁。但在十一月中旬，《中國青年》被全部張貼在西單牆上，引來民眾爭閱，並出現許多大小字報呼應。

十一月二十日，中共平反「四五天安門運動」。北京頓時瀰漫民主的氣氛，鼓舞著民運人士在西單民主牆上，大量貼出各種言論的大小字報，群眾蜂擁而至閱讀、抄錄。西單於是形成了一個爭民主、自由、人權和表達政治意見的中心。《北京之春》、《探索》、《四五論壇》、《今天》、《沃土》、《中國人權》等「民刊」紛紛創刊。

活躍於「西單」的民運人士，都是歷經「文革」苦難過的青年人，飽受政治迫害。他們對爭取民主，要求中共政治改革，深有迫切感。這些年輕人，有個別表達民主訴求，也有志同道合，組成社團，發行刊物。這些民辦刊物，數以百計，湧現在全國各地。

「西單民主牆」出現後，鄧小平為利用民主言論打倒華國鋒的凡是論，表態支持。他說：「寫大字報是我國憲法允許的。我們沒有權利否定群眾發揚民主，貼大字報。群眾有氣，讓他們出氣。」「一個革命政黨，就怕聽不到不同聲音，最可怕的是鴉雀無聲。」

「西單民主牆」發表的言論，具有深遠影響力的，令人津津樂道的主要有：魏京生的〈第五個現代化——民主及其他〉、胡平的〈論言論自由〉、任畹町的〈中國人權宣言〉、《四五論壇》的〈反革命與言論自由〉和「啟蒙社」的〈否定文革〉和〈批判毛澤東〉等。

但是鄧小平在逐漸奪得華國鋒的大權後，情勢逆轉。一九七九年三月下旬，魏京生的大字報〈要民主還是要新的獨裁〉，指名批評鄧小平「走的是獨裁路線」，「是一名不折不扣的獨裁者」。鄧小平震怒，於三月二十九日，逮捕魏京生，判刑十五年。

同日，中共宣布查禁「西單民主牆」，打擊「首惡份子」，全國被逮捕的民運人士達千人以上。鄧小平並嚴厲批判「西單民主牆」：「如果讓它漫無限制的搞下去，會出現什麼事情？……少數人可以破壞我們的大事業。」

「西單牆」關閉後，中共於一九八〇年開放縣區級人民代表的直接選舉。民運人士正面臨今後發展的抉擇，因此認為可以透過參選，宣揚民主，當選後更可進行體制內政治改革。從二月起，各重點大學都有民運學生的參選。當選的有上海復旦大學徐邦泰、北京大學胡平等人，但在中共運作下，都無法上任，並受到懲罰。

有一派民運人士不願承認中共的合法性和人大的代表性，故反對參選與投票。一九八〇年下半年，部分民刊希望復刊，但知道單打獨鬥，易為中共各個擊破，因而計劃籌組全國性民刊組織，共同發行民刊，並願意與參選「人代」的民運學生，分進合擊，推展民運。

各地民刊負責人原預定九月中旬在廣州召開民刊全國會議，但先行抵達的代表，即被中共逮捕。王希哲當即取消會議，直接宣佈成立「中華全國民刊協會」，並發行會刊《責任》。陸續又成立了東北、華北、華中、華東、西南、華南六個地區性的分會，各自出版民刊。到年底，全國復刊的民刊已有二十種。

鄧小平在十二月嚴厲批評民主運動說：「最近一些與非法組織有關的人物特別活躍，他們假借種種名義放肆地發表反黨反社會主義的言論。」必須「堅決打擊和分化瓦解上述各種破壞安定團結的勢力。」一九八一年二月，中共下令全面鎮壓、逮捕民運人士，民主運動於是轉入地下祕密活動。

隨著中共的改革開放，派遣知識份子出國留學，許多具有民運思想的學生，開始在海外醞釀發展中國民主運動。一九八二年十一月十七日，王炳章在紐約發起「中國之春」民主運動，創辦第一份海外民主刊物——《中國之春》雜誌，次年成立「中國民聯」民運組織。

綜上所述，中共自延安時期起，到一九七六年「四五天安門運動」爆發之前，事實上已有許多仁人志士為了民主、自由和人權，做出了無可抹滅的貢獻，他們不畏殘酷鬥爭、關押，甚至犧牲生命，也不改其志。他們的思想言行，影響深遠，確實造就了爾後中國民主運動的蓬勃發展。

一九八五年，北大學生為紀念「九一八」五十四周年國恥日，計劃發起「反日」示威遊行。中共藉故封鎖北大校園，阻止學生離校。學生不滿張貼大字報質疑「民主何在？憲法規定的『遊行、言論』自由何在？」。部分學生設法離校，匯合其他院校學生約千餘人上街遊行，並突破軍警的攔截，抵達天安門，後以理性和平方式結束遊行，此即著名的「九・一八學運」。此次學運規模雖小，但影響頗大，北大學生隨即貼出大字報號召：「臥薪嘗膽九一八，東山再起一二九」。

十二月，正逢「一二九運動」（一九三五年北京學運）五十周年紀念。中共為防範學生遊行，當月在全國高校舉辦「愛國思想」教育活動，佔據了學生所有時間。因此「東山再起一二九」，未能出現，直到第二年才在安徽合肥科技大學爆發。

一九八六年十二月，合肥科大學生質疑校黨委操縱區人大代表候選人的提名不公，並受到副校長方勵之的鼓勵：「民主不是自上而下給予的，而是靠自己爭取的」。於是，科大與合肥其他高校學生數千餘人於十二月五日上街遊行，高呼：「要民主，要自由、要民主選舉」。遊行結束後，學生決定藉紀念「一二九」運動五十一周年，九日再發起一次遊行示威。新的「一二九學生運動」於焉爆發，並蔓衍全國。

《中國大陸學潮實錄》一書描述說：「學潮發祥於合肥；西延武漢、昆明；東連南京、上海；北上濟南、天津、哈爾濱；南下杭州、蘇州、深圳、廣州；終止於北京。前後歷時逾月。學潮規模從小到大，從一個城市蔓衍至另一個城市。參加人數之多，捲入高校之廣，是自十年前的『四五天安門事件』以來的第一次，波及範圍也遠比『四五運動』為廣，其中最矚目的，則是在上海出現的波瀾壯闊的動人場面。」

十二月九日當天，上海交大在市體育館舉辦音樂會，一位研究生被工人糾察隊毆傷。交大學生向公安單位申訴被拒，憤而提出與市長江澤民對話要求。情勢迅即發展成為爭民主和要求政治體制改革等訴求。江澤民於十八日到交大對學生講話，頤指氣使，官腔十足。學生因未獲得滿意回答，自十九日起至二十三日，爆發歷時五日，規模空前的「一二一九」學生民主運動。上海共有五十多所大專院校，學生約十二萬人參與這次學運。

「一二九學運」席捲大陸二十多個城市，到

一九八七年一月二日，在北京天安門廣場，隆冬酷寒中結束。民主種子深植大陸各高校，乃至全社會，終於在兩年之後，爆發了更壯闊的「八九民主運動」。

一九八九年適逢中共建政四十周年、五四運動七十周年、法國大革命二百周年。特別是一九一九年「五四運動」追求的是「民主」與「科學」，當年北大學生數千人聚集天安門，高呼口號，成為中國爭取民主的啟蒙運動。

中共總書記胡耀邦因「一二九學運」被罷黜，但他在任內曾努力平反右派知識份子，並能接受學生的民主思潮。他說：「不要再誤解知識份子，不要再誤解學生了」，而被視為開明派。胡耀邦的身體一向健朗，卻在一九八九年四月十五日傳出他在政治局會議上，被總理李鵬氣出心臟病，不治去世。

人們在胡耀邦過世當天，湧向天安門廣場，人民英雄紀念碑四周開始出現悼念花圈。十七日午夜，北大學生寢室突然響起「遊行去！」呼聲，並砸瓶子（影射鄧小平）。學生迅速集合走出校門，沿途有各高校學生隊伍加入，清晨抵達天安門廣場，到晚上時，示威學生已達二萬多人，並獲得數萬名群眾的響應支持。「八九民運」於是爆發。

學生領袖前往人民大會堂遞交《請願書》，中共只派了一位一般幹部接見，學生不滿要求與高層領導對話。十九日凌晨，學生前往中南海請願，遭到武警強制驅離，百餘名學生被毆傷。消息傳出，激起更多學生加入示威行列，學生運動因而迅速擴大，獲得全國學生響應。

四月二十二日，中共在人民大會堂舉行胡耀邦追悼會，並封鎖天安門廣場。但學生和群眾約二十萬人已提前於晚間進入廣場。追悼會後，中共又拒絕學生和群眾瞻仰胡耀邦遺容，總理李鵬也出爾反爾，答應會見學生，隨即又否認。

《人民日報》在四月二十六日照鄧小平指示發表〈必須旗幟鮮明地反對動亂〉社論，將學運定性為「動亂」，助長學潮擴大為全國性的民主運動。進入五月，學生藉紀念「五四運動」七十周年，掀起民運高潮，北京各黨政機關之幹部也紛紛加入運動行列，媒體更不顧禁令，大幅報導民運消息。北京知識份子則呼籲中共中央重視學生運動，進行政治改革。同時中共黨內出現分歧，總書記趙紫陽反對「四二六」社論，李鵬則堅持是「動亂」。

蘇共總書記戈巴契夫預定五月中旬訪問北京，學生決定在戈氏抵京前自五月十三日起進行無限期的「天安門廣場絕食抗議」，期迫使中共與學生對話。十八日，李鵬與學生代表對話，不歡而散。十九日清晨，趙紫陽前往廣場探視絕食學生，受到學生們的歡迎。當天，鄧小平決定罷黜趙紫陽，他說：「問題出在黨內，如果黨內沒有分歧，是團結一致的，就不會有現在混亂的局面。北京已經不能維持了，必須戒嚴」，「要準備流點血」。

五月二十日，中共發布戒嚴令，軍隊遂即向北京開進，北京市民自動湧向街頭和郊區道路，成功暫時阻止軍車和部隊進入北京。六月二日北京著名知識份子劉曉波、周舵、侯德健、高新四人，為提振民運學生士氣，發起新絕食行動。中共恐懼加深，自六月三日夜開始以武力血腥鎮壓學生運動，至四日清晨，完成清場，無數學生和群眾被打死，或被坦克車輾死。此即震驚世界的「六四天安門血案」，中國大陸民運遭受極大破壞。

自此中共汲取「八九民運」教訓，對境內任何民運或抗爭活動，均採取防微杜漸，撲滅於萌芽之際的策略。所以在「六四事件」之後，舉凡大陸民運人士籌組「中國民主黨」、「法輪功」學員和平靜坐包圍中南海，和劉曉波發表「零八憲章」等行動，無不遭中共迅速鎮壓，逮捕主謀者，判處重刑，並宣布「法輪功」為邪教。劉曉波獲頒諾貝爾和平獎，中共不但指責挪威政府干預內政，並且拒絕釋放劉曉波前往領獎。

儘管如此，大陸內部仍有許多民運志士默默地在從事民主運動，只是他們改弦易轍，改採其他方式進行活動，如：「天安門母親」們以親人在「六四」被殺害，要求調查真相，嚴懲元兇；「維權運動」化整為零，由維權人士（多為律師）為涉及人民權益和公義之法律個案進行訴訟辯護，期望積小勝為大勝，促使中共能夠尊重人權，實行法治，逐步達到民主化目的；繼北非和中東「茉莉花革命」後，網路發起「中國茉莉花革命」，鼓勵民運人士在人潮場所以「散步」等方式，表達抗爭，迫使中共動員大量警力防範。這些擺脫過去民運型態的作法，證明民運之心不死，只等待春天再來。

儘管中共經濟快速成長，並加大反腐作為，降低了社會不滿情緒，但是當人們在享受經濟發展的成果後，必然伴隨要求政治改革，渴望同享民主與法治的待遇，這絕非以為採取「政經分離」政策，就可消弭來自校園和社會的民主呼聲，達到長治久安的目的，恐怕不易。

01 中國之春民運

王炳章首舉義幟創民聯

鄧小平以「實踐論」結合「西單民主牆」的民運言論，在一九七八年十二月中共十一屆三中全會擊潰華國鋒的「凡是論」，奪得政權，開啟鄧小平時代後，開始對「西單民主牆」言論失去了耐心。特別是一九七九年一月，湧進北京的民運人士發起了三次示威遊行，高呼「反饑餓」、「反壓迫」、「要人權」、「要溫飽」、「要自由」等口號，觸及鄧小平的容忍底線。魏京生偏在此際發表《要民主還是要新的獨裁？》，點名鄧小平獨裁，激怒了鄧小平，決定鎮壓「西單民主牆」運動。三月二十九日逮捕魏京生，次日提出堅持貫徹《四項基本原則》指示，抵制民運言論。一九八〇年一月，又取消了「四大」（大鳴、大放、大字報、大辯論）權力。這兩項成了扼殺中國民主運動的緊箍咒。

中國民主運動未因鄧小平的壓制而停滯，民運人士改弦易轍，以參選校際和工廠內的基層「人民代表」方式，宣傳民主，取得一定成果。同時期，民運人士進行全國大串連，於十月間，成立「中華全國民刊協會」，發行會刊《責任》。民主運動從西單民主牆少數人或個別的打拼，發展成為全國性組織的民運團體，不但將民主運動昇華，更給予中共極大壓力。

鄧小平除要打壓社會上民主運動外，同時也要清理中共黨政軍中的民主思潮。早在一九八〇年二月，他就認為黨政軍中已受到西單民主牆的「資產階級自由化」的污染。為了「引蛇出洞」，他指示胡耀邦在當月召開的「全國劇本創作座談會」上，宣佈實行「三不主義：不扣帽子、不揪辮子、不打棍子」，鼓勵藝文界人士勇於發言。這正是毛澤東「反右」鬥爭時的「陽謀」的翻版，鄧小平用「三不主義」請君入甕。十二月二十五日，鄧小平在中央工作會議上，透露了他「陽謀」的目的：「要批判和反對崇拜資本主義、主張資產階級自由化的傾向」。

年底，鄧小平就先拿「三聯書店」開刀，查禁「三聯」創刊之「當代中國第一份思想性雜誌——《生活》半月刊」的試刊本，這是一本知識份子為爭取言論自由，大膽開啟的新刊物，卻被指控為「和黨分道揚鑣」，只出版一期，就被禁夭折。中共中央隨後於一九八一年一月二十九日，發布《關於當前報刊新聞廣播宣傳方針的決定》，指責報刊、新聞、廣播、電視「存在著嚴重缺點」，「對一些反對四項基本原則的思想言論沒有進行有力的鬥爭」，加強箝制思想言論的自由。

二月二十日，中共中央續頒布《關於處理非法刊物非法組織和有關問題的指示》，阻斷了民運人士所追求的出版、結社和言論的自由，鄧小平在利用完「西單民主牆」後，自此與民主運動劃清界限，徹底決裂。

三月，鄧小平指示共軍總政治部，要「反對錯誤思想傾向問題」，點名批判軍中作家白樺的著作《苦戀》。他指責中宣部、新華社和《人民日報》社說：「白樺事件」之所以發生，應歸咎於黨對思想戰線和文藝戰線的領導，「存在著渙散軟弱狀態」。

鄧小平還點名軍中詩人葉文福在北京師範大學「放肆地講了一篇話」。葉文福在一九七九年曾寫過一首新詩：《將軍，你不能這樣做》，批評軍隊高幹搞特權。他在序言中說：「一位遭『四人幫』殘酷迫害的高級將領，重新走上領導崗位後，竟下令拆掉幼兒園，為自己蓋樓房，全部現代化設備，耗用了幾十萬元外匯。」詩沒有點名是誰，但傳說是指前武漢軍區司令員陳再道（文革後復出，任中共中央委員、中央軍委委員、鐵道兵司令員）。

北京師大曾邀葉文福到校演講，他說：「毛

（澤東）的悲劇證明了這個時代是荒誕的」，「憲法一頒布，我就給彭真寫了信，我說這樣的憲法等於一張廢紙。因為我們的國家只是共產黨執政的，這個憲法對共產黨中央領導未做任何限制，這就等於無用。」這段話被人舉發，誣陷他向學生宣傳「資產階級自由化」。據葉文福澄清事實是：「所謂我在北師大的講話，完全是捏造的」，「是我在他（鄧小平）親自設計的陷阱的所謂『全國劇本創作座談會』上的坦誠發言，經惡意歪曲」。結果，葉文福被「強行轉業」。

被鄧小平點名批判的還有一位作家——新疆烏魯木齊「文聯」主席丁一石。他有一篇講話，談到：「你要辦好文藝刊物，有兩個選擇。一個，你要想升官發財漲工資，平平穩穩，就要違背人民的意願去工作；一條道路，就真正要去替人民說話，那就請你伸出雙手，準備迎接鐐銬！」「我們的官僚主義，現在不是百分之零點幾，是百分之九十九。」被鄧小平批評為：「大鳴大放了一通」，因此挨了鬥。

一九八一年六月，中共召開十一屆六中全會，在鄧小平主導下，通過了《關於建國以來黨的若干歷史問題的決議》，將毛澤東的功過「三七開」，即肯定又否定了毛澤東。華國鋒正式被迫辭去黨主席和軍委主席兩職務（他在三中全會後已被架空），淪為空頭的副主席，由胡耀邦接任黨主席。但是，胡耀邦和趙紫陽（黨的副主席，兼國務院總理）都是鄧小平的傀儡。鄧小平以中央軍委主席身分實際掌握了黨政軍大權，實踐了毛澤東「槍桿子裡出政權」的理論，也坐實了魏京生「新獨裁」的預言。

鄧小平認為「思想戰線不能搞精神污染」，下令要「一抓到底」，拉開了「反自由化」的序幕。於是，《人民日報》被改組，社長胡績偉和王若水下臺，李洪林、郭羅基、阮銘、劉賓雁、于浩成等知名理論家和作家，自一九八二到一九八四年間，先後受到整肅和免職。胡耀邦於八月份召開「思想戰線問題座談會」，主動承擔鄧小平批評的「渙散軟弱」之責任。這時，胡耀邦才出任黨主席不滿兩個月，政治地位就已開始動搖。

由於中共歷來都是「以黨領政」、「以黨領軍」。鄧小平雖讓胡耀邦擔任黨主席，內心並不踏實，深恐有變。鄧小平此一恐懼心態，在一九八〇年二月中共十一屆五中全會時已經存在。他透過這一次會議，決議恢復中共中央書記處，作為中央政治局和中央常務委員會下的經常工作機構，由胡耀邦出任總書記。次年，六中全會逼退華國鋒後，讓胡耀邦接任黨主席，只是暫時性的安排。鄧小平一如毛澤東，不可能容忍臥榻之側，有人鼾睡。

因此，鄧小平提前在一九八二年九月召開「十二大」，廢除了黨的主席、副主席等職位，胡耀邦復任黨的「總書記」，副主席改任政治局常委。《辭海》註解：「書記」為「掌書牘奏記之人」，即「參謀」之意，「總書記」則是參謀的頭頭。從此，鄧小平不但去除了心頭隱憂，而且他可以因個人的好惡，隨時撤換總書記。胡耀邦、趙紫陽兩位前後任總書記就是這樣垮臺的。

中共自一九八一年二月下令全面鎮壓、逮捕民運人士後，民主運動轉入地下祕密活動。同時隨著中共的改革開放，派遣知識份子出國留學，許多具有民運思想的學生，開始在海外醞釀發展中國民主運動，期從外向內，再創民運高潮。

一九八二年十一月十七日，中國第一批留學西方的研究生中，第一個獲得（醫學）博士學位在加拿大留學的王炳章博士，在紐約希爾頓飯店，舉行記者會（曾邀「新華社」記者出席採訪遭拒），發起「中國之春」民主運動，並創辦中國大陸留學生第一份民運刊物——《中國之春》雜誌。王炳章說：他決心棄醫從運，專職從事海外的中國民主運動。

《中國之春》創刊號，由王炳章執筆的《告海內外同胞書》寫道：「野火燒不盡，春風吹又生。中國的民主運動並沒有倒下去，她以更加成熟的姿態重現中國和世界的政治舞臺。在我們國家和民族處於歷史轉折的關頭，《中國之春》毅然舉起反封建專制，反官僚特權的旗幟，為在神州大地實現真正的民主與法治，自由與人權嗚鑼吶喊！」

「民主、法治、自由、人權」八個字，便成了「中國之春」民主運動的宗旨。

王炳章一九四七年十二月三十日生，河北石家莊人，畢業於北京醫學院。文革時，曾當過紅衛兵，畢業後下放青藏高原勞動。文革結束後考取中共公費留學。一九七九年十月赴加拿大蒙特婁，進入麥基爾大學醫學院臨床醫學研究所攻讀。一九八二年九月，獲得了實驗醫學哲學博士學位。中國大陸報紙和海外親共報紙紛紛以專稿，稱讚他是「第一個中華人民共和國博士」。誰知油墨未乾，王炳章又成了「第一個叛逆者」，讓中共顏面盡失。

王炳章在第一期《中國之春》，發表的《為了祖國的春天——棄醫從運宣言》，說明他發起「中國之春」民主運動的原因：「一九七八年，我考取第一批公費留學，一九七九年上半年，出國集訓期間，西單民主牆運動蓬勃興起，給祖國帶來了初春的氣息……然而，魏京生的突然被捕，震撼了我的心靈，使我陷於深沈的思考之中。」在他留學期間，國內民運面臨的形勢，更是日益嚴峻，如魏京生的判刑、中共全面鎮壓民主運動，大肆逮捕民運志士，鄧小平親自點名批判白樺的《苦戀》等等，促使他不斷思考在海外發起民運，從國外向國內發展的可能性。

他與一位同是留學加拿大，而且政治理念相近的陸生磐瑞文（化名李林，醫科學生），經常討論如何在海外發起推動中國民運的問題。一九八二年十月，王炳章獲得博士學位後，帶著他的計畫到達紐約，找到兩位在哥倫比亞大學留學的陸生——宦國蒼（化名黃立，曾參加一九七九年上海民運，時在紐約哥倫比亞大學攻讀經濟學博士）和梁恒（湖南民運份子，曾參與一九八〇年選舉之候選人，自稱不信仰共產主義，著有《革命之子》一書），爭取二人的支持與合作。

宦國蒼回憶說：「王炳章先生是帶著一個計

畫來紐約的，他是《中國之春》的真正發起人。他提議為了繼承北京之春民主牆運動，這個組織應命名為《中國之春》。」「我與王炳章長談了幾個小時，內容是對中國局勢的看法，王表示希望一起合作，在海外成立一個反對派組織，將國內被鎮壓的民運活動進行下去。我當時也覺得有在海外發展民運的必要。」「王炳章先說服了梁恒，然後王、梁二人一起說服了我，同意合作共事。」

《中國之春》創刊號，由盤瑞文擔任主編，宦國蒼為責任編輯，王炳章則是發言人（另有一位華僑徐曉雲小姐協助打字）。所以，在十一月十七日記者會，由王炳章召開發言，其他三位發起人，未在記者會上露面，身分亦均保密。但盤瑞文與王炳章後來決裂，創辦《中國之聲》，批評王炳章。宦國蒼、梁恆二人後來，亦與王不合離去。

王炳章的記者會，頓時造成轟動。世界各國，臺港澳等地的報章、雜誌，均以顯著版面和相當篇幅，進行了長期的追蹤，和各種不同深度的分析報導。新聞熱度，維持了極長的時間，《中國之春》創刊號，一時洛陽紙貴，只得一再重印，始足應付。

十一月二十四日，王炳章在哥倫比亞大學進行了第一次公開演講，湧進將近四百名聽眾，其中包括有許多研究中國問題的學者專家，和大陸留學生，把會場擠得水泄不通。王炳章在演講中，詳細闡述了「中國之春」民主運動的宗旨，並回答提問。沒有人抗議或鬧場，全場靜聽王炳章的講話，奠定了「中國之春」民主運動後續在大陸留學生中發展的基礎。

一個於一九八一年在紐約由大陸留學生和新移民成立之「中國大陸新移民聯誼會」（現名「中國移民協會」），首先公開響應王炳章民主運動的號召，由創會會長薛偉(本名黃仕中，一九四六年三月三十日生，重慶人，一九八〇年赴美留學，文革前因「反革命罪」被中共囚禁十年，赴美後獲得政治庇護)發表聲明：「『中國大陸新移民聯誼會』將配合《中國之春》，全力支持中國民主運動。」「中國大陸當前迫切需要的是民主、自由、人權和法治，要達到這一目的，必須團結海內外一切民主力量，造成浩大的聲勢，克服萬難，堅持不懈，才能促成中國之春早日實現。」

薛偉後來又成立「中國政治避難者協會」，作為「中國民聯」的外圍組織，協助曾受中共迫害的大陸留學生，和出國人士，而抗拒回國者，提供法律諮詢，尋求所在國的政治庇護，或解決居留問題，造福無數。

「中國之春」民主運動迅速在全世界發酵後不久，鄧小平在當（八二）年的中共中央工作會議上說：「我們有個留學生叫王炳章，在美國辦了個《中國之春》，鼓吹資本主義。」

此後，在歐、美、澳和亞（主要是日本、香港）洲各國的許多中共和臺港澳留學生、新移民，紛紛主動與王炳章聯繫，表達支持和參加「中國之春」民主運動的意願。由於支持者眾，「中國之春」民主運動在世界各大城市，分別設立了聯絡站，負責雜誌行銷，和與當地民運人士的聯繫。甚至在國內北京、上海、南京、廣州、貴州、四川、湖南、江西、浙江、河北、瀋陽等地，也建立了聯絡網點，並通過各種途徑向大陸內部傳播中國之春民運信息。

《中國之春》雜誌也因訂閱者增加，並為加強宣揚民運理念，揭批中共暴政，自一九八三年三月發行第二期起，改為雙月刊；七月（第四期）起再改為月刊。後來又發行《中春簡訊》，將每期《中國之春》重要文章或原文或濃縮後，印成單頁，仿製成一般印刷品，大量投寄大陸各地。日本聯絡站另創辦了《民心》民運刊物。

《中國之春》在第二期，和第三期（五月號）中提出「中國之春」民主運動口號：「徹底變革中國社會制度，實現民主法治自由人權。」並對中國的「未來」政治體制提出五項主張：一、廢除一黨專制，實行多黨制。二、黨、政、軍、法分離。三、立法、司法、行政三權分立，互相制衡。四、各級民意代表及各級最高行政首腦，應由人民直接選舉產生，人民有權監督選出的政府。人民應享有實際的言論、出版和新聞自由。五、實行聯邦制，制訂新憲法，解決祖國統一的問題。

《中國之春》並對中共「四項基本原則」，進行了批判，認為是中國民主運動發展的巨大障礙，只有取消「四項基本原則」，中國的民主化前途才有希望。

王炳章在《中國之春》正式發行為月刊後，認為「拓展一項旨在改造社會的運動，非要有組織的推動不可」，於是決定進一步成立民運組織，以團結所有海外響應「中國之春」民主運動的留學生、新移民，和各界支持者，藉組織性活動推展運動。

一九八三年十二月二十七日至三十日，王炳章在紐約召開了「中國之春運動第一次世界代表大會」，共有來自美洲、歐洲、澳洲、日本、港澳和中國大陸的代表共五十三人出席。大會通過成立「中國民主團結聯盟」（簡稱「中國民聯」），宣佈：「從根本上變革中國現行的政治制度」。這是中國大陸民主運動在海外成立的第一個民運團體，定位為中共政權政治上的反對派。王炳章被推舉為第一屆主席，汪岷（廣州地下民刊《未來》的主編之一）當選為副主席，兼《中國之春》主編。另選出總部委員三十一人，薛偉當選為監察委員會主席，兼月刊發行經理。

「中國民聯」從此成為與中共政權對立的民運組織，且有別於以往國內「打著紅旗反紅旗」的民主運動，不只追求中國的自由民主，正式提出「變革」中共的政治體制主張。並從海外發展到國內，彙集了國內、國外的民主力量，不斷揭露和衝擊中共專制體制，傳播民主思想，為中國大陸的民主運動，開創了全新的紀元。

「中國民聯」成立後，即逢中共國務院總理趙紫陽於一九八四年一月訪美。「民聯」成員在華府趙紫陽下榻旅館，進行請願，散發《致趙紫陽總理公開信》，提出：一、依憲法結社自由條款，要求「中國民主團結聯盟」在中國大陸合法註冊和存在；二、依憲法出版自由條款，要求《中國之春》在中國大陸註冊、出版和發行；三、要求釋放大陸獄中一切持不同政見者；四、要求與趙紫陽和中國代表團會見對話。

其後，「中國民聯」又多次發出給中共的公開信，呼籲中共釋放政治犯，和異議犯。一九八四年八月七日，王炳章派「民聯」成員四人進入中共駐華府大使館，遞交《中國之春》在中國大陸註冊申請書，和《就要求特赦全部在押民運人士致中華人民共和國政府的公開信》。

從此，任何中共黨、政、軍、經高級領導幹部到美國，或其他歐、美、澳、亞洲國家訪問，「中國民聯」各地組織都如影隨形，號召成員與群眾，進行示威和請願活動。

由於當時大陸留學生，大多數為公費或自費公派出國留學，學成後幾乎都必須回國，有助於將「中國之春」民運資訊，和民運思想，傳播入陸。因此，《中國之春》的發行對象，自始就以陸生為主。為了加強對陸生的宣傳，王炳章和編輯部的成員，自一九八三年起，開始巡迴美加各著名大學演講，和與陸生座談，成果十分豐碩。

這種主動出擊方式，影響所及，有些大學的「中國學生學者聯誼會」會長選舉，中共使領館欽點的之候選人，曾發生落選而由「民聯」成員當選情事。如肯塔基大學正副會長，在一九八八年五月，由「民聯」成員任松林、吳方城出任。中共無法改變結果，只得另再成立一個同名稱之組織，指派黨員陸生擔任正副會長，引起校內大多數陸生強烈不滿。印第安那州普渡大學的「聯誼會」在九月改選時，中共指定的候選人落選，而由受陸生擁護的同學當選。

甚至中共使領事館所主導的「中國留美學者學生」政治學會、經濟學會之會長，亦常由「民聯」成員當選。

「中國之春」民主運動的消息，藉由各種管道，同樣在大陸民運界迅速傳播。特別是「中國民聯」成立後的次（一九八四）年，大陸許多地下民刊，如《野草》、《無名草》等之民運鬥士主動來信聯絡。一九八五年十一月，又獲得中共公安系統內部同情民運之幹部的祕密協助，將著名民運鬥士徐文立在獄中所寫的《獄中手記——我的申辯》十一萬字稿件，偷運到美，交由《中國之春》連載發表，轟動一時。

中共對王炳章和「中國民聯」之恐懼，表現在中共教育部和國安部聯合召開的「出國人員培訓會」上，歷次「培訓會」，都會放映一部關於王炳章「罪行」紀錄片，指責王炳章「辜負了黨和人民的培養，不但不報效祖國，反而走上了反黨反華反人民反社會主義的罪惡道路。」「他組織了大量反革命活動，猖狂向黨進攻，惡毒攻擊社會主義，妄圖顛覆無產階級專政，復辟資本主義，讓中國重新淪為帝國主義的殖民地。」

「培訓會」規定留學人員出國後，不得訂購和閱讀「反動刊物」（指《中國之春》），不得聽信其「欺騙宣傳」，不得接觸王炳章及其「反動組織」，或加入「中國民聯」。但是，這等於幫助「中國民聯」和《中國之春》雜誌的宣傳。因此，許多留學生出國後，立即尋找《中國之春》雜誌閱讀，甚至接觸並加入「中國民聯」。

後來曾在「八九民運」天安門廣場絕食的「四君子」之一高新（北京師大周報主編，中共黨員），寫了一篇《我與〈中國之春〉》的文章中說：「（一九八三年）記得當時好像是傳達了一份中共中央文件，在提及海外『反革命動向』時，神秘地透露：已經有在美國的大陸反革命份子『拼湊』了一個反動組織叫『中國民聯』，『炮製』了一份反動刊物叫《中國之春》。」

另一位外逃成功的「八九」民運人士吳仁華回憶說：「大概是八七年底八八年初，我從一位體制外知識界朋友處得到幾本《中國之春》，由於在朋友們的圈子裡傳閱很久，磨損相當厲害。這些傳閱《中國之春》的知識份子後來在『八九民運』中都是重要的參與者。」「《中國之春》是民運的一面旗幟，從某種意義上講，其影響遠甚於民聯本身。」

「八九民運」學生領袖吾爾開希說：「參加『八九民運』的很多學生都知道《中國之春》，一說到《中國之春》，他們就會振奮和激動。」

一九八四年十二月十三日，中共《人民日報》第一次點名批判「中國之春」民主運動：「（王炳章等人）在美國的土地上結不出中國的民主之果」，「說穿了他們是拋棄大陸的妻女另尋新歡的偽君子，是藉愛國為名，行敲詐華僑之實，中飽私囊的江湖騙子，是一群名利熏心，搞政治投機的政治娼妓。」結果，被「中國民聯」王炳章、黃奔、宗繼祥、汪倫等人告上美國法院。據傳鄧小平知悉後，連聲斥責《人民日報》愚蠢。

一九八六年九月十二日，鄧小平在中共黨的全會上的講話《反對資產階級自由化》中說：「現在群眾中（包括年輕人）有一種思潮，這種思潮就是自由化……實際上這種自由化就是把我們中國現行的政策，引導到資本主義道路上去。」「魏京生、王炳章和郭羅基這些人都是這股思潮的代表人物。」鄧小平這句話說明了，王炳章的「中國之春」民主運動已與大陸內部的民主運動，結合一起，並引起中共領導階層的不安。

王炳章擔任「中國民聯」兩屆主席共四年任期內，對組織的發展，無論在海外廣泛設置聯絡站，或在中國大陸內部建立祕密民運據點，都卓有成果。特別是對海外大陸留學生、學者、新移民的民運思想傳播，影響更是深遠。透過這些學者、學生「海歸」，或華僑返鄉探親，或夾帶《中國之春》雜誌回國，或傳播民運思潮，成為一股中共無法防範力量。

不過，王炳章在設計「中國民聯」組織規章時，一心學習歐美的民主制度，所以規劃主席的任期為兩年，連選得連任一屆。遺憾的是，他未曾研究過世界各國的「革命史」或「反抗史」。這些歷史告訴後人，革命或抗爭在未達成政治目的前，除非特殊因素，領袖人物極少更換，以中國近代史為例，如「興中會」革命時期的孫中山先生、中共自延安時期起建政前的毛澤東，莫不如此。

王炳章在領導「民聯」期間，作風雖然有褒有貶，不少核心人物離他而去，但已無人可以取代他的地位和聲望。王炳章個人在長達四年任內，也未培養接班人，等到他兩屆主席行將任滿時，即面臨交棒的嚴重問題。礙於組織章程，一則他必須交出主席一職，一則他還是真心希望新的主席在民運界有一定知名度，能夠繼續領導「民聯」邁進，於是他選擇了剛於一九八七年一月到美留學的「西單民主牆」時民刊《沃土》主編、北京大學學生民運領袖胡平為接班人。

一九八七年十二月底到次年初，「中國民聯」舉行第三次代表大會。有三組人參選正副主席：李國愚和宗繼祥（華盛頓）；胡平和柯力思（香港）；姚月謙（日本）和林樵清（紐約）。胡平在王炳章運作下，順利當選為第三屆主席。

胡平一九四七年八月十八日生於北京，文革時曾下放農村勞動五年。一九七八年考入北京大學哲學系研究生班，獲哲學碩士學位。一九七九西單牆民主運動時，主編民刊《沃土》，發表〈論言論自由〉一文，影響極廣。一九八〇年參加基層選舉，宣揚民主自由理念，並當選北大海淀區「人大」代表。因此，畢業後未分配工作，直到八三年才分發到北京出版社任職，八五年進北京市社科院，八七年一月赴美入哈佛大學攻讀博士。

胡平當選「民聯」主席後，中共駐紐約總領事館於一九八八年三月十日，邀胡平前往面談，傳達其原工作單位「北京市社科院」口信，要求胡平在一周內辭去「民聯」主席，退出「中國民聯」，並在報紙上發表公開聲明，否則將開除其原職，吊銷護照。並且在未公開聲明前，不准回國。

中共的無理要求與威脅，為胡平當場拒絕。事後，胡平召開記者會，抨擊中共作法的錯誤與濫權，迫使參與海外民運的留學生，流亡國外，不得回國。胡平說：「（他的）基本政治主張……只不過是在中國大陸實行最低度的民主，即言論、出版、新聞自由等。」「『中國民聯』並不是簡單地提出反對『四個堅持』，而是提出從憲法中取消『四個堅持』的條文，其主要理由是憲法不是黨章，不能把要求共產黨員的東西用來強行要求全體公民。」

由於王炳章在「民聯」三大會議上硬挺胡平接任主席，曾引起部份代表不滿，幾乎使會議癱瘓，胡平亦僅以一票之勝當選。而且王炳章有意在「四大」時復出，再選主席。他在胡平出任主席後，仍控制著「總部」財政，胡平深感「巧婦難為無米之炊」。其次王炳章在卸任後，成立了一家保險仲介公司，和一家專辦政治庇護的公司，打著「以商養運」的旗幟，在盟內推銷保險，和協助陸生或非法移民向美國政府申請政庇。但王炳章未履行其承諾，將收入依比例交付「民聯」總部，常委會因此要求對這兩家公司進行清查賬務，埋下了「民聯」分裂的前因。

一九八九年一月，「民聯」總部召開「聯席會議」（總部、常委、監委參加）上，常監委批評了王炳章，胡平也遭受指責。胡平試圖緩和不滿情緒，設法調解。但在會議進行中，傳來「民聯」派赴上海迎接服刑期滿即將出獄的盟員楊巍的三位盟員，違背出發前中共紐約總領事館同意放行，不得有違「法」行動之默契。胡平也曾再三囑咐三人，除迎接楊巍出獄外，不可做任何落中共「口實」的事，以免危及楊巍和三人的安全。王炳章卻私下交付彼等，密攜《中國之春》雜誌，和王炳章個人的「反動信件」入境大陸。結果被中共查獲，二人遭驅逐出境，一人被捕，楊巍延遲釋放。

此一消息立即引起「聯席會議」的常、監委憤慨，胡平指責王炳章背著他擅作主張。王炳章承認所為，但不認為是導致三人被捕原因。王炳章的態度，激起出席人員不滿，當即有人提出彈劾動議，要求罷免王炳章。胡平恐事態擴大，破壞「民聯」內部的團結，勸王自行引咎辭職，避免彈劾與罷免。王炳章不答，拂袖而去。一月二十九日，「民聯」公布投票結果，常、監委兩會通過罷免王炳章的常委職務。

「罷王案」通過後，「民聯」世界各支部意見分歧。「擁王派」企圖發動「政變」，於二月初，利用春節假期，先奪取紐約支部領導權，再佔領了總部辦公室。中旬，「擁王派」又將「民聯」經費提淨，關閉帳戶，阻止捐款匯入，藉以癱瘓總部，要求提前召開全盟「四大」會議。「擁胡派」和「擁王派」的內鬥，最後發展到利用輿論相互攻訐。完全把中共「文革」式的激烈鬥爭，照搬到美洲大陸。

「民聯」總部於是進一步開除王炳章盟籍，並向紐約法院提起訴訟，法院立即凍結「擁王派」提走之經費。王炳章則動員「擁王派」盟員，預定三月底召開「四大」會議。「民聯」總部再申請法院下達「禁止令」，「擁王派」不顧禁令，於四月一日以「中國民聯緊急大會」名義召開會議，與會者約有一百一十人。「擁胡派」人員也分從各地前來參加。其實兩方人員都希望能夠調解紛爭，促進團結。但總部人員在會上宣布法院「禁止令」後，遭「擁王派」拒絕，於是報警。四月二日下午，警方派員前來強制執行，「擁王派」倉促應變，將會議變更為「中國民主黨成立大會」，規避警方制止。

從此，「中國民聯」正式分裂，王炳章和他的支持者獨立出去，成立「中國民主黨」。王炳章未出任黨主席，亦未入黨，顯然是要保留重回「民聯」的自由之身，再次領導這個他一手創立的組織。但是，這一次的分裂，造成了海外民運發展，無與倫比的大傷害，至今無法彌補。

儘管如此，「中國民聯」在王炳章和胡平領導之下，對中國民主運動的推動，仍具有不可抹滅的成績。

一、楊巍事件

「楊巍事件」，就是顯著例子。楊巍一九五五年生於上海，復旦大學畢業，一九八三年赴美留學，進入亞利桑那大學生物系攻讀。一九八五年八月在美祕密加入「中國民聯」，曾以「桑梓」、「桑羊」等筆名，投稿《中國之春》，中共起訴書說他「多次發表攻擊人民民主專政和社會主義的反動文章」。一九八六年五月回國探親和完婚，但在辦理再赴美手續時，遭受刁難，中共意圖將他清除出留學生隊伍。

一九八六年十二月九日，由合肥中國科技大學學生引發的全國性「八六學潮」。上海各高校學生紛紛響應，楊巍立即參與了上海學潮。據中共文件說：「十二月十日，楊巍乘上海市部分高校少數學生鬧事之機，先後到人民廣場、交大、同濟、醫大等院校，搜集情報，編寫材料密報『中國民聯』總部。十二月二十三日晨，上海市公安局發出佈告，明令『嚴禁擅自進入工廠、學校和科研單位，煽動他人鬧事。』楊巍蓄意違抗，當夜就到復旦大學，分別以『中國民聯《中國之春》』及『衛人權』名義，張貼反動標語，向鬧事學生表示『全力聲援』。十二月三十一日，楊巍又按照『中國民聯』總部負責人的指使，將該反動組織寄來的《就民運目標和民運策略致國內大學生的一封聲援信和建議信》複寫後，散發給北京的陳某、廣州的石某，要他們『轉抄、翻印、張貼、寄送，廣為傳播』，妄圖煽動他人抗拒政府法令。一九八七年一月五日，楊巍再次就部份高校少數學生鬧事情況，向『中國民聯』總部提供歪曲事實造謠誣蔑的材料。楊巍還在『中國民聯』向國內鬧事學生寄發『聲援信』時，寫明『中國民聯』、《中國之春》的海外聯絡地址、電話，約定聯絡暗語。」「在此期間，楊巍還書寄了宣傳『中國民聯』反動綱領等內容反動傳單。」

楊巍是第一位「中國民聯」成員在返回大陸後，參與學生民主運動的留學生。楊巍被中共逮捕後，「中國民聯」立即發動輿論營救，美國媒體也紛紛響應。王炳章親自拜會美國國會參議員赫姆斯和狄康其尼等人，請求協助。赫姆斯和狄康其尼即在國會提案通過，要求北京立即釋放楊巍。美國國務院曾多次向中共表達對楊巍案的關切，國務卿舒茲在這年三月訪問北京時，也提出對楊巍案的關心。年底在中共審判楊巍前，全美中共留美學生聯名發起請願，呼籲中共不要因和平表達政治信仰，起訴楊巍。這是美中（共）建交以來，因中共打壓民主運動，第一起引起美國關注的民運人士被捕大事。

一九八七年十二月二十一日，中共以「反革命宣傳煽動罪」，判處楊巍有期徒刑二年。上海公安局並警告說：凡參加或與「民聯《中國之春》」接觸的留學生，回國後必受法律制裁。所幸，在國際輿論和美國壓力下，中共只得輕判楊巍。諷刺的是，在楊巍被捕後，這年的九月二十五日，時任國務院總理的趙紫陽，在答覆美國國家廣播公司電視新聞主播採訪，被問到中共有無政治犯時說：「沒有人因為批評黨的政策或領導階層而入獄。」

據美國哥倫比亞大學著名中國問題學者黎安友說：「（趙紫陽）這番話不僅無法解釋魏京生、王希哲、徐文立等人因在民主牆上貼大字報而入獄的案子，對三個月以後的楊巍案更是無法交代。楊巍因貼大字報並函促學生於前年底示威，而被上海法院以『反革命宣傳和煽動』罪名判刑兩年。他們都是政治犯。」「楊、魏、王、徐四人均因抨擊中共政策和領導階層獲罪。以現行國際人權標準而言，他們都是政治犯。」

正因為「楊巍事件」，中共正式公開定性「中國民聯」為「敵視和破壞中國社會主義制度，意圖推翻人民政府」的「反動組織」。這說明「中國之春」民主運動自一九八二年底推動以來，歷時五年，已讓中共感覺芒刺在背，不容忽視的一股民運力量。

一九八九年一月，楊巍刑滿出獄。「中國民聯」派盟員黃奔（美籍）、黃漢（加拿大籍）和湯光中（陸生）三人赴上海迎接楊巍出獄。結果，因違背與中共的「默契」，黃奔和黃漢二人被驅逐出境，湯光中被扣押。「中國民聯」這一行動，雖然莽撞不智，中共得以藉故延後釋放楊巍。但也讓中共感受到「民聯」將民運推進大陸的威脅。中共指控：「該組織派人從美國到上海，企圖舉行歡迎（楊巍出獄）儀式，擴大影響，在上海建立反對黨，搞所謂『政治登陸』」。

就在這個月，合肥科技大學副校長方勵之發表致鄧小平的《公開信》，要求大赦魏京生等政治犯。二月，獲得國內三十三名著名知識份子響應，也聯署發表一封致中共中央和人大的《公開信》聲援。四月十五日，胡耀邦去世。北京大學師生發起遊行示威，「八九天安門民主運動」於是爆發。惜乎，海外中國民運組織卻在這段期間陷於內鬥，走向分裂，大幅削弱聲援與支持北京民主運動的力量，十分遺憾。

「八九民運」開始後，楊巍又參與了此一運動。據中共文件透露：「楊巍秉承『中國民聯』的旨意，與鬧事學生保持密切聯繫。他混進大學校園和遊行、絕食隊伍之中，收集情報，多次通過長途電話，向『中國民聯』頭子胡平報告情況。他還為上海『高自聯』頭頭出謀劃策，煽動他們對抗政府。」

在中共六四血腥鎮壓「天安門民運」後，楊巍為營救上海學生領袖姚勇戰，果敢地直接向中共安全部門抗議：「姚勇戰沒犯國法，他是個愛國青年，在學運期間，為社會秩序穩定起了積極作用，所以應當儘快釋放。」於是，楊巍第二次被捕入獄，刑滿釋放後才獲准赴美，繼續從事民運工作。

「中國民聯」在分裂前，曾積極聲援發生在一九八六年的中國大陸全國性的「八六學潮」（即「一二．九民運」），當時「民聯」內部團結，所以能夠迅速動員展開聲援行動，並成為海外聲援中心。南加州有七十二名大陸留學生聯名，寫了一封《我們對國內大學生示威遊行的看法》的公開信，投寄《中國之春》發表。「民聯」也發表《對當前中國大陸政治危機的聲明》，呼籲大陸人民「不要再等待了，不要再沈默了，勇敢站出來，保衛改革的成果，擊退守舊派的回流逆潮。」

一九八七年一月十七日，中共總書記胡耀邦因支持學運，被鄧小平撤換下臺。消息傳來，陸生群情激憤。「中國民聯」立即發起一場全美陸生大規模的聯合簽名的公開信請願行動，共有五十一所大學院校一千多名陸生響應簽名，其中四百八十二人以真名簽署。二十日，「民聯」在全美華文報紙發表這封《公開信》和聯署名單。

《公開信》說：「學生遊行已經平息之後，中央為什麼反而採取一系列嚴厲措施，使胡耀邦總書記突然去職，並對方勵之、劉賓雁、王若望等人進行嚴厲處置。」「國家興亡，匹夫有責。我們強烈期望黨和政府堅持改革、反對倒退，堅持民主法治，反對以言治罪。」此信公布後，又有七十二所院校，六百八十二名陸生增加簽署，其中二百一十九人使用真名。由這一次公開徵名活動成績，證明「中國之春」民主運動已經深深影響了大陸留學生民主思想，和團結的重要。

一月下旬，新任中共總書記趙紫陽在「全國省長會議」上，就這封聯名《公開信》說：「國內局勢已經引起了外界強烈的反應，連我們派出去的留學生，都在外面公開說話了。」五月，中共派遣教育代表團赴美，對陸生進行安撫疏導，表示：對參加簽名學者、學生，一定不加追究，該回國的放心大膽地按時回去。

二、陳軍事件

第二個著名案例是「陳軍事件」。「八九民運」爆發前，一九八九年二月十三日，有一封由北京三十三名著名的文學家、藝術家和科學家聯名致中共中央和人大的《公開信》，響應方勵之致鄧小平的《公開信》。這封信的發起人陳軍，即與「中國民聯」關係密切。

陳軍，上海人，一九五八年出生於「歷史反革命」家庭。一九七八年，與傅申奇、宦國蒼等人，積極參與上海民主運動，並負責民刊《上海之聲》編輯、刻印工作，還完成了哲學著作《論真理》。次年，考入復旦大學哲學系就讀，成為學生領袖，曾聯合上海六所大學學生舉辦「中國改革現狀與展望」討論會，引起市委注意，要求各院校警惕「在學生中正在形成的持不同政見者」。中宣部也點名「要特別注意陳軍的活動」。一九八三年，陳軍移民美國，與王炳章取得聯絡，擔任《中國之春》特約記者，以「陳洪林」筆名發表民運文章。

一九八七年，陳軍返國。先在上海開了一家「可可樹酒吧」，接著又在北京開設「捷捷酒吧」。陳軍回國初期，未從事任何政治或民運活動，但仍受到中共的監控。一九八八年二月起至年底，上海公安單位多次拘留陳軍，審問在美期間與「中國民聯」關係和活動情形。陳軍不堪其擾，於一九八九年初，轉往北京，專心經營「捷捷酒吧」，並結識了許多北京藝文界和學術界知名知識份子、民運人士、記者、外國駐華官員等。

方勵之在一月六日發表致鄧小平《公開信》，要求釋放魏京生後不久，邀陳軍陪同參加中共中央統戰部舉辦的春節聯歡會。應邀出席者，多係中共統戰的對象，且是知名的知識份子和社會名流。方勵之在會上發言，談到知識份子的責任和人權相關的問題。引起陳軍共鳴，即席發表個人感想。他說：「我們知識份子自五四運動來，到底作了什麼？我呼籲：我們的政府應該釋放一切政治犯，取消反革命罪，取締祕密警察，中國的人權要符合世界的人權標準……等等。」陳軍的言論獲得了熱烈的掌聲回響，說明了在「八九民運」之前，高級知識份子已人心思變。

陳軍在聯歡會後，想到一九八九年正是「五四運動」七十周年慶，也是中共建政四十周年，他希望能夠藉此機會，有意義的聲援方勵之的《公開信》。陳軍的想法，獲得詩人老木和北島的支持。於是，他們擬好一封致中共中央、人大常委會的《公開信》，在短短三天內，募集到三十三位知名人士的聯署簽名。

二月十六日，陳軍等人在「捷捷酒吧」召開記者會，邀請了各國際著名媒體駐京記者出席，並宣讀《公開信》的全文：「我們得悉方勵之先生於八九年一月六日致鄧小平的公開信後，深表關切。我們認為，在建國四十周年和五四運動七十周年之際實行大赦，特別是釋放魏京生等政治犯，將會創造一個有利於改革的和諧氣氛，同時也符合當今世界日益尊重人權的普遍潮流。一九八九年二月十三日。」

聯署簽名者，除陳軍、老木、北島三人外，其他三十人是：邵燕祥、牛漢、吳祖光、李陀、冰心、宗璞、張潔、吳祖湘、湯一介、樂黛雲、張岱年、黃子平、陳平原、嚴文井、劉東、馮亦代、蕭乾、蘇曉康、金觀濤、劉青峰、李澤厚、龐樸、朱偉、王焱、包遵信、田壯壯、王克、高皋、蘇紹智、王若水等人。

次日，消息傳遍全世界。「民聯」主席胡平立即發起簽名響應運動，號召中外人士，踴躍簽名，形成連鎖反應。他說：「用海外輿論的強大力量，努力保障大陸民主人士的人身安全。」「突破大陸的新聞封鎖，可以用書信、電話、電傳、旅遊等方式把三十三人簽名信和國內外聯繫通訊地址，儘可能多的告訴大陸的親友、同事。越多越好，越快越好。」

海外簽名活動，獲得著名旅美學人余英時、許倬雲、李歐梵，和正在美國的方勵之等共六十五人（內有多名民聯成員）聯署發表《敦促大陸民主改革宣言》；臺灣亦有著名政學界人士陶百川、胡佛、王作榮、楊國樞、李亦園、韋政通等三十人簽署發表《呼籲中國大陸進行民主改革的聲明》。響應陳軍等人的《公開信》，使此一簽名運動將大陸、臺灣、海外連成一氣，開創了中國民主運動史的首頁。

簽名運動帶給中共極大的壓力，既驚又恐，遷怒陳軍一人。二月二十日，「新華社」引述中共司法部負責人談話稱：「這封信主要組織人陳軍曾經是設在美國反動組織『中國民聯』主辦的《中國之春》的撰稿人，他聲稱要通過臺灣等『最大最有影響的傳播媒體』支持方勵之等人，對中國形成『壓力集團』。」「陳軍等人企圖通過簽名的方式，製造輿論，形成壓力，以此來影響審判獨立的作法是違反中國法治原則的，因而也是錯誤的。」

陳軍等人毫無所懼，又成立了「八九特赦」辦公室，繼續公開徵集簽名。陳軍並發表聲明，坦承曾是《中國之春》撰稿人，他批評司法部：「對公開信的評估，沒有給讀者提供一個事實基礎，故反會有造成輿論混亂的可能，使公眾無法作出客觀的判斷。公開信從內容到簽署人的意願都基於人道立場，並對政府寄予希望，且要求大赦是直接向最高權力機構——人大常委會提出的，我個人以為只有人大常委會才能給予權威回答。」

雖在中共強大壓力下，並未能阻止後續的簽名活動，全國各大專院校師生也紛紛響應簽署。曾經是七九年「西單民主牆」時期活躍的民運人士，如李正天（李一哲大字報成員）、任畹町、薄雲等人，都加入簽名行列。

三月十八日，陳軍以個人名義撰寫了一份《關於一九八九年特赦問題報告》，寄發「人大」委員長萬里、全國「人大」代表、「國家主席」楊尚昆。《報告》說：「特赦魏京生等人，這不僅是我們數千名簽名者的願望和建議，也是符合我們國家改革十年的歷史進程和根本利益的。」

此後，陳軍個人和「特赦辦公室」，即遭受中共的監控、跟蹤。三月底，上海公安局通知陳軍返滬應詢。四月二日，陳軍在回上海的火車途中被逮捕。三日，中共強制將陳軍（具美籍身分）驅逐出境，送到香港。四月六日，飛抵美國紐約。

三、劉曉波事件

第三個著名案例，更顯示「中國之春」海外民主運動，對大陸民主運動的傳播，和對中共政權所構成的威脅重大，即二〇一〇年獲得諾貝爾和平獎的劉曉波。

劉曉波，一九五五年生於長春市，吉林大學畢業，北京師範大學中文系講師，一九八八年赴美講學，次年轉往紐約哥倫比亞大學任訪問學者。四月六日，陳軍到達紐約。在胡平聯繫下，二十日，劉曉波、胡平、陳軍、于大海、吳牟人、李少民（李洪林之子）等海外著名民運人士、學者、作家等共十人共同發表《改革建言》，向中共提出五點建議：促請中共檢討糾正改革十年來的決策失誤；曾迫害知識份子的彭真、王震、胡喬木、薄一波、鄧力群等人，應為此負責引咎辭職；趙紫陽、李鵬、鄧小平、陳雲等應公開承認領導失誤；披露胡耀邦下臺原因和過程；修憲取消「四項堅持」；支持和保護學生運動，嚴防製造藉口對學生實行鎮壓等問題。

二十二日，劉曉波、胡平、于大海、曹長青等十人又聯署發表《致中國大學生的公開信》，提出七點如何開展學生運動的建議，內容已括：鞏固已建立的組織聯繫，力求以堅強的整體進行有效活動；提出最基本的要求，務使得到相應回覆；特應以徹底否定八七年反自由化運動為突破口；建立通訊和出版物，密切與媒體的聯繫；加強與工農、市民、知識份子的聯繫，爭取支持與參與；與政府對話；落實校園自由；採取用貼大字報、遊行、罷課等方式，保障參與者安全與權利等事項。這封信經中間管道，設法送到了北京，被北大學生張貼在校園內。

四月二十六日，劉曉波離美返回北京。這時北京學生藉掉念胡耀邦，已爆發「八九學生民主運動」，劉曉波立即參與天安門民運活動。並將他與王炳章和其他留美學生、學者共同捐助北京民運美金數千元和人民幣萬餘元，轉交「北京師範大學學生自治會」運用。

劉曉波後來在所著《末日倖存者的獨白》一書中回憶說：「由於我在從美國發回的《致中國大學生的公開信》上簽了名，並且與胡平的名字寫在一起，我已經被官方注意，定性為海外反動勢力的國內代理人，隨時有被抓走的危險。」

在投入「八九民運」後，劉曉波已不顧個人的安危。他為表達支持學生的絕食抗議，於六月二日與周舵（北大社會學研究所講師）、侯德健（原臺灣著名之詞曲作家）、高新四人發表《絕食宣言》：「我們絕食！我們抗議！我們呼籲！我們懺悔！我們不是尋找死亡。我們尋找真的生命。在李鵬（國務院總理）政府非理性的軍事暴力高壓之下，中國知識界必須結束幾千年遺傳下來的只動口而不動手的軟骨症，以行動抗議軍管，以行動呼籲一種新的政治文化的誕生，以行動懺悔由於我們長期的軟弱所犯下的過失。」

「六四」後，劉曉波被捕入獄，因他曾勸學生離開天安門廣場，未判刑獲釋出獄。之後，他開始寫書呼籲中共政治改革，以非暴力方式爭取基本人權。

二〇〇八年，劉曉波因起草《零八憲章》，主張言論自由等基本人權，呼籲中共當局推行民主憲政，再次於當年十二月八日被捕，次年十二月二十五日以「煽動顛覆國家政權罪」被判徒刑十一年，關押遼寧省錦州監獄服刑。乃妻劉霞同時被軟禁家中。劉曉波因和平推動民主的努力，深受國際社會肯定，贏得二〇一〇年諾貝爾和平獎。

中共指控劉曉波：「是一條反共反人民的『瘋狗』」，「（八九）動亂初期，正在美國逗留的劉曉波起草了《致中國大學生的公開信》，提出七條主張，在美國報紙發表後，迅速傳回北京，貼在北大三角地，為學潮打氣。後來他又接受『中國民聯』的派遣並攜活動經費回國，直接參加北京的動亂和反革命暴亂。六月二日，正當天安門廣場的鬧劇難以為繼的時候，他糾集另外三個人在天安門廣場進行四人四十八到七十二小時的絕食行動，為動亂和暴亂份子撐腰。他反復發表演講，宣稱他們『有能力、有信心主宰中國』，政治野心暴露無遺。全國各地的許多非法組織成員也錯誤地估計形勢，以為時機已到，紛紛登臺表演。」

除以上三個著名案例，顯示「中國民聯」積極將民主運動推進大陸的具體事證外，其他個案仍多，有成功也有失敗的事例。如「八九民運」發生前，王炳章和湯光中二人曾於五月四日，從紐約搭機，勇闖北京，但在東京轉機時，被日航以「接到北京外交部照會及日本外務省的命令，不得載王炳章先生和湯光中先生飛往北京」，被強制請下機。當時，東京成田機場所有航機櫃檯上，都張貼了《告示》：「接北京照會，不得賣票給王炳章先生和湯光中先生倆人飛往北京的機票。」由於中共阻撓，王、湯二人沒能夠成功闖關回京，卻掀起了爾後海外民運人士闖關，飛返大陸的熱潮。

《民聯十年簡史》一書中有一章「民聯在『八九民運』中的活動」，自我評鑑說：「『八九民運』的蓬勃興起，和中國民聯長期以來進行的民主思想的啟蒙工作是分不開的。當然除此之外，中國民聯在中國大陸也設立了許多分部、支部，在一定範圍內，他們均作了一些力所能及的組織上的運作，但因為政治條件的限制，其影響力亦有侷限。所以說，在『八九民運』中，中國民聯在思想形態上的作用，應遠勝於組織形態上的作用。即便這樣，中共也從未對中國民聯的活動，掉以輕心。鄧小平在數次談話裡講到『中國民聯』的問題，在『八九民運』中，楊尚昆（國家主席）、喬石（政治局常委）、李錫銘（北京市委書記）、陳希同（北京市長）也一再點中國民聯的名。」

「八九民運」後，中共出版一本書《無硝煙的戰場》，就點名「中國民聯」是「八九民運」幕後「黑手」之一。

02 九一八引領出

一二九和一二一九學運

抗日戰爭前，日本駐中國東北關東軍，為了分裂中國，策劃了一個「滿蒙獨立」的陰謀。一九三一年九月十八日夜，日軍以駐瀋陽守備隊官兵六百人的武力，偷襲張學良的「北大營」。當時「北大營」的駐軍有一萬二千人，但因份子複雜，有不少是收編的綠林好漢，所以白天部隊操練完後，武器即收存軍械庫，也因此對日軍挑釁，毫無抵抗能力。再加張學良下達「不抵抗」命令（張學良晚年接受唐德剛教授訪問時，親口證實係其下令「不抵抗」，而非蔣介石命令，並稱：「北大營我軍，早令收繳軍械，存於庫房」）。因此，張部不戰而屈，一夕之間，東北淪陷，日軍並炮製了一個偽「滿洲國」。

民初，蔡元培任北京大學校長時，提出「思想自由，兼容並包」的治學方針，影響北大教學風氣甚深，即使歷經「文革」摧殘，校風未曾改變。一九八五年，北大學生為紀念「九一八」五十四周年國恥日，和反對日本軍國主義有復甦傾向，以及對中國進行的經濟侵略，計劃發起「反日」和平示威遊行。但遭中共阻擾，因而爆發了一場，由「反日」到「反腐」和「爭取自由、民主」的學生民主運動。

在「九一八」紀念日前五天，九月十三日的下午，北大校園出現一張由物理系研究生所寫的《我們該怎樣紀念「九一八」》的「大字報」，全文不足六百字，但主題鮮明，抗議時任日本首相的中曾根參拜靖國神社的行為，是日本軍國主義的復活徵兆；同時對中共改革開放後，「日貨大量傾銷中國市場，日本電器充斥中國的千家萬戶」表示擔憂，認為「日本的經濟侵略，達到了當年侵略戰爭沒有達到的目的。」

大字報呼籲「一切熱愛我中華、熱愛和平的人們，該是警惕的時候了」，「北大的學生再也不能作壁上觀了，軍國主義的鬼火已經燃起，我們要在軍刀刺入我們的胸膛之前把它打掉」。「只要世界人民的抗議沒有達到某種程度，日本帝國主義份子的膽子就越來越大，行動的規模也越來越大。這對中國人民、朝鮮人民、全體東南亞人民以至全世界人民包括日本人民自己，都是不可輕視的潛在的威脅」。「今天，我們中國人民可以不念舊惡，與日本人民友好往來。但是，對日本政界少數人掀起的美化侵略戰爭，復活軍國主義的逆流，卻不能再容忍下去了。」

大字報對中共在外交政策上的親日傾向，也表達不滿，認為「中國政府在同日本發展友好關係的時候，確實有些事做得太過分了，如釣魚島問題，戰爭賠款問題」等等。

大字報貼出後，即有同學在大字報頁底加上激烈的辭句：「我們北大曾經友好地接待過中曾根和幾百名日本青年，但友好的舉動並未感動這個海盜民族。同學們，不要再沉默了。難道我們北大的學生只敢因『晚上關燈』這種事而示威遊行嗎？」

當晚，北大校方根據中共憲法取消「四大」的條款，撕毀了這張大字報。次（十四）日中午，物理系研究生再貼出第二張大字報《不要忘了我們是中國人》，批評學校的做法是「見利賣國」的行為，並號召北大學生在九月十八日到天安門廣場集會，向人民英雄紀念碑獻花圈。

北大校園接著出現了許多「反日」標語和大小字報。有的發起「抵制日貨」運動；有的呼籲同學要「猛醒」，要「行動」，要「遊行」，要「吶喊」，以「喚起沉默的國民」；有的大聲疾呼：「起來，不願做亡國奴的人們！起來，有著赤熱的愛國之心的北大人！」

北大學生的情緒立即被激起高漲雲霄，並積極串連各校，約定在九月十八日遊行前往天安門廣場，舉行紀念大會。

但是，學生的愛國行動，卻被中共以當天要舉行黨的全國代表大會，和時任新加坡總理李光耀抵北京訪問為由，指示北大，阻止學生組織遊行，也不可前往天安門廣場舉辦紀念活動。

北大學生對中共和校方禁止紀念「九一八」遊行的指令，十分憤怒。校方也因勸阻無效，關閉校門，禁止學生外出。北京市委甚至動用軍警，封鎖北大校園。反而引起學生強烈反彈，張貼大字報，寫道：「五十四年前的『九一八』是中國的恥辱，是中華民族的恥辱。今年的『九一八』又是一個蒙受恥辱的日子。」「這一天，鐵門和員警把數千名北大學生攔在了富於革命傳統的北大校園中，中華人民共和國的憲法蒙受了恥辱！」「民主何在？憲法規定的『遊行、言論』自由何在？」「在舉國宣傳普及法律知識的今天，竟然會在堂堂的北大發生這種侵犯公民權利、無視憲法的事，實在令人痛心。」「為什麼，我們不能享受憲法保障的基本權利？什麼人，竟能將憲法任意褻瀆和踐踏？」

一位法律系研究生陳小平在大字報《「九一八」與憲法》中寫道：「北大學生從愛國主義立場出發，舉行遊行活動是合法行為，應鼓勵提倡。」「校方與軍警、保衛部門配合，禁止學生到天安門遊行，是嚴重的違憲行為。」「對近幾日校園內出現的侵犯公民權利的行為，必須予以制止。」

有些大字報更進而對當前的中共社會制度，提出政治體制改革、實現政治民主化的要求：「造成這種恥辱的不是學校當局或市人民政府的無能，而是制度的弊端！」「除了經濟以外，難道政治領域不需要改革嗎？思想意識、社會心理方面不需要改革嗎？」「我們常常強調民主，強調法制，可民主和法制，在中國到底有多少保障？」「關鍵的就是給人民以充分的民主權利。」

也有大字報指責當前社會的腐敗和弊病，幾乎都「與『特權階層』的存在緊密相連的。在現階段，政治問題仍然是首要問題。」

部分大字報則表達了學生追求民主的勇氣：「讓我們都來切實關心社會問題吧，為改造社會獻身！為爭取民主奮鬥！這是時代賦予我輩青年的光榮而崇高的使命！」「我們有必要爭取自由，爭取民主，不自由，毋寧死！」

一份大字報憤怒的說：「鐵柵，令人心寒的鐵柵……鎖住的是什麼？是北大的熱血青年，是中華的男兒！鎖住的是北大的光榮傳統。但是，鐵柵鎖不住我們的心！」

一首詩寫道：「無情的鐵門　鎖住了熱血的北大人　眼裡含著淚　心裡壓著憤　兩手抓著鐵門　我呼籲——同胞們　我要去天安門」。

儘管北大採取了嚴厲門禁，仍有許多學生設法離校，組織遊行隊伍，包括北大和北京其他各院校的學生，共約有一千餘人遊行前往天安門。遊行隊伍沿途雖然不時遭到公安和武警部隊的攔阻，特別是在六部口，曾被阻止達半個小時之久，學生奮勇突破重圍，於下午三時許，到達天安門附近。再遭大批公安武警的制止前進，停留在廣場之外。而偌大的廣場除公安和來回巡邏的車輛外，無一遊客。

這時，有北大無線電系的幾個學生，奮不顧身，連續突破軍警的六次攔截，把一個花圈送到人民英雄紀念碑下。最後在學生與中共公安單位反復的交涉下，中共看出學生意志堅定，難以驅離，在學生同意「不發表演說、不集會、不（續）遊行」的條件下，學生隊伍獲准進入廣場。

這次以北京大學學生為主的民主運動，雖然平和落幕，卻引起國際駐北京的媒體之注意，蜂擁至北大校門口和天安門附近進行採訪，並作廣泛深入的報導。而中共各媒體則噤若寒蟬，隻字不敢報導。

參與這次民主運動的學生，事後卻遭到中共的整肅。《「九一八」與憲法》大字報的作者陳小平被開除黨籍、學籍，其他一些大字報的作者也分別受到了不同程度的懲處。

同在九月十八日這一天，西安的大學生也爆發了反對日本軍國主義復活，和對中國的經濟侵略，以及對中共政治貪腐、物價上漲的不滿情緒，並提出爭民主、爭自由的示威活動。

事件結束後，北大學生民運思潮，仍然沸騰難抑，又貼出標語，號召同學：「臥薪嘗膽九一八，東山再起一二九」。

一九三五年十月，毛澤東率領的中共紅軍，歷經二萬五千里「長征」，竄抵陝北吳起鎮，正面臨生死存亡之際，北平學生在中共地下黨員操縱下，在這年十二月九日舉行大規模的反日示威遊行，提出「打倒日本帝國主義」、「停止內戰，一致對外」等口號。第二天，北平各校學生紛紛發起總罷課。十六日，有學生和市民一萬餘人，再度舉行示威遊行，並獲全國人民的響應，此即著名的「一二九運動」。

「一二九運動」獲利最大的就是中共。所以毛澤東在一九三九年十二月九日說：「一二九運動以後，事情就逐漸好辦了。西安事變和平解決，國民黨政府只打共產黨，不打日本帝國主義的辦法行不通了，不得不放棄『剿共』政策，而走準備抗戰的路，這就開了國民黨的三中全會，抗日民族統一戰線也就在事實上宣告成立。對於這些，一二九運動的功勞都是很偉大的。」

一九八五年十二月，正逢「一二九運動」五十周年紀念。但是「東山再起一二九」未出現在北京。原因是：中共為阻止學生藉紀念「一二九」，發動學潮，而在這一段時間，在各北京高校舉辦多項「愛國思想」教育活動，佔據學生所有時間。但是，「再起一二九」原本有機會在上海首先爆發，可惜尚未發芽，就被時任上海市長的江澤民設計壓制，反而先由合肥科大在次年拔得頭籌。

日本侵華歷史，一直是中國知識份子難以忘懷的恥辱。一九七二年九月中日建交後，中共耗資數十億人民幣，引進日成套設備，興建的上海寶山鋼鐵公司，由於中共與日交涉幹部的無知昏庸，使中方蒙受了難以置信的巨額經濟損失。上海的知識份子，把它視為「新國恥」。

上海同濟大學研究生計劃在一九八五年十

二月，藉紀念「一二九運動」五十周年，發動「一次紀念性學潮，以反日為口號，呼籲推動民主政治」的民主運動。他們散發大批傳單，內容有「寶鋼虧損，國恥難忘」、「懲辦貪官，振我國威」、「專制誤國，民主興邦」、「自由萬歲」。

同時，同大學生又將合肥科大副校長方勵之歷次鼓吹民主的講稿和文章，影印放大後張貼在校園內。還編印《方勵之、姚蜀平演講集》（姚蜀平，女，中科院物理學家，八二年赴哈佛大學擔任訪問學者兩年。八五年返國後，向學界介紹柏揚、李敖等臺灣學者思想言論）分發，以傳播民主思想。因此引起了校方，和中共的注意和警告：不准「鬧事」。

江澤民獲悉學生預定在「一二九」當天發動學潮後，特意將當日前後的一周，定為「交通安全活動周」。實施全市交通大檢查，限令任何人和單位均不得影響交通，並禁止一切街道集會活動。同濟大學學生準備發動的學潮，因而被迫取消。

安徽合肥中國科技大學是中共全國七所重點大學之一，學術風氣較為自由。第一副校長方勵之曾說：「學術自由源於政治民主，而政治民主又得益於分權制衡——權力合理劃分，互相牽制的平衡。」

方勵之（一九三六～二〇一二），浙江杭州人，生於北京。一九五五年加入共黨，畢業於北大物理系，為著名天體物理學家，曾任中科院學部委員，中國天文學會副理事長，著作有《宇宙的創生》、《從牛頓定律到愛因斯坦相對論》等多種。一九五七年曾被打為右派，次年到合肥科大任教。八四年九月出任第一副校長（校長管惟炎），方勵之主張「民主辦校」，「大學要獨立於政府之外」，享有「思想上的自由」，大學培養什麼樣的科學人才，完全由學校決定。他提出辦學八字方針是：「科學、民主、創造、獨立」。後來中共批判他：「照他的這個『思想』辦學，我們的大學就將辦成一個個由國家和人民出錢、國家和人民卻管不了的資產階級自由化的獨立王國，那怎麼得了？」

科大還有一位著名的改革派先鋒，化學系主任溫元凱（一九四六～），上海人，南京大學化學系畢業。一九七七年在國務院「科技工作座談會」上，提議恢復高考和派遣留學生，獲得鄧小平高度肯定，當年即恢復高考，溫元凱也得以留學法國，因而接觸到西方自由民主思潮。在八十年代，中共思想解放運動中，他以改革家姿態到全國數百所大學演講，鼓吹改革，並傳播自由民主人權和多元思想，呼籲現代化。他在一九八四年出版《中國的大趨勢》一書，在中國改革潮中，影響甚大，他與方勵之、北京社科院哲學所的李澤厚，和《走向未來叢書》副總編金觀濤同被譽為全國「青年四大導師」。

一九八六年十一月底，合肥預定舉行區人民代表選舉，科大為選區之一。但科大黨委未依提名程序，逕自決定候選人名單，引起學生強烈不滿，認為是強奸民意，不民主之做法。十二月一日，學生張貼大字報《致科大選民的一封信》說：「我們不是木偶，我們不是傀儡，豈甘受人愚弄。」「我們不是不要選舉，我們不要這樣的選舉，我們要真正的民主選舉。」「為真正的民主力量而抵制假民主選舉，拒絕劃勾，拒絕投票，或者勇敢的選民們，在你的選票上寫上：我們要真正的民主！」

大字報貼出後，在科大校園內獲得極大反響。次日，有三十名學生貼出聲援的大字報：「決不能做假惺惺的民主奴隸，把腰幹挺直了。民主是我們的權利。」「同學們！行動起來，個人的力量是微薄的，但只要我們團結起來，喊出我們的最強音，就能取得勝利而擔負天下之興亡。科大的政治民主何在？請方勵之（副）校長對此選舉作出解釋。」

十二月四日晚上，學校舉行候選人發表競選綱領大會。有幾位學生臨場自薦參選，並慷慨陳詞，宣揚民主意識。方勵之也上臺演說：「關於政治體制改革，議論也好久了，有很多人說突破口在什麼地方？我想在群眾。」「民主不是自上而下給予的，而是靠自己爭取的。」「民主只有靠大家的覺悟，爭取到才是牢靠的，否則得到了會被收回。」方勵之的講話，贏得學生熱烈掌聲，「一二九」學運結束後，被鄧小平指責為學潮的煽動者。

溫元凱也上臺講話說：「我們科大的民主辦校，當前正承受著很大的壓力。……有種種對我們學校的流言蜚語，有人不斷向上進讒言。」「我現在鄭重地向全校的師生呼籲：我們大家都應當非常珍惜當前科大的局面，而且都要來保護這樣一種局面，不要讓那些不負責任的言論和行動來破壞這樣一種局面。我們應該認識到怎樣才能把我們科大民主辦校進一步搞好，而且要推動全國的改革。」

大會結束後，學生們仍聚集現場，有人建議：「明天上街遊行」，獲得一致贊同。五日上午，科大校方知悉消息後，勸告學生不要上街遊行，並軟禁一位學生領袖。方勵之也勸學生應當慎重，最好不要出去，而未強烈反對。這時，學生情緒激昂，已不是任何人所能勸阻。

下午，約有二千五百名科大學生堅持走出學校，安徽大學和合肥工業大學也有二千五百多名學生響應，三校隊伍各自遊行前往市府廣場，沿途不斷有群眾加入，抵達廣場時，人群已是黑壓壓一片。學生在市府大門前發表了《遊行宣言》，抗議區人大代表提名違背民主程序，要求改革選舉制度，並高呼：「要民主，要自由」。

遊行結束後，三校學生又思索要如何使人民覺醒？如何實現民主？於是紛紛以大字報表達意見，並進行募款，購置擴音器、印製傳單，到街上散發，影響頗廣。學生還決定藉紀念「一二九」運動五十一周年，九日再發起一次遊行活動。

十二月九日，合肥市約有三千名學生上街遊行，高呼「我們要真正的民主」、「沒有民主，就沒有現代化」、「憲法萬歲」等口號。事後，工大一位學生寫了一首詩，紀念這天的遊行。其中一段慷慨激昂的說：「總是年少的血液容易沸

騰　為了自由與民主　可以棄掉愛情與生命　高舉著殘破的旗幟　高喊著古老的口號　為民主而鬥爭」。

同日，武漢三鎮有武漢大學和華中工學院等院校二千五百名學生響應上街遊行。他們吶喊：「要民主、要自由」、「沒有民主，就沒有現代化」。在武漢大學和安徽大學校園內出現的大字報，提出「政治體制改革」、建立「民治、民有、民享」的政府等要求。

這一天，湖南大學和湖南師範學院一千五百餘名學生，在長沙市舉行示威遊行，抗議區人大代表選舉不公。

兩天後，十二月十一日，一張署名「合肥中國科技大學民主戰士」的大字報，出現在北京大學。十二日後，更多的大字報張貼出來，號召同學們不要袖手旁觀，要發揚「一二九」運動的傳統精神。此一號召迅速席捲全國，各大學院校學生紛紛響應，加入聲援行列。

《中國大陸學潮實錄》一書作者曾慧燕對這一次的民主運動，有很生動的形容。她說：「一九八六年底，在九百六十萬平方公里的神州大地上，中國十多個省市，在事前毫無跡象的情況下，爆發了如火如荼的大學生示威遊行活動。學潮發祥於合肥；西延武漢、昆明；東連南京、上海；北上濟南、天津、哈爾濱；南下杭州、蘇州、深圳、廣州；終止於北京。前後歷時逾月。學潮規模從小到大，從一個城市蔓衍至另一個城市。參加人數之多，捲入高校之廣，是自十年前的『四五』天安門事件以來的第一次，波及範圍也遠比『四五』運動為廣，其中最矚目的，則是在上海出現的波瀾壯闊的動人場面。」

在十二月九日這天，上海學生紀念「一二九」周年慶的方式，是舉辦音樂會。上海交通大學當天，在市「萬體館」（體育館）觀賞美國搖滾樂團的表演。接近尾聲時，樂團邀請學生登臺共舞，一位研究生欣然準備上臺，卻被工人糾察隊阻攔，毆打成傷。現場之公安和武警人員不但不加制止，反而教訓學生的不是。

交大學生群情激動，投書民主黨派所辦《新民晚報》，報紙不敢刊登；找公安單位申辯，仍被指責是學生的錯；學生要求打人工人道歉，亦未被置理；學生極度氣憤，提出與市長江澤民對話要求，「看看上海這個地方到底有沒有法？」

十日，合肥「一二九」學運消息，傳到上海交通大學。曾有學生晚上在校園內張貼報導，因受學生在音樂會被毆傷一事掩蓋，未引起注意。

但在隨後數日，接著在廣東、雲南和天津等地也出現了學生遊行示威行動：十四日，深圳大學有上千名學生走上街頭，抗議學校增收學費和取消補考制度；十七日，昆明市雲南大學和雲南民族學院等高校有二千多名學生手持「民主萬歲」、「自由萬歲」等標語，遊行示威；二十日，廣州各大學學生二千多人遊行；同日，天津市素來保守的南開大學也出現大字報，聲援合肥科大；二十四日，天津有三千名大學生舉行文革後聲勢最浩大的示威遊行。

上海交通大學學生在這時，仍因同學被毆傷，申訴無門，於十五日在校內張貼大字報，呼籲爭取新聞自由和保障人權等問題。但是大字報貼出不久，即被校黨委撕毀。十六日，學生再張貼大字報，要求嚴懲打人兇手，並提高對民主、自由、人權和政治體制改革等方面的訴求。對學生的訴願，從學校黨委、公安單位，到上海市委，均虛應故事，視若無睹。學生絕望之餘，難抑積怨，決定走上街頭請願，要求與市長江澤民對話。遊行示威時間，預定在十八日中午集合出發。

學校感覺事態嚴重，迅速通報市府。江澤民指示決不能讓學生上街遊行，答應十八日下午到交通大學，與學生對話。學生當日的示威遊行，於是取消。

江澤民畢業於上海交大，但他到校後對學生講話，卻是官腔十足，他說：「你們不是要自由嗎？這個問題，兩百年前就有人提出來了，你們現在還提什麼？民主誰不懂？」學生報以噓聲，大聲鼓噪。江澤民喝令學生停止吵鬧，改為答覆問題。學生提出：中國有無新聞自由？中國人民是否贊同「四項基本原則」？市長是否上海市民所選出來？江澤民避重就輕，僅允諾帶回去研究，匆匆結束對話。學生因未獲得滿意回答。決定十九日上街遊行示威。

上海同濟大學同在十二月十五日，在校內貼出該校第一張大字報，當晚也被校方偷偷撕掉。學生不滿，張貼更多的大、小字報，並在校內散發合肥和武漢兩地示威遊行的相關傳單，學生爭相傳閱。十七日晚上，學生舉辦「自由論壇」座談，決定上街遊行。當晚與交大學生約定：十八日中午分別自各校遊行至上海市府大門匯合，向江澤民請願。

十八日，交通大學學生的遊行示威，因江澤民到校對話，臨時取消。同濟大學學生在校方全力阻止下，仍有千餘人走出校門。這是同濟學生第一次示威遊行爭民主，但缺乏經驗，於是轉往復旦大學，尋求復旦同學指導未成，遊行草草結束。

當晚，交大同學再次與同濟大學約定十九日舉行大規模的遊行示威。此即著名的「一二‧一九」上海學生民主運動，而且是上海各高校學生都參與的遊行示威。

學生貼出的大字報中，有一張充分表達出這次遊行示威的爭取的目標。它學習美國民權領袖金恩博士的口氣說：「我有一個夢，一個自由的夢；我有一個夢，一個民主的夢；我有一個夢，一個天賦人權的夢；但願終究有一天，這些夢不再是夢。」

十二月十九日中午，同濟大學學生開始集結，校方用各種方式設法勸阻，甚至威脅，搶奪示威旗幟，乃至大批教師堵在校門口，都無法澆熄學生的熱情。學生齊喊：「衝啊！」約三千人強行衝出校門，浩浩蕩蕩舉行示威遊行。他們用舊床單、蚊帳書寫「同濟大學」作為校旗，並製作「反官僚專制」、「爭民主自由」、「取消報刊檢查」、「開放禁片禁書」、「同學們讓我們一起前進！」等標語，並高呼口號。復旦大學部份學生一反昨日冷淡態度，自行加入遊行行列。遊行隊伍沿途三度遭遇公安、武警封鎖阻擾，均被學生隊伍突破，警方最後只好讓步。下午二時，遊行隊伍抵達上海市府，吶喊口號後，繼續轉往人民廣場。這一次由於同濟大學動員和組織有力，成了上海學潮的主要勁旅。

下午一時半，交大學生數千人衝出校園，高舉「打倒官僚」、「爭取自由、民主永存」、「自由永存、民主萬歲」、「新聞自由、集會自由」等的橫幅，在武警和公安人員監視下，沿途高呼「反官僚、反特權」、「尊重人權」、「爭民主、爭自由」、「實行新聞自由」、「加快民主建設進程」等口號，先行抵達人民廣場。

未幾，同濟大學遊行隊伍抵達，兩校「會師」後，學生席地而坐，有人演講，有人帶頭呼口號。稍後，又有上海第二醫學院、外語學院、財經學院、華東政治學院、水產大學、華東師大等高校學生隊伍到達。除了這些學校外，幾乎每個高校都有個別學生趕到。這時，學生向市人大常委會商借廣場擴音器未果，開始鼓噪，並有上千名學生翻牆進入市人大。警方只得借出兩輛廣播車，供各校學生輪流上車演說。

同濟學生在演講時，提出「五項要求」：一、江澤民到場與學生對話；二、政府承認這次學生運動是合法的、愛國的、正義的民主運動；三、保證參加運動的每一位學生不受打擊、報復和保障人身安全；四、新聞自由，上海各大報紙、電視臺、電臺如實報導這次示威。五、承認學生有貼大字報的言論自由，有遊行集會自由。（《中國大陸學潮實錄》一書說只有「四項要求」，缺上述第五項。「中國民聯」成員楊巍所寫《上海『一二・一九』大示威點錄》則為五項）這五點被各校學生一致同意成為「一二・一九運動」的「最後綱領」，並以書面提出，遞交市委，限時答覆，亦無結果。於是學生隊伍，再次向外灘市政府遊行進發，並高唱改詞的「國際歌」（將其中「英特納雄耐爾」一句，改成「民主自由平等」）。

「民聯」盟員楊巍當天在現場，他說：「我在默默地總結今天示威的特點：一是規模大，廣場上人數絕對超過一萬人，有人估計是三萬，據說交大學生幾乎傾巢而出。二是膽子大，學生在大批警察中穿行，高談，旁若無人，不怕誰來監視。三是目標集中，始終談的是民主、自由。四是秩序好，學生自動維護秩序，大片人聽令坐下，沒有發生爭吵和傷人事件。與警察的鬥爭也很有分寸，沒有發生不必要的毆鬥。這些都說明中國大學生的民主運動正在向更高的水平發展。」

遊行隊伍抵達外灘市府後，學生在寒風中瑟縮著身體，忍受饑餓，繼續靜坐示威。晚上九時，中共中央同意上海市府與學生代表談判。學生推舉了七位代表，與副市長葉公琦當面談判。深夜十一時，談判破裂，學生要求與江澤民會談未成。仍有一千餘名學生不畏風寒，堅持不退，續留原地靜坐示威，怒吼：「江澤民是懦夫！」

二十日凌晨零時許，江澤民突然約見學生代表，對學生的「五項要求」表示：第一項與江澤民對話現已實現；第二、三兩項，立即答應；第四項要求，則以政府無權干涉新聞自由，報紙和電視臺有權決定所要報導的新聞內容（第五項有無答覆不詳）。

學生代表涉世未深，認為江澤民言之有理，滿意退席。但外面靜坐示威學生不滿意江澤民第四項答覆，宣布談判「流產」，要求再派代表與市長談判。市府認為學生簡直胡鬧，不再理會。學生則堅持不離開，靜坐抗議。

上海市府經連夜請示中共中央，同意驅離靜坐示威學生。清晨五時，公安局開始廣播，勸退學生。學生得知上海市府即將採取驅散行動後，以手挽手連結成城，表現出慷慨赴義的勇氣，並高唱「國際歌」，歌聲響徹雲霄，大大地壓過公安廣播聲音，深深感動圍觀的成千上海人民。

早晨五時五十分，天未亮，現場燈光突然熄滅。中共以兩千名「民警」，強行衝斷學生的「手鍊」，將學生分隔成十多群。凡有學生反抗，公安即以警車頂的強光燈照射，軍警立即過去拳打腳踢，對女學生亦毫不留情。有學生喊口號，馬上換來一頓耳光。軍警並強搶在現場拍照的學生相機，扯出膠捲。學生被強行拖離，扔出場外，或押解停放在旁的公車上，送返學校。學生領袖，和反抗激烈的學生，多被拘捕。不少同學受到不同的傷勢，和蒙受財物損失，造成學生與市府間，更嚴重的尖銳對立。

一位同濟學生當時寫了一首詩，以大字報張貼在校園，貼切地形容了「一二・一九」學生遊行示威的悲壯：「霜月霜天霜滿地，人山人海人空擠，十萬書生存浩氣。寒風裡，一腔熱血可化碧。華夏千年專制史，國民奴性皇恩賜。民主何曾出牽制，今猶是，待何時洗我國恥？」

上午七時，示威學生已全部遭驅離。上海各高校學生，對中共的鎮壓和逮捕部分同學，以及有一些同學迄未返校「失蹤」，感到憤怒。同濟大學因「失蹤」學生最多，校長江景波擔心同學安危，致電上海有關單位交涉，未獲明確答覆。同濟學生因而情緒激動，舉著「反對法西斯野蠻手段」、「反對暴力」、「還我戰友，還我自由」，和「還我五百同胞」等標語，衝出校門，前往市府抗議。接近中午時，約有同濟學生一萬一千餘名聚集外灘靜坐示威。

這時，復旦大學出現一張大字報《全體青年教師聲明》：「我們目睹了一二・一九偉大民主運動被無恥欺騙和野蠻鎮壓的全過程。是可忍，孰不可忍！我們堅決聲援並立即投身這場偉大的『十二月風暴』！團結起來！徹底摧毀一切敢於阻擋民主潮流的反動勢力！」

二十日午後，上海五十餘所高校（含業餘大學）的學生，幾乎傾巢而出，也有不少教師加入遊行行列。學生分別扛著學校大旗，高舉橫幅標語，齊聲呼喊口號，朝向市府示威前進，聲援同濟大學同學。遊行隊伍雖然癱瘓了市區交通，但仍然獲得沿途市民熱情鼓勵。

各校隊伍抵達外灘後，也都採取靜坐示威。靜坐的學生人數，這時已達到三萬餘人之眾（也有一說，十九、二十日兩天均達到七萬人），其中除同濟大學的一萬一千餘人外，交通大學六千多人、復旦大學二千多人，其他各校加起來也有一萬餘人。學生立即組成一個十人代表團，提出「無條件釋放被捕學生、嚴懲打人兇手和道歉」兩項要求。但與市府交涉，未獲回應。

學生於是轉往人民廣場，向市人大委員會請願。三萬餘學生組成遊行隊伍，同時湧上街頭，聲勢十分浩大。抵達廣場後，學生代表進入市人大，要求對話。市人大領導採取拖延戰術，不給予明確答覆。五時前後，學生見談判代表久久不出來，開始噪動，部分同學直接翻越鐵柵，進入市人大。下午六時，市人大副主任蘇某與學生代表出現廣場，宣讀答覆學生意見，內容空洞，引起學生強烈不滿，當場有二、三百名學生，衝向市人大大樓，被公安警察組成人牆阻擋。

學生衝撞無功，決定改為遊行示威。但在路上學生發生內訌，爭奪「引導紅旗」。奪得旗幟學生，引領遊行隊伍於晚上八時，再折返人民廣場靜坐抗議。學生終因連續兩日示威活動，疲憊不堪，忍饑受凍，而且同濟大學兩面紅旗被校方所派學生會幹部偷走，學生頓失「中心」，開始散去。至晚上十一時半，廣場已淨空。

復旦大學有一張大字報說：「應該說，當局走錯了一步棋。如果十九日市政府對這次遊行明確表態——理解、同情，並於二十日凌晨不用武力粗暴干涉的話，事態不會發展到今日這樣不可收拾的地步。」

這時學生示威活動，事實已如強弩之末，如果江澤民仍能妥善處理，學潮還是可能就此結束。偏偏江澤民在二十日下午，學生轉往人民廣場時，向上海所有機關、工廠緊急傳達他的指示：憲法上規定給公民遊行的自由是正確的，但不能妨礙別人的自由。十八日他到交大，他們就剝奪了他講話的自由，還妨礙他執行公務的自由，這就不允許了。學生到街上鬧事，就妨礙了行人的自由，擾亂了社會秩序，這就違法了。江澤民還不實的誣陷學生說：「有人叫共產黨下臺、國民黨回來。要三民主義，不要馬列主義。」

二十一日上午，江澤民在「萬體館」又對八千人演講說：「大學生年輕幼稚，懂什麼民主自由，遊行只是起哄胡鬧」。他更不實的說：警察在二十日凌晨的驅離行動中，沒有打學生，反而有三十一名警察被學生打傷；同濟大學學生打傷了校長江景波。

消息傳出後，學生氣憤不平。江景波校長也公開否認被學生打傷，認為是對他本人和學生的侮辱。同濟與交大學生決定二十二日，發起「全校罷課，揭露真相，喚醒民眾，全校師生聯合起來，不達目的決不罷休。」

但是，兩校有部分學生等不及，在二十一日（星期日）當天就上街示威遊行，並獲得上海數十所高校響應參與遊行，人數多達萬餘人。最引起注目的是，全國二十個省市高校派在復旦大學進修的教師，也組成「廿省市高校教師」的遊行隊伍。各校遊行隊伍，最後都匯集到人民廣場。

下午，情況突變。維護秩序的公安警察突然放鬆封鎖，讓許多身分不明人士混入學生群中。有人煽動學生攻佔上海人民廣播電臺，學生要此人出示身分證明，卻拿不出來；有人打著復旦大學旗幟，誘導復大學生隊伍遊行往外灘，然後在外灘推翻兩輛汽車，並在車上跳躍，和踐踏損毀市府前的植栽，局勢十分混亂；有混充學生高喊：「毛主席萬『睡』」、「鄧小平萬『稅』」、「不要胡耀邦、寧要四人幫」；有人散播謠言說：交大被軍警包圍封鎖，部分學生隊伍緊急趕往交大，才知受騙。這時一位自稱是與市府談判的學生代表，誆稱請大家來交大目的是為了召開會議，組織「全市學生聯合行動總指揮部」，復旦和交大學生也參與了會議，發現受騙，要求退席，竟被阻止。兩校學生遂衝出會場，請同學「就地解散，即速回校。」

由於不明人士的介入，學生驚覺到：「運動的結果已違背了我們的初衷，而且將被警察找到鎮壓藉口，也不利於我們的運動。」「我們的目的已達到，但現在市民已經起來了，他們的無組織行動所引起的後果是可想而知的。」「請記取文革的教訓，絕對不能受人利用！背景難測！」

事實上，二十一日這天，有一批青年工人成群的湧入人民廣場，參與學生民主運動。中國歷來社會運動，有句話說：「北京的學生，上海的工人」。所以上海工人參加示威活動，是一種歷史傳承。但是，當天有些不明人士的加入，顯然是負有破壞學運的目的，乘機擾亂秩序，這就不是學生所能接受的了。

就在學生有意停止示威遊行之際，二十二日上海各媒體報導上海市府發言人答記者問談話內容，誣蔑學生在校張貼大字報，是有人「別有用心地乘機張貼有反動內容的大字報，公然否定四項基本原則」。對二十日晨驅離行動，否認有打人、抓人的事情。並批評學生連續幾天上街遊行的行為「不妥」，「二十一日，還發生了不法份子乘機搗毀汽車和侮辱婦女等擾亂社會治安的事件」，「（學生）對如何正確行使民主權利，認識比較模糊。」「我們發現，確有個別人蠱惑人心，製造事端。」

這篇談話發表後，立刻在同濟大學掀起軒然大波，學生認為「政府的報紙、電臺對我們的正義行動，卻進行了極為歪曲的報導，企圖掩蓋真相，給我們學生揑造罪名。」「我們在不道義的輿論壓力下，只有採取罷課遊行的方式來徹底伸張我們的正義，向市民再一次闡明我們的立場和觀點。」

同濟大學學生於二十二日派出代表與市府談判，無法取得共識，於是決定二十三日再次舉行遊行示威。同日，市公安局又發表《公安六條》，規定遊行、集會必須事先報准後，才可舉行，否則嚴懲。這顯然是針對學生即將遊行行動而來，反而助長學生示威決心。同濟學生於是派了三名同學到市公安局申請遊行，但被拒絕，並被警告：如學生再鬧事就會鎮壓。

而在二十二日下午，就有上海、科技兩大學，和鐵道、體育、中醫三個學院等高校學生，不顧市公安局禁令，發起大規模遊行示威，聲援同濟大學，抗議市府扭曲學潮事實的報導。

二十三日，各報又刊出江澤民指示「安全工作只能從嚴強化」，同濟大學校委因未能說服學生放棄遊行，乃造謠說當局已調動大軍，準備鎮壓學運。此舉更加激怒學生，決心不惜犧牲，也要上街，甚至有些學生還交代了「後事」。同濟大學研究所碩、博士學生七百多人，為保護大學部學弟，決定由他們領軍遊行，以應付突發狀況。

遊行隊伍高舉「民主、自由、平等、人權」、「為真民主真自由而吶喊」、「鄧小平您在那裡」、「席捲官僚」（這幅標語背面則大書一則諷刺「新聞公告」：「一個女學生打了三個警察」）等橫幅，並首次出現一幅以漫畫手法繪製的「自由女神」像，浩浩蕩蕩出發。隊伍走出校門，即遭公安幹警以未經申請核准，違反《公安六條》，阻攔學生遊行。學生反駁，事先曾登記申請，卻被無理拒絕，堅持是合法遊行。警方最後放棄阻擾，甚至撤離，只留少數監視和錄影人員。沿路聞風而至，夾道表達支持的市民，多達三十萬人，交通為之阻塞。遊行隊伍後接受學校勸導，不過蘇州河，避開市中心鬧區，於下午三時返校。

這一天除同濟大學的遊行隊伍最龐大外，上海中醫學院數百名學生仍遊行至市政府，其他各高校也零星有遊行示威，並且持續至晚上。

上海「一二・一九」學生民主運動歷經五日，至此結束。上海共有五十多所大專院校，學生約十二萬人，除少數學生未捲入外，絕大多數學生都參與了這次學運，堪稱中共建政以來，規模空前的學生爭民主、爭自由、爭人權的運動。

這次上海民運，交通大學是學潮的發源地，而同濟大學是遊行示威的主力軍。因此上海出現了「交大是民主堡壘，同濟是學運先鋒」的說法。

江澤民正因為處理這次學潮「有功」，受到鄧小平的刮目相看，在一九八九年血腥鎮壓天安門「六四民運」時，從地方拔擢到中央，出任總書記。

在合肥與武漢學潮爆發初期，中共還表態憲法允許人民有遊行示威的自由，政府不會予以鎮壓。《人民日報》也發表文章，鼓勵學生要積極參與社會活動。但是，當學運迅速蔓衍，超出中共預判，和承受能力時，即刻變了嘴臉。十二月二十二日，中共通告全國各省市地方政府，注意學生遊行示威可能導致的危機和應採取的因應措施。二十三日《人民日報》社論《珍惜和發展安定團結的政治局面》，表示「堅持改革開放，又要堅持四項基本原則，走中國特色的社會主義道路，這是我們堅定不移的方針。」「如果有了不同的意見，就採取過激的行動，客觀上就會影響安定團結。」二十五日又發表的評論員文章《政治體制改革只能在黨的領導下進行》。

上海學潮結束後，北京的學運接著爆發，成為一股繼合肥、上海後的學生民主運動接力賽。北京也跟合肥中國科技大學、上海交通與同濟大學一樣，是由以理工科為主的清華大學學生於十二月二十三日率先發難，並獲得北京各高校的響應，數以萬計的學生，走上街頭，要求民主和新聞自由。次日，天津市也有逾千名學生示威響應。

二十六日，北京市人大通過《北京市關於遊行示威的若干暫行規定》，共有十條禁令，規定遊行示威須在五日前向公安機關申請核准，並禁止在人民大會堂、中南海等周圍遊行。實質上，就是要阻止北京高校學生的民主示威運動，和遊行隊伍進入天安門廣場。

北京高校學生爭民主的熱火，這時已經是紙包不住，水澆不熄了。二十九日，北京有二、三千名學生，不經申請，就上街遊行。中共報紙指責為非法遊行，「以為講民主可以不要黨的領導，不要社會主義制度。」「他們要民主是假，反對四項基本原則是真。」「有人說：今天的民主不能靠賜予，要用激烈的方式去鬥爭，把矛頭指向黨和人民政府……那就把自己擺到人民的對立面去了。」所謂「人民的對立面」，已經不是「人民內部矛盾」，而可能是「敵我矛盾」了，亦即表示，中共不會容忍，並予鎮壓。

十二月三十日，北京師範大學學生遊行上街，抗議北京的「十條禁令」。北京大學學生則提出於一九八七年元旦日到天安門廣場遊行示威。北大的大字報說：「為了中國民主，做一點事，即使坐上幾天牢。我們將要用我們的血去喚醒民眾，我們問心無愧。」「我們不用害怕，不用退縮。讓我們一起去天安門，為了今日之中國民主去奮鬥，多一個人就多一分力量，千萬不要退縮。」

鄧小平在這一天訓斥胡耀邦、趙紫陽、李鵬（副總理兼國家教育委員會主任）、胡啟立（中央政治局委員、書記處書記）、何東昌（國家教委會副主任）等領導人，未能平息學潮，指示要堅決抵制「資產階級自由」思想的泛濫。

三十一日，中共發出警告：元旦日如果有人在天安門廣場搗亂將受嚴懲。但仍然遏制不了學生的沸騰熱血，有些學生為了趕在中共元旦當日封鎖天安門廣場之前，不惜晚上冒著風雪先進入廣場；有些學生則在天亮後，化整為零，分散進入。光以這兩種方式，就匯集了學生數千人。更有集結的學生，整隊突破武警封鎖線，在廣場進行遊行示威。他們高舉「支持改革，要求民主」、「要求新聞自由」等標語，並發出要民主、要自由的怒吼。公安武警隨即展開逮捕為首之學生領袖，如劉剛、封從德等，共有三十餘名學生被扣押（其中北京大學二十四人、人民大學五人）。

學生領袖被捕消息，傳回北京大學，學生忿忿不平。晚間電視新聞報導，中共又歪曲學生遊行示威事實，栽贓有五百名學生鬧事。學生再也壓抑不了情緒，當即決定連夜二度示威遊行，要求中共釋放被捕學生。

北大學生迅速集結有六、七千人，於晚上十一時，冒著風雪嚴寒，離開學校，遊行前往天安門廣場。途中衝破中共公安封鎖線，途經人民大學，有人大三千名學生響應加入遊行隊伍。這支萬人怒吼大軍，震驚了北京當局，即刻釋放了全部被扣押的學生。遊行學生見目的已達，於元月二日凌晨三時解散返校。但仍有一千多名兩校學生，堅持走完全程，抵達天安門廣場後，才結束遊行示威。這一夜，學生不畏嚴寒，頂著漫天風雪，走完全長共十五公里的遊行，被稱之為「雪夜新長征」。

從一九八六年十二月五日，安徽合肥中國科技大學學生率先走上街頭，席捲大陸二十多個城市，學生高舉爭民主、爭自由大旗的龐大示威遊行，全程歷經二十九天，到一九八七年一月二日，在北京天安門廣場，隆冬酷寒中結束。民主種子已深植大陸各高校，乃至全社會，春天已經不遠，終於在兩年之後，爆發了更壯闊的「八九民主運動」。

這一場學生民主運動，並未促使中共自我反省，開放民主，還給人民自由權力。中共反而藉此發動一場反「資產階級自由化」，整肅異己的政治鬥爭運動。

鄧小平殺氣騰騰的說：「我們不怕流血」。鄧小平為何如此仇視學生民主運動，這跟他和他兒子鄧樸方在文革時被學生批鬥的慘痛經歷有關。他對學生任何民主運動、示威遊行，莫不視為毒蛇猛獸，認為都是要「革他的命，造他的反」，非加以鎮壓不可。從「四五天安門」民主運動、「西單民主牆」、「大學生參選人大代表」浪潮、直到這一次學潮，無不如此。一九八九年的「天安門民運」，也是在鄧小平這種心態下，予以血腥鎮壓。

從元旦開始，中共就鋪天蓋地，反擊學生運動。中共中央發出的一九八七年《一號文件》，表示「反對資產階級自由化，至少要搞二十年」；中共媒體批評學生遊行示威，是「打著紅旗反紅旗」，是「幾年來資產階級自由化思潮泛濫，而我們的一些同志旗幟不鮮明、態度不堅決的結果。」暗示將有人為此被鬥爭下臺。

果然，一月十三日，《安徽日報》社論《反

對資產階級自由化的重大措施》，就批判「方勵之身為共產黨員，利用他的工作之便和地位、名望，到處遊說，發表了一系列錯誤言論和文章，肆意散布資產階級自由化思想。」他「鼓吹『全盤西化』，走資本主義道路；他挑撥黨同知識份子，特別是青年知識份子的關係，煽動學生鬧事。」「很明顯，方勵之的矛頭所向，是直指四項基本原則的。」

一月十六日，胡耀邦因主張寬容對待學潮，被鄧小平批判縱容學生，罷黜了總書記職位，由趙紫陽接任；與此同一時期，中共又先後免除了合肥中國科技大學校長管惟炎、副校長方勵之的職務，開除方勵之、王若望（上海文學副主編、中國作協理事）、劉賓雁（人民日報編輯）的黨籍。

王若望與這一波學生民主運動，毫無關係。他之所以被牽連，是鄧小平乘機整肅異己。據王若望遺孀羊子回憶：

「一九八六年十二月十五日，胡耀邦視察過上海啟程回北京，正在虹橋機場登機之際，上海市委書記芮杏文趕緊請示總書記：『王若望的問題怎麼處理？』芮杏文所請示的『王若望問題』，是指這年十一月初，《深圳特區工人報》主編親自登門，特約先夫寫的一篇文章：《兩極分化之我見——與鄧小平同志商榷》，發表於十一月五日的該報上——為了這篇搔得總設計師又痛又癢的文章，那位主編先生後來丟了飯碗。

「可赤子之心的胡耀邦，力倡民主、善待諍言的秉性就是難移，他當時只是這樣對芮杏文說：『黨內批評幫助就行了嘛（大意）！』

「於是，半個月之後——十二月三十日，鄧小平約談胡耀邦……就不僅對著先夫若望了，更直指『中央保護層』：『上海的王若望猖狂得很，早就說要開除，為什麼一直沒有辦？上海的群眾中傳說中央有個保護層……』

「一九八七年元旦社論，就公開披露了鄧小平兩天前談話，天顏不可冒犯的殺氣：『上海的王若望猖狂得很，資產階級老祖宗，這樣的人，還留在黨內幹什麼?』

「不但是鄧那次談話欽定了『不是勸退、要開除』的神聖原則，而且王若望、方勵之、劉賓雁三人分別於元月十五日、二十日、二十五日開除黨籍、昭告全國的過程，也顯然是以迎合聖意、平息龍怒的方式精心安排的。

「只是胡耀邦萬想不到，委曲顧全之後，依然難逃元老們文革式討伐的『民主生活會』。鄧力群精心準備的檄文竟長達四個小時!群起上綱，恣肆侮辱，不啻是廬山對彭德懷、後五一六對朱德高層圍攻的再版!

「一月十五日，全國各大報刊一致宣布開除王若望黨籍的那天，對胡耀邦的高層『搞臭』(胡自己這樣感覺)方告罷休。赤子之心的胡耀邦，終於忍不住坐在會議室外台階上嚎啕大哭。主持這歷史性圍攻的薄一波，正是胡披荊斬棘從六十一人案解脫的啊!個人受辱可忍，整個國家、整個黨在文革十年後，還處於如此專斷扈從的無法無紀之中，三中全會以來艱難進展的政治文明就要面臨歷史性的大倒退:堪恥堪憂啊!

「第二天，十六日，又是全國各大報刊，刊載了『胡耀邦正式辭去總書記職務』。」「一位遭開除，一位被迫辭職。終於在接連兩天內一前一後昭告天下，造成大勢。……更痛惜撥亂中曾經親自平反了千千萬萬冤錯假案的胡耀邦，終於自銜千古奇冤!」

劉賓雁是因為鄧小平不滿他與方勵之、許良英聯袂發起「反右問題座談會」，但是鄧小平記不住「許良英」的名字。所以只點名王若望、方勵之、劉賓雁三人，開除黨籍。

據嚴家其回憶，導致胡耀邦下臺的原因主要有兩個:

一、一九八五年五月十日，胡耀邦在中南海接受香港《百姓》半月刊社長、紐約《華語快報》發行人陸鏗訪問。陸鏗提問:為何不趁鄧小平身體仍健之時，就接下軍委主席?而非等到鄧小平去世之後?胡耀邦回覆:因為「顧到軍內論資排輩的習慣，就讓他(指鄧小平）兼任了。」引起鄧小平猜疑。

二、薄一波、鄧力群等人有意挑撥離間，誇大胡耀邦的問題，在導致胡耀邦下臺中起了重大的作用。一九八六年，鄧小平提出「政治體制改革」，並成立「中央政治體制改革研討小組」，由趙紫陽、薄一波、胡啟立、田紀雲、彭沖組成「五人小組」。十一月八日「五人小組」開會，會前閒聊，彭沖提起《深圳青年報》頭版頭條刊登了一篇《我贊成小平同志退休》文章，引起薄一波憤怒：「怎麼能發表這樣的文章？這不允許，要追查！」會議主席趙紫陽到會後，薄一波即提出：「深圳要鄧小平退休」問題，他說：「《深圳青年報》如果是非黨的，議論我黨誰該上誰該下，不大好。黨內的，這樣來講也不行。西單牆也不能這樣的。我看這些人膽子不小。」薄一波又對胡啟立、田紀雲說：「我們活著，你們難以上來。啟立、紀雲你們也五十六、七歲了吧？我們不死，你們也上不來。」（《深圳青年報》被迫於一九八七年二月十日停刊）。

據美國《新聞周刊》報導，鄧小平曾一度希望老人退出領導班子，他說：「老傢伙占著茅坑不拉屎，他們一定要下去。」胡耀邦因此要求鄧小平放棄執政權，他說：「你總要做個典範，只要你還抓著政權，我就不好辦事。」這在中共政壇可是犯大忌，鄧小平豈會輕易交權，他不過在試探胡耀邦有無奪權野心，胡耀邦直言無諱就埋下了必須下臺之因。《新聞周刊》也提到《華盛頓郵報》記者曾問胡耀邦：「誰將取代鄧小平成為軍委會主席？」胡說：「會在十三大會議中，徹底解決這個問題，沒有人能夠老把著一個職位不放。」結果在「十三大」中被解決悼的是胡耀邦本人，鄧小平至死抓住政權不放手。

十二月，中共中央對內通報「學生鬧事」情況。三十日鄧小平召見胡耀邦、趙紫陽、萬里、胡啟立、李鵬和何東昌等人，批評胡耀邦：「幾年來反對資產階級自由化思潮旗幟不鮮明、態度不堅決。」「對專政手段，不但要講，而且必要時要使用。當然使用時要慎重，抓人要盡量少。但如果有人要製造流血事件，你有甚麼辦法？」「我們不是把魏京生抓起來了嗎？難道因此中國的名譽就壞了嗎？既然抓了就不放，中國的形象並沒有因此而變壞，我們的名譽還是在一天比一天好起來。」

在中共中央政治局常委排名第一的黨的總書記胡耀邦，於一九八七年一月二日向排名第二的軍委主席鄧小平提出辭呈。他說因為沒有聽鄧小平的話，以致犯了錯誤，「鑒於我的錯誤嚴重，我請求讓我下來。」黨的總書記請辭，應該只有中央全會才能處理，而中央全會也只有總書記才有權召開。但是胡耀邦並未召開這樣會議，他也不是向中央全會請辭。趙紫陽也向鄧小平表達，同意罷黜胡耀邦。

北京學潮結束後，一月十日至十五日，由薄一波主持召開「黨中央一級黨的生活會」，討論「解決胡耀邦問題」。胡耀邦與會，「面對面」地接受激烈的批評。薄一波、鄧力群等毫不留情地批判胡耀邦，長達好幾個小時。說他對反「自由化」一向消極；反左不反右，很少提「四項基本原則」；在經濟工作上，採取西方資產階級經濟學觀點，不符馬克思主義政治經濟學，以及其他種種栽贓的錯誤等等。會上，只有習仲勳（習近平之父）一人為胡耀邦仗義執言，其他胡之親信，也不惜落井下石，尋求自保。胡耀邦被迫檢討自己犯了「嚴重的政治錯誤」，請辭總書記職務。

會後，胡耀邦在會場外通道嚎淘大哭。趙紫陽在一九八七年一月二十八日批評胡耀邦說：「這次學生鬧事，胡耀邦看到了自己造成的惡果，痛哭流涕提出辭職。」在兩年半之後，趙紫陽也因同情學生民主運動，被迫下臺。

一月十六日，薄一波即向政治局擴大會議彙報了「生活會」鬥爭胡耀邦的情況。正式通過胡耀邦辭去總書記職務，由趙紫陽接任。中共中央將薄報告內容，以一九八七年中央三號文件發布。薄一波在文革中受難，是胡耀邦在文革結束後主動為他平反的。然而，薄一波處心積慮陷害胡耀邦，是恩將仇報。

一九八七年一月十九日，大陸留美學生一千餘人發表《致中共中央、國務院的公開信》，抗議中共罷黜胡耀邦，及對方勵之、劉賓雁、王若望之懲罰處置。這封信共獲得美國五十一所院校一千名學生簽名聯署，其中有四百八十二人同意公布其等真實姓名。

03 八九民主運動

中共史上最大規模學運

一九八七年一月，趙紫陽接任總書記後，深受「反資產階級自由化運動」之制肘。起因於胡耀邦的下臺，中宣部部長朱厚澤隨之落馬，以鄧力群為代表的左派勢力抬頭，由王忍之接任中宣部。王忍之提出「第二次撥亂反正」論調，他說：上一次是文化大革命後的「撥亂反正」，這一次是「撥」自由化之「亂」，這兩次「在性質上是不同的，一個是反左，一個是反右。」趙紫陽不希望「反自由化」運動擴大，一則防鄧力群等左派勢力膨脹失控，一則也怕「反右」影響到經濟改革政策與推行，他向鄧小平表達了他的看法。鄧小平就在一月二十八日政治局擴大會議上，指示把「反資產階級自由化運動」侷限在黨內實施，並頒發《關於當前反對資產階級自由化若干問題的通知》（四號文件）約束。趙紫陽在上任後，首次思想鬥爭中，贏得了勝利。

十月，中共在北京召開「十三大」會議。會前，趙紫陽準備《沿著有中國特色的社會主義道路前進》工作報告時，鄧小平指示說：「民主要少講，民主化的提法不要再提了，反正現在做不到。」表明他的反民主立場，已可預見他在兩年後的「八九民運」時，何以堅持強硬鎮壓學生民主運動。

這次會議，趙紫陽採取以「差額選舉」方式（過去均為「同額選舉」），成功將鄧力群排擠在中央委員當選名單之外。稍後，鄧力群在「顧問委員會」常務委員選舉中，再次落選。鄧力群的接連落選，說明自文革後，中共黨內高層，出現了對「左傾路線」深痛惡絕的情緒。鄧力群本是鄧小平安置在黨內平衡胡耀邦等「右」派勢力的重要王牌，所以鄧力群的落選，實際也代表了鄧小平所堅持的毛澤東路線之「集中民主制」，受到了質疑。

一九八八年六月十六日，北京中央電視台製播六集電視紀錄片《河殤》。這部影集對中華傳統的「黃土文明」進行了反思和批判，影片通過中華文明發源地——黃河黃濁的水流，及黃河兩岸貧瘠荒涼的歷史和現實景象，折射出中華民族的榮辱興衰。認為中國以河流、大地為根基的內向型的「黃色文明」導致了保守、封建、愚昧和落後；而西方以海洋為根基的「藍色文明」，勝於中華「黃色文明」的頹廢。取名《河殤》，意有哀悼黃河之「死」。引申出中國要生存、要強國，必須學習「藍色文明」，追求西方的民主、自由與文明。

《河殤》撰稿人之一北京師範大學教授王魯湘表示：「我們現在對西方文化總是處於守勢，似乎中國文化已陷入了困境，靠強調民族輝煌的過去，抵擋不住外來文化的衝擊。我們應該採取攻勢，迎接這種文化，我相信中國人還有這點消化能力，決不會吸收了外來文化而變成歐洲人。中華民族的實體是無法消滅的，反而會因此獲得動力而新生。」

《河殤》播出後，震驚全國，警醒了人們重新認識中國、認識中國的文化。特別是在校園引發了「河殤熱」；在社會上，同樣起了的熱烈回響。不論學生或社會人士，紛紛熱烈地討論中國未來的出路與發展。甚至受到了趙紫陽的欣賞，贈送了一套給來華訪問的新加坡總理李光耀。

李洪林在《中國思想運動史》一書中說：「（河殤）的解說詞第一次通過公共傳媒喊出了『中國知識份子始終依附於政治權力』，『沒能形成獨立的社會群體，並缺乏獨立的人格意識』。這種痛苦的聲音，表現了中國知識份子被壓抑了幾十年之後的覺醒，它應該說是延安整風以來首次向中共貶抑知識份子的政策公開的挑戰。」

中共中央電視台因此曾兩度重播《河殤》，

但在一九八九年「天安門民主運動」爆發，中共血腥鎮壓了學生運動，和趙紫陽被罷黜後，中共批判《河殤》的播出，是「八九民運」的思想前導，媒體也在批判趙紫陽的同時，抨擊《河殤》是在宣傳「資產階級自由化」和「虛無主義」的思想，禁止再播出。影集撰稿人之一，著名報告文學作家蘇曉康，被迫流亡美國；另一撰稿人王魯湘也受到了衝擊。

一九八九年適逢中共建政四十周年、五四運動七十周年、法國大革命二百周年。特別是一九一九年「五四運動」追求的是「民主」與「科學」，當年的北京大學學生在文學院院長陳獨秀率領下，數千人齊聚天安門，高呼「外爭國權、內懲國賊」等口號，獲得全國學生的響應，掀起了中國近代史上影響深遠的文化啟蒙運動。六月三日，全國學生、工人齊一罷課、罷工，迫使北洋軍閥政府罷黜了賣國賊曹汝霖等人，並拒絕在「一戰」凡爾賽和約上簽字。正因為此一運動，催化了共產思想在中國的傳播，有一批知識份子接受了馬列主義，兩年後的一九二一年七月，陳獨秀在上海成立了中國共產黨。因此，人們預期一九八九年，這一年勢必再掀起一股「五四」熱潮。

中共改革開放政策，自實施以來，負面效應逐漸在這時候顯現，主要是鄧小平的「讓一部分人先富起來」的作法，形成了社會貧富不均的現象。其次，通貨惡性膨脹無法抑制，倒賣、搶購、擠兌成風，通貨發行量超過五倍。中共雖然採取緊縮政策，仍擋不住通貨膨脹的惡化。八九年起，生產幾乎停頓，三角欠債（工廠欠銀行、商店欠工廠、商品滯銷）愈演愈烈，「太子黨」和「官倒」則占盡價格雙軌制的便宜，數百萬「盲流」份子，流竄於各大城市，和沿海省份，造成許多社會問題。

國務院總理李鵬在一九八八年九月，提出「治理整頓」政策，企圖壓抑和調整趙紫陽的「深化改革」政策。實際上，趙紫陽、李鵬二人分別代表鄧小平的改革派，和陳雲的保守派之間的鬥爭。中共新一波的政治鬥爭，激起了知識界的擔憂，唯恐左的勢力再次抬頭。

因此，在一九八九年伊始，社會已充斥了不安與不滿情緒，正所謂「山雨欲來風滿樓」。

方勵之雖被中共開除黨籍和撤職懲處，並未放棄他追求自由民主之理想。一九八七年，他獲得美國舊金山「中國民主教育基金會」頒發「傑出民主人士獎」（王若望同時獲獎），表彰他對中國民主運動的貢獻。一九八八年，方勵之在北京常受邀到各高校演講，或參與政治研討會，他不遺餘力的批判中共的「四項基本原則」，在接受國外媒體採訪時，亦不改其調。

一九八九年一月六日，方勵之發表一封致鄧小平的《公開信》，呼籲中共在建政四十周年之際，釋放魏京生等政治犯。後流亡美國的前中國社科院政治學所所長嚴家其，在二〇一二年四月方勵之在美逝世後回憶說：「方勵之在一九八九年寫給中國當時的領導人鄧小平，要求釋放被監禁的中國民運人士魏京生，成為一九八九年民運學生運動的起因。在六四屠殺後，中國受到廣泛國際譴責，迫使中國領導人鄧小平走上一條新的道路，即在共產黨的專政下，走非共產主義化的道路。所以，今天中國的巨大變化最早的起因就是方勵之。」

方勵之的公開信發表後不久，就獲得大陸三十三名知識份子（即陳軍、老木、北島所發起）響應，於二月十六日也聯名發表一封致中共中央和人大常委《公開信》的支持。三月六日，再獲得錢昌照（中科院學部委員、中國科技大學教授）、王淦昌（中科院學部委員、中共「兩彈一星」工程主要科學家）、許良英（中科院自然科學史研究所研究員）、施雅風（中科院學部委員、蘭州冰川凍土所研究員）等四十二名頂尖科學家，和高級知識份子聯署發表《呼籲政治民主化的聯名信》（許良英擬稿）之呼應，提出開放民主，推動政治民主化改革，保證言論、出版、新聞自由，取消以言治罪等要求。這是大陸著名知識份子首次主動公開站出來，提出民主訴求，其震撼力不言可喻。

消息傳到海外，激起中共留學生、海外華人紛紛響應，展開一場大規模的簽名支持活動。「中國民聯」是這場簽名活動主要發起者。

同年二月份，方勵之又撰寫了一篇《中國的希望和失望》的文章說：「四十年的失望，根源就在四十年的社會制度本身。這就是為什麼，如今在中國，對現代化的追求代替了對主義的信仰，列寧──史達林──毛澤東式的社會主義已經相當徹底地喪失了吸引力。這也就是為什麼，五四運動時的口號『民主與科學』又重新流行，又重新變成了許多知識份子的希望。」這篇文章由北京大學學生領袖王丹、沈彤等人謄寫為大字報，張貼在校園內，吸引了大批北大學生爭閱。

二月二十六日，正在北京訪問的美國老布希總統在崑崙飯店設宴，方勵之夫婦是受邀賓客之一。美國大使館派了專車迎接方氏夫婦，途中被中共公安強行攔阻。方勵之夫婦欲改搭計程車，也因公安干預，叫不到車子。方氏夫婦於是步行前往，仍一路遭受到阻擾。即使最後走到飯店，又被公安以遲到為由，不准進入。方勵之憤而當場舉行記者會，說明被邀宴和公安百般阻擋過程。當晚，北大三角地貼出方勵之親署之記者會內容小字報，激起學生強烈的憤怒。

陳軍在三月十八日，再發表一份致人大委員長萬里、中共國家主席楊尚昆，和全國人大代表的《關於一九八九年特赦問題的報告》，懇切呼籲特赦釋放魏京生、徐文立、王希哲、何求、劉山青、劉青等六人。同月二十八日，香港「四、五行動」組織，組成「籲釋魏京生聯署人士赴京團」一行七人，抵達天津，準備轉往北京。但他們所攜致人大常委會函件和一萬七千人簽名名單，被天津海關查扣。

當時，北京大學歷史系學生王丹（一九六九年生），在校內熱衷推動民主運動，他與楊濤等幾個志同道合的同學，成立了一個民主沙龍，經常邀請學者專家，如方勵之等人到校演講、座談。湧入會場的學生，動輒上千人，其中不少是北京外校，和外地專程而來的大學生。演講或座談涉及的問題，十分廣泛且敏感，對參與講座的大學生的思想，產生極大的啟發作用。

胡耀邦儘管因「八六學潮」而被罷黜，失去權力，但他在總書記任內，平反了千萬個冤案，因此深得人心。而且，胡耀邦在政治上自由化的理念，與學生的民主思潮，頗為接近。他曾說：「不要再誤解知識份子，不要再誤解學生了。」因而他在黨內改革派、知識界和學生心目中，占有極重要的地位，被視為開明派的代表人物。

胡耀邦的身體一向很健康，卻在一九八九年四月十五日傳出因心臟病去世。據中共中央訃告說：「胡耀邦同志，一九八九年四月八日在出席中央政治局會議時，突發大面積急性心肌梗塞，經全力治療，未能挽救，於一九八九年四月十五日晨七時五十三分逝世，享年七十三歲。」

據說胡耀邦是在政治局會議上，被總理李鵬氣出心臟病而不治，消息傳出引起社會極大的憤慨，這可能就是知識份子和學生始終痛恨李鵬的原因之一。

一九七六年的「四五運動」，人們就是藉悼念周恩來而爆發。因此，胡耀邦的死，鄧小平立即提高了警惕。他在當天除親自致電胡耀邦夫人李昭，表示將由中共中央來處理胡耀邦後事，其個人也將參加追悼大會外，同時派其妻卓琳前往慰問李昭。所以中共在當天的訃告說胡耀邦是「長期擔任黨重要職務的卓越領導人。」並且是「久經考驗的忠誠的共產主義戰士、偉大的無產階級革命家、政治家，我軍傑出的政治工作者。」既然如此讚譽胡耀邦，當初又為何毫不留情罷黜胡的總書記職務呢？

胡耀邦逝世消息傳出後，全國各地高等院校師生紛紛張貼大小字報和輓聯追悼。當天，北京大學師生在著名的三角地帶，就貼出近六十幅輓聯。如：「一人為天下憂，天下為一人悼」；「耀邦已死，左派又榮，提醒國人，勿忘抗爭」；「希望星光殞落，中華逢災；平民憤民不憤，出路何在」；「英雄胡不長壽，後輩誰來耀邦」；「小平八十四健在，耀邦七十三先死，問政壇沈浮，何無保命；民主七十未全，中華四十不興，看天下興衰，北大亦哀」；「人民不幸！民族不幸！國家不幸！」

北大師生在這一天普遍彌漫一種思緒，在校園大字報上，處處夾雜著憤恨不平：「死錯人了！」「該死的沒死；不該死的死了！」「真誠的人死了，虛偽的人卻活了下來；熱情的人死了，冷漠來將他埋葬。」「自苦英雄命不長，從來宵小駐高堂。」著名作家冰心當天發表「痛悼胡耀邦同志」一文說：「真是，不該死的死去了，該死的卻沒有死。」他雖然解嘲說「該死的就是我自己」，事實上他與北大師生有同樣心情，矛頭都指向鄧小平。

不點名批判鄧小平的大字報開始出現在北大：「眼睛您矇住了，耳朵您塞住了，嘴巴您堵上了，我已經不能動了，您還說我們動亂了？怎麼辦呢？乾脆把腦袋也給您吧！反正有沒有腦袋都一樣。」

當天北大和清華大學等校學生，各自在校園內設置靈堂，悼念胡耀邦。雖然中共到晚上七時中央電視臺新聞聯播時段，才播報胡耀邦死訊。但據「中新社」報導：有知情者在十五日下午四時三十分，到天安門廣場的人民英雄紀念碑下，置放了悼念胡耀邦的花圈。到晚上十一時，紀念碑的圍牆上，已放置小白花十八朵。有數百名學生和市民，聚集在碑四周，不願離去。

不過，據李洪林在《中國思想運動史》中說：「四月十六日上午十時，一個普通的中國人，率領他的全家來到天安門廣場，在人民英雄紀念碑前獻上了第一個花圈。獻花圈的人為了對此事負責，寫上了自己的名字：彭克宏。他是中國社會科學院馬列研究所的黨委書記。當然，這個行動理所當然地給他帶來可怕的後果：『六四』後被投入監獄。」

由於「中新社」的報導，是四月十五日發出，應可證明第一個花圈出現在胡耀邦過世當天，有可能未署名。李洪林所說十六日上午出現的彭克宏的悼胡花圈，則是第一個具名落款者。稍後，在人民英雄紀念碑下的花圈，又增加了三個，均是大學生所擺放。同日，上海復旦大學學生在追悼會上，有學生站出來呼籲：「一定要爭取民主，民主是我們的。」

日本時事通信社在十六日的新聞中指出：中國適逢五四運動七十周年，大陸人民長期累積對現狀的不滿、經濟發展不均、通貨膨脹、官員特權貪腐，和知識份子與學生強烈的民主訴求等問題，相當嚴重，懷疑胡耀邦的逝世「會引發類似天安門事件（指「四五運動」）的事態」。這是國際媒體最早預判胡耀邦過世，大陸情勢發展趨向。後來事實證明，日通社的分析極為正確。

中共顯然驚覺情勢不利，十七日起在紀念碑周圍開始佈置武警和便衣人員。這天花圈已增加到十多個，其中一幅輓聯寫著：「問歷史真正無私有幾人，耿耿丹心，錚錚鐵骨，人民之友，永遠懷念。」

政法大學有七百多名師生，從學校出發，抬著自製的花圈，遊行四小時，抵達廣場，繞行廣場一圈，圍觀群眾約有四千多人。北大學生四十多人也在王丹領導下，抬著花圈送到廣場。一位北大學生對記者說：「這情況使人聯想起一九七六年的『天安門事件』」。

十七日晚上十二時，北大學生寢室突然喊聲四起：「遊行去！」，並怒砸瓶子（「平、瓶」同音，指鄧小平），乒乒乓乓，響徹校園。於是，學生迅速集結，走出校門。途中邀集中國人民大學同學加入，並續與其他院校，如清華大學、師範大學、政法大學、航空航天大學等北京高校學生會合，結成萬餘人隊伍，浩浩蕩蕩，遊行前往天安門廣場。

次（十八）日早上四時，隊伍抵達廣場，開始靜坐示威。到晚上時，聚集的學生已達二萬多人，並獲得廣場上數萬名群眾的響應參與靜坐。

示威學生領袖會商後，向中共提出七條要求。要點為：一、重新評價胡耀邦是非功過，並澄清下臺原因；二、公開說明「清除精神污染」與「反自由化」運動的性質，平反運動中的冤案；三、公布黨和國家領導人及其子女財產狀況，查處官倒；四、開放報禁，公布新聞法；五、檢討教育政策失誤，增加教育經費，提高知識份子待遇；六、取消違憲，限制遊行的「十條」規定（二十一日，學生重新提出時，本條改為嚴懲毆打學生和群眾的兇手，向受害者賠禮道歉）；七、公開如實報導此次活動。

上午，由王丹和郭海峰為代表的學生走上人民大會堂，要求遞交《請願書》，中共只派了一位一般幹部到場應付。王丹隨即在廣場發表演說，要求與高級領導對話。

據王丹回憶說：「四月十八日清晨，大會堂的靜坐結束，轉移到新華門前。七時三十分，王丹傳達了李淑嫻（方勵之夫人）『一要堅持，二要把請願書交人大常委』的意見。李淑嫻則在北大貼出題為《天安門前傳來的電話》的大字報，『希望學生去聲援』。八時，中共中央、國務院辦公廳信訪局的負責同志邀請王丹、郭海峰等學生代表進入人民大會堂，並接受了請願書。王丹從人民大會堂出來後表示：這次對話，不能令人滿意，要求全國人大常委以上的官員出來接見。當天晚上廣場上的學生、群眾二千餘人向新華門聚集，要求與李鵬對話，並以『七條』作為請願要求。周勇軍、吾爾開希（北師大教育系）等發表演講。」

王丹所說「當天晚上」，實際已是十九日凌晨。而「向新華門聚集」，實際是「首次衝擊新華門事件」。學生在中共領導階層居住的中南海新華門前高呼：「李鵬出來！」學生多次嘗試突破警戒線，未能成功，於是在新華門前靜坐抗議，仍不時與武警發生推擠衝突。至清晨四時三十分，武警開始強制驅離，有百餘名學生（包括有中學生）遭軍警毆傷。消息傳至各校，激怒了許多未參加示威靜坐的學生，也決心加入抗爭行列，使學生運動迅速擴大。

十九日下午六時，一位年約三十歲的教師登上紀念碑基座發表演說。他說單單呼喊個口號、唱唱國際歌，來紀念胡耀邦，太過單純，情緒發洩後，明天照樣上班、上學，就像沒發生過任何事。他建議大家自動上來演講，獲得熱烈鼓掌響應。他說：「民主政治是絕對的觀念，沒有無產階級和資產階級之分。」「中共的改革開放，已轉調為『摸著石頭過河』，老一輩的人無論如何也脫不了老一套的思想。」因此，他認為實行言論自由和新聞自由等，才是正途。

其後，有學生和社會人士陸續發表演講，對時局的批評漸趨尖銳，並有人呼口號：「打倒獨裁」、「民主萬歲」，震耳欲聾地回盪在天安門廣場上。天黑後，廣場的群眾越聚越多，估計有五萬人以上。中央財經金融學院、北京航空航天大學等院校學生，扛著紅色大旗，遊行進入廣場。夜裡，學生又聚集新華門前，再次發生衝突，上百位學生被公安警察毆打。

方勵之這天接受國外媒體長途電話訪問時說：「今次事件，是爭取民主自由浪潮的一環，再次顯示中國學生要求民主改革。」「一日民主自由問題未得到解決，浪潮仍會繼續。」他相信「在本月二十二日，悼念胡耀邦大會，以及下（五）月四日運動也會再度引發高潮。」

前「西單民主牆運動」鬥士任畹町在《悼胡為什麼會爆發民主運動》一文中說：「本來，一個中共前總書記的去世，並不值得這樣過分地去加以哀悼。正如十三年前的『四五革命』，人民群眾藉悼念周恩來之機，爆發的反專制反封建社會主義的人民運動一樣。」「因此，天安門廣場紀念碑前必然地，也令人吃驚地發現了『推翻專制』和『打倒獨裁』的巨幅標語和口號。新華社四月二十日的評論，也不諱言人們呼喊『打倒共產黨』的口號，『民主萬歲』、『人權萬歲』、『自由萬歲』的聲浪一陣高過一陣，彙成了這場抗議運動的主旋律。」

中共鑒於學生抗爭活動，有趨於激烈之勢，乃發出警告：「將不會容忍任何以悼念胡耀邦為藉口，而陰謀製造動亂的企圖」。但中共此舉，反而激起學生憤慨，有五千名學生在二十日下午，甘冒傾盆大雨，再度回到天安門廣場，繼續藉悼念胡耀邦，要求民主自由，要求不搞反自由化運動，反官倒、反貪腐、反獨裁、反專制。北大學生也串連人民大學、清華大學、北京師範大學，發起爭取民主改革運動，和罷課三天，抗議中共在新華門前使用武力。

同時，中共中央面對學生的示威抗爭運動，也發生了爭議。以趙紫陽為首的「改革派」認為應肯定和重視學生的愛國行動與訴求。並有以包遵信、嚴家其、李澤厚為代表的知識份子四十七人，於四月二十一日聯名發表公開信，呼籲中共中央汲取一九七六年天安門事件的歷史教訓，直接與學生們平等對話，聽取學生意見。但是以「政協」主席李先念和國家副主席王震為代表的「元老派」，則強烈懷疑學生運動幕後有黑手操控，目的在推翻共產黨政權。

而北京市委李錫銘和市長陳希同亦向中共中央報告：學生運動正步向組織化，已有學生成立「聯合行動委員會」，也有學生建議組織「高校學生自治會」，甚至宣稱要成立「修改憲法委員會」。報告也提到，北京社會上已出現反貪腐、要求新聞自由、實施地方自治，以及質疑中共統治的問題等言論。

在當時，中共政治仍處在「元老派」老人主導下，趙紫陽的「改革派」，自然只有讓步聽話的份。

四月二十一日，《人民日報》以社論和專稿，抨擊學生製造事端，和在新華門前抗爭行為。並警告：「任何人以任何藉口企圖加以破壞（安定團結的政治局面），都要受到法律的制裁。誰若是利用悼念胡耀邦同志的活動，對黨政機關進行衝、砸、搶、燒，他就將成為歷史的罪人。」「如果有人把政府的容忍看作是軟弱的表現，一意孤行，必將自食其果。」

中央電視臺也警告：「一小撮人用追悼胡耀邦同志作藉口，企圖攻擊黨和政府，他們的目標是推翻政府，給全國帶來動亂。」

中共自始就歪曲學生運動性質，並在看到問

題嚴重後，不但不設法安撫緩和學生情緒，反而嚴厲警告學生，遂引起學生反彈，激化學生運動更趨激烈。

四月二十二日，中共預定在人民大會堂為胡耀邦舉行追悼大會，為防止發生事故，發出禁令：禁止人車在二十二日上午八時至中午十二時間，進入天安門廣場。為突破禁令，學生和群眾搶先於二十一日晚上，即行進入天安門廣場，通宵靜坐。一夜之間已有約二十萬人聚集在廣場，其中不少學生和群眾是來自外地。學生表示，誓死不會離開，再度向中共提出請願訴求（即七條要求），和要求瞻仰胡耀邦遺容。

學生追悼胡耀邦，事實也在借題發揮，宣泄對鄧小平一再聲言退休，而又緊抓權力不放的不滿。學生有一幅輓聯，充分表達了此一心態：「光明磊落，官可做可不做，公僕永垂不朽；老謀深算，休可退可不退，老爺萬壽無疆。」

中共派出三千名公安人員在天安門現場警戒，並調動保定三十八軍部隊進入北京，在長安街每二十步有一至兩名軍人站崗，氣氛極度緊張。為上次（一九七六年天安門事件）以來所僅見。

上午十時，胡耀邦追悼會正式舉行，由國家主席楊尚昆主持，趙紫陽致悼詞。鄧小平也出席行禮，並致送花圈，但未講話。反對胡耀邦的中共領導幹部如陳雲、李先念、薄一波等以各種理由未出席。直到追悼會結束，中共始終不同意學生和群眾瞻仰胡耀邦遺容。中午十二時許，胡的靈車未從大會堂正門（東門）開出，而是偷偷改由較僻靜的西南門離開，直駛八寶山火化。

胡耀邦遺體送走後，有兩位幹部出來在大會堂前喊話：「學生們的心情可以理解，人民總理會會見你們的，請耐心等待。」稍後，傳出總理李鵬答應十二時四十五分會見學生，但中共隨即又否認有此情事。

這兩件事，引起學生憤怒。由郭海峰、張智勇、周勇軍、吾爾開希等四位學生代表北京所有高校同學，通過軍警組成的人牆，向李鵬請願。

郭、張、周三人跪在大會堂臺階上，手捧請願書，要求李鵬與學生對話。三人長跪達四十分鐘之久，令人不捨。有學生認為沒有必要向人民的「公僕」下跪，支持的學生則表示：跪吧！中國人民什麼時候曾經站起來過？吾爾開希則不願向權力低頭，拒絕下跪。但是中共始終未派任何人出面接受請願書，或安撫學生。學生深感失望，痛哭流涕，一位學生甚至敲破玻璃瓶（砸「小平」），企圖持碎片刺腹自戕被阻。

中共的冷漠，讓學生痛心疾首，自此學生的抗議與爭民主自由的運動，一發不可收拾。

除北京外，同日在西安和長沙也爆發嚴重抗爭衝突情事，被稱為「四二二事件」。西安市於下午五時，有群眾六千人圍攻陝西省政府，焚燒建築五棟、汽車兩輛。但有暴徒趁火打劫，搶劫國營百貨商店。騷亂至二十三日晨才平息。《陝西日報》次日社評說：「二十二日（新城）廣場上悼念胡耀邦的學生與圍觀群眾眾多，秩序混亂，給歹徒作案製造了機會。」評論稱讚當晚大學生見到暴徒鬧事後，立即撤離現場；長沙市學生衝進政府大樓，要求與省領導對話。但在五一廣場、火車站和黃興路等繁華路段，則有暴徒趁機搶劫商店。據目擊者稱，肇事者既非學生，也不是參加悼念胡耀邦的群眾，而是一群不法份子。此外，武漢、成都也都發生學生和群眾包圍衝擊省政府，或市政府事件。

但是「四二二事件」卻留下了嚴重的後果，讓鄧小平指責學生運動是一場「動亂」，種下了爾後血腥鎮壓之因。吾爾開希當時就說：「我們反對這種暴力行動，這種暴力行動，對我們這次民主運動，對我們這次政治鬥爭，對我們這次啟蒙運動，一點好處都沒有，只能對中國造成更大危害。」

自胡耀邦過世，中共官方媒體即對學生「悼胡」活動採取新聞封鎖。二十三日，北京《科技日報》突破禁令，首次報導北京高校學生二十二日在天安門廣場的悼念活動。《科技日報》隸屬國防科工委，甘冒大不諱講真話，等同支持學生爭取的「新聞自由」，這在北京引起了極大震撼，新聞界更是深受鼓舞。據該報副總編輯孫長江說：「新聞媒體敢於講真話，大家才能平靜下來，也是疏導學生的最好辦法」，「才會使學生不致出現過激的行動」。

王丹在《中華人民共和國史》一書中說：四月二十三日，北京二十九所高校的三十五名學生代表，聚集圓明園南門開會，由劉剛（北大物理系）主持，宣布成立「北京高校學生自治聯合會」（簡稱「高自聯」），由周勇軍（政法大學政治系）擔任主席，另還有六名常委，來自北京大學、清華大學、人民大學、北京師範大學、中央民族學院，和一名代表七間院校的學生。

但據《維基百科》的網路文章《六四事件》稱：「各校聯合宣布成立『北京高校臨時學聯』」（簡稱「北高聯」）。周勇軍擔任主席，吾爾開希和王丹被推舉為各自學校的學生代表；吳牟人等人所編《八九中國民運紀實》一書說，該組織的全名是「北京臨時學生聯合會」。經查證「中共研究雜誌社」出版的《紅朝傳人》一書，「高自聯」是在「四·二七」大遊行後次（二十八）日，先解散了「北高聯」再成立的。而且參加「高自聯」的學校總數，也由二十九所增加到四十七所。同時各校學生也成立籌委會，籌組學生自治會，以取代官方的「學生會」。

另據「聯經」出版的《天安門一九八九》一書，則說北京各高校會合天津南開大學、江蘇南京大學、上海復旦大學、廣州大學等校學生，於四月二十三日成立「全國學生團結聯合會」，以別於官方的「全國學聯」。應該是另一個組織。

「高自聯」成立後，即發表聲明學生運動的焦點，由「悼念胡耀邦」轉變為一場「爭取自由民主」的政治鬥爭，並倡議無限期聯合罷課，號召全國學生響應。天津、上海、南京、武漢、廣州等地高校學生，隨後紛紛跟進。吾爾開希說：「希望可以發展成為一場新五四的啟蒙運動。」

學生運動自此進入了新一波的民主運動，其特徵主要有兩點：一是走向組織化，準備進行長期抗戰，爭取民主自由；二是走出校園，進入社會，號召全民支持響應民主運動。於是，學生開始在街頭張貼大字報和標語，向民間募款，發行油印小報，組織演講隊，公開演說，闡明學運真相，並派出代表前往全國十五大城市，與全國主要高等院校串連，希望在「五四」之前，達成全國總罷課目標。

這時，有一位北師大心理系女研究生柴玲，在學運中脫穎而出，成為學生的領袖之一。她說：「情況已經有所演變。我們中的許多人已敢於挺身而出，奮起反抗。」

面對學生民主運動日益升高局面，中共中央領導之間矛盾也日漸加深。趙紫陽在中央會議中，提出三點處理原則：胡耀邦追悼大會已結束，學生應停止遊行活動，返校讀書；各級政府可採取必要措施，防止學生或群眾引發的動亂；應提供與學生對話溝通管道。國務院總理李鵬不予認同，認為趙紫陽應公開譴責學生和群眾的示威活動，政府應採取必要更積極的防治措施。副總理田紀雲以北京情勢不穩，建議趙紫陽暫緩出訪北韓。但趙紫陽考慮到可能引起國際猜疑，仍按行程於四月二十三日訪問北朝鮮。

四月二十四日中央政治局常委會議，北京市委書記李錫銘和市長陳希同栽贓這次學生運動，目的在推翻中國當前的政治制度，並企圖逼迫包括鄧小平等之元老級中共重要領導人下臺。李鵬趁機表示：整起事件已持續近十日，並擴展到全國二十個地區城市，必須強硬阻止事態擴大。因此會議通過：「當前種種事態表明，在極少數人的操縱和策動下，一場有計劃、有組織的反黨、反社會主義的政治鬥爭已經擺在我們面前」，「政府必須對抗議行動採取強硬的行動」。並決定在中共中央成立「制止動亂小組」。

次日，鄧小平在聽取李鵬和國家主席楊尚昆彙報後，把這一次學生運動定性為「動亂」。他說：「這不是一般的學潮，是一場動亂，就是要旗幟鮮明，措施有力，反對和制止動亂，不能讓他們的目的得逞。這些人受南斯拉夫、波蘭、匈牙利、蘇聯自由化份子的影響和鼓勵，起來搞動亂。目的是推翻共產黨的領導。」「我們不要怕人家罵娘，不要怕人家說名譽不好，不要怕國際反映。」「盡量避免流血，但可能不能完全避免。」「這次一出現動亂就是全國性的，不可低估，要發一篇有份量的社論。」「要準備迎接一場全國性鬥爭，堅定地把內亂壓下去，否則國無寧日，天無寧日，天天，永遠不得安寧。」

鄧小平在趙紫陽出國訪問後，作出此一強硬指示，固然受到李鵬等「保守派」的影響，也顯示他對趙紫陽處置學生民主運動的不悅。從這一次鄧小平的講話，就註定了「六四」的血腥鎮壓，和趙紫陽的下臺的必然性。

中共為處理學生運動問題，於是成立了一個「學生事務委員會」，由李鵬負責，成員有政治局常委喬石、胡啟立、李鐵映，和公安部長王芳。

四月二十五日電視晚間新聞，提前播報《人民日報》遵照鄧小平指示，預定於次（二十六）日發表的社論《必須旗幟鮮明地反對動亂》。社論說：「在悼念活動期間，也出現了一些不正常情況。極少數人借機製造謠言，指名攻擊黨和國家領導人；蠱惑群眾衝擊黨中央、國務院所在地中南海新華門；甚至還有人喊出打倒共產黨等反動口號；在西安、長沙發生了一些不法份子打、砸、搶、燒的嚴重事件。

「在追悼大會後，極少數別有用心的人繼續利用青年學生悼念胡耀邦同志的心情，製造種種謠言，蠱惑人心，利用大小字報污蔑、謾罵、攻擊黨和國家領導人，公然違反憲法，鼓勵反對共產黨的領導和社會主義制度；在一部分高等學校中成立非法組織，向學生會『奪權』，有的甚至搶占學校廣播室；在有的高等學校中鼓勵學生罷課、教師罷教，甚至強行阻止同學上課；盜用工人組織的名義，散發反動傳單，並且四處串連，企圖製造更大的事端。

「這是一場有計劃的陰謀，是一次動亂，其實質是要從根本上否定中國共產黨的領導，否定社會主義制度。這是擺在全黨和全國各族人民面前的一場嚴重的政治鬥爭。如果對這場動亂姑息縱容，聽之任之，將會出現嚴重的混亂局面。

「全黨和全國人民都要充分認識這場鬥爭的嚴重性，團結起來，旗幟鮮明地反對動亂。」「決不允許成立任何非法組織；對以任何藉口侵犯合法學生組織權益的行為要堅決制止；對蓄意造謠進行誣陷者，要依法追究刑事責任；禁止非法遊行示威，禁止到工廠、農村、學校進行串連，對於搞打、砸、搶、燒的人要依法制裁；要保護學生上課學習的正當權利。

「不堅決地制止這場動亂，將國無寧日。」

《人民日報》社論刊出後，在北京高等院校引起一片嘩然，也引起社會各界的不滿。有學生比對一九七六年「天安門事件」時，《人民日報》的社論，有驚人的雷同，有些話甚至一模一樣。

北京、上海兩大城市，二十六日分由市委召開萬人大會，號召當地幹部、群眾響應中央指示，「旗幟鮮明地反對動亂」，維護安定團結的政治局面。上海市委書記江澤民宣布停止《世界經濟導報》總編輯欽本立的職務（該報每週出版一次，胡耀邦過世後，開闢悼念專輯，邀集胡耀邦生前好友舉行座談，高度評價胡耀邦為民主開明人士，認為撤銷胡耀邦的總書記職務是錯誤的，並提及民主是中國唯一的出路，批評中共十年來民主沒有進步，還正面評價此次的學生運動）。

北京大學學生同日提出《我們沒有違憲》一文，批駁《人民日報》社論。要點：

一、《人民日報》只是一家之言，沒有權力決定這次學運是否違憲，只有人大常委會和法院據法定程序作出的決定或判決才有法律效力。

二、社論認為學運違憲，必須以具體事實為根據，以具體法律條文為準繩，負有舉證責任，否則即為造謠誹謗。

三、沒有任何具體事實證明學運違憲：憲法四十一條，公民對國家機構有提出批評和建議權力，任何人不得壓抑和打擊報復。社論以極個別人叫喊反動口號，來否定大多數人的正義行為，無異於以少數共產黨員的腐化來證明共產黨不可救藥；憲法三十五條，公民有結社自由，在無「結社法」情況下，依何法認為，廣大學生選出的學生籌委會「非法」？公民有言論、出版、遊行、示威、集會的自由，把以推進中國民主進程為目的學生和平請願視為「動亂」，憲法權威何在？我們提出反貪官、反官倒、堅持改革的口號，說明我們堅決支持中央治理整頓政策，何言我們「反黨」？

四、在爭取憲法權力同時，我們也應履行憲法的義務，公民人格尊嚴，不允許以任何方式加以侵犯。

王丹這天到政法大學演說：「如果政府不願與我們對話，我們就上街去。這是我們的權利。我們要把運動帶到校外的人民中。」學生認為這次學生運動並不是搞動亂，只是提出一些民主訴求，卻被中共惡意扭曲了運動的本質；罷課是在別無選擇的情況下決定的，在當局未能與學生對話，並作出具體答覆之前，繼續罷課是必要的。

學生並沒有因受到《人民日報》傳達的中共恫嚇而畏縮，反而決心要向中共討公道。學生隨即召開記者會，提出要在團結安定的氣氛下與政府對話，公布軍警打人真相，要求新聞機構如實報導學運活動，承認這次學運是愛國民主運動，不是動亂。並決定在四月二十七日發起大規模遊行示威行動，罷課行動持續至五月四日止，使這一次的民主運動推向更高潮。

二十六日這天，北京出現了這樣一幅有趣對聯。左聯：「三位跪下請願學生，一頭一屁不放的鵬崽，他是國務總理」；右聯：「一個震驚世界的壯舉，一條隻字不提的新聞，妳是中央電臺」；橫批：「中國特色」。

當天晚上，為抗議《人民日報》社論將學生民主運動定性為「動亂」，長春、天津、上海、南京、杭州、長沙、合肥、西安等地高校學生分別發起示威活動。其中以東北吉林大學學生在長春市的示威抗議，規模最大。

右上：柴玲
左上：王丹
左下：吾爾開希

04 中共視為動亂

學生被迫採取絕食示威

《人民日報》的〈四．二六社論〉激怒北京各高校學生，「北高聯」決定：四月二十七日上午八時起舉行大規模示威遊行。中共面對學生「威脅」，於二十六日晚間電視新聞，播放文革期間才有的官辦群眾大會反「威脅」。北京市委書記李錫銘並在萬人黨員動員大會上，宣示貫徹《人民日報》社論的決心，他警告學生：「我們將對未經報准的這些違法示威遊行採取相應手段」，「堅決阻止不法行為」。

當晚，北京各高校在學生就寢後，校方仍不斷透過廣播，警告學生：「你們需對任何非法行為負責，想想你們的家庭和父母吧！」但未能澆熄學生熱情，於是有學生起床，給父母寫「遺書」。北京大學出現一張大字報寫道：「遺書：對不起，媽媽。我們去示威，我們不怕死。」

四月二十七日清晨，滿載公安武警和軍人的卡車沿著北京主要街道巡守，天安門廣場已被武警封鎖。人民英雄紀念碑前，原有悼念胡耀邦的花圈已被淨空，阻止學生再藉口悼念進入廣場示威。

「北高聯」主席周勇軍被中共官方和學校師長的「疲勞轟炸」苦勸後，於二十七日凌晨以個人名義發出「通告」，取消當日遊行示威，但已無法阻擋學生上街遊行熱情。周後來承認錯誤，自行請辭主席一職。「六四」屠殺後，中共通緝的二十一名學生名單中，沒有他的名字，可能跟他曾「急流勇退」有關。

上午八時，各校學生各自從學校出發。北京大學學生隊伍已在「三角地」至校門的道路上完成集結，校方仍設法勸阻學生離校遊行。但學生隊伍不聽並動身出發，沿途散發〈致全國各界書〉、〈告香港同胞書〉、〈駁《人民日報》社論〉等傳單，並呼喊：「人民日報胡說八道」，把每一個字音都拉得很長。他們也呼口號：「打倒官倒，不打不倒！」引起夾道民眾的共鳴，放聲跟著喊。學生還高呼「要民主」、「要自由」，又改編歌謠《兩隻老虎》，唱起：「欺騙人民，欺騙人民，真奇怪，真奇怪……」

北大學生隊伍在海淀區中關村路口，與清華、人民、醫科等大學，和民族學院等校學生隊伍會合。十時三十分，警方設置在北京友誼賓館前的第一道封鎖線。在學生隊伍接近封鎖線前，聲援的北京市民，已群起鼓噪，率先衝破警方人牆，讓遊行隊伍順利通過。

學生隊伍在車公莊街、二環路口，與來自北京市北部和東部院校學生隊伍會合。再次輕易衝破警方在「首都體育館」附近的第二道封鎖線，繼續沿二環路前進。西方記者在現場目擊說：「軍警的自我抑制態度是個謎？無論從人數或舉動看，警察都不像是真心想阻止示威的。」

沿途夾道的群眾，紛紛以熱烈的掌聲，給學生加油，高呼「學生萬歲」、「向學生致敬」。有些市民遞給學生麵包、餅乾，甚至有人送來整箱的汽水和冰捧；還有出家人披著袈裟為學生募款；一群建築工人放下工作，奔跑而來，揮動頭盔致敬。更多的北京市民也加入遊行行列。

下午二時，遊行隊伍進入北京東西交通大動脈長安街。軍警在靠近中南海的六部口，布置數十層人牆，阻止遊行隊伍，雙方僵持一小時後，學生與群眾合力衝破人牆，湧向天安門。四時十五分，警方再在人民大會堂北側，以千餘名軍警組成人牆，仍無力阻擋人潮。

共軍三十八軍十五輛軍車滿載四百多名士兵，自東開向大會堂，被群眾圍堵，前進不得。群眾高呼：「歡迎三十八軍」、「人民軍隊愛人民」。並上車與士兵握手，散發傳單，學生向他們解釋學生運動的真相，和追求民主自由的真諦。最後，軍車從廣場撤離。

警方深恐學生衝擊中南海和人民大會堂，自凌晨已封鎖天安門廣場。學生此次遊行目的，在抗議《人民日報》〈四．二六社論〉污蔑學生運動是「動亂」，本無意衝撞中共機構。所以學生隊伍有組織、有紀律的沿長安街繼續東行，而不進入廣場，直接經由建國門大橋，轉北走二環路北行後，各自返校。

「四二七遊行」的規模，堪稱空前。「中新社」報導說：「最保守的估計，遊行學生有數萬人，連同隨學生一起行進的市民約有十幾萬人。」台灣《聯合報》四月二十八日報導：「北京四十八所大專院校的十多萬學生，二十七日在北京市遊行。」《天安門一九八九》一書說：「面對壓境封鎖的大軍，十萬學生以良好的秩序逐一突破封鎖，也瓦解中共『動亂』的指控，贏得了百萬北京市民的夾道歡呼。」西方媒體則評估有五十萬人下午衝破封鎖，進入長安街。

一位學生對西方記者說：「我們將被寫入中國歷史。一九八九年的四月二十七日會像一九一九年五月四日一樣，成為歷史上的大日子。」他未料到，更大的日子正在後面等著。

據「中新社」報導：這一次遊行之所以引起北京市民共鳴，是因為學生提出的口號，不但明確，而且正中時弊。許多橫幅上的標語，如：

「以法治國、反對特權」、「人民不可蒙蔽」、「當官不為民作主，不如回家賣紅薯」、「官倒不除，國無寧日」、「官倒不倒、人民不饒」、「官倒富、農民苦」、「維護農民利益」、「反對近親繁殖」、「腐敗必須從根本上清除」。

學生發起中共建政以來最大的一次遊行抗爭運動，最主要的原因，是抗議〈四‧二六社論〉，所以出現了一些富有感情，和訴說心聲的標語。最令人感動的一幅是：「媽媽，我們沒有錯！」，其他標語有：「遊行我們挨打，落後國家挨打」、「讀書不忘愛國」、「位卑未敢忘憂國」、「罷課實屬無奈」、「忍痛罷課、平等對話」、「與青年對話，無異與未來對話」、「為民請命，絕非動亂」、「面黃肌瘦，我們的老師在挨餓；教育危機，祖國的花朵要凋謝」等等。

《人民日報》二十六日社論〈必須旗幟鮮明地反對動亂〉，傳達中共中央旨意是：「要積極行動起來，為堅決、迅速地制止這場動亂而鬥爭！」但「四二七」學生大遊行，聲勢浩大，並獲得北京市民普遍支持聲援，遠遠超出中共意料之外，態勢明顯不利當局。因此，中共黨政當局不敢輕舉妄動，強力制止「動亂」。這正顯示著學生所匯集人民不滿的情緒，已成為一股不容輕忽的力量，任意碰觸，後果堪虞；也顯示中共中央，特別是鄧小平的威信，已不如以前。不但學生與群眾敢於譏諷鄧小平，連黨政幹部，包括軍警也動搖了執行命令決心。

因此，中共一改〈四‧二六社論〉強硬態度，立即釋出妥協訊號，由國務院發言人袁木提出同意對話：「黨和政府一直主張與群眾直接對話」，「我們隨時準備與同學們對話」。但附帶條件，學生須迅速回到學校，通過正常的渠道，由全國和北京市兩「學聯」反映同學們要求，適時安排對話。二十八日，中共官方媒體更首次公開報導「數以萬計的北京學生和平遊行」以示好。

但是，「北高聯」於二十八日在北大討論袁木建議後，拒絕與官方的全國「學聯」或北京「學聯」聯繫，和反映意見，直接要求與國務院對話。同日，「北高聯」開會，改名為「北京高校學生自治聯合會」（簡稱「高自聯」），選舉吾爾開希（師大）為主席，新組織即提出與政府對話條件：承認「高自聯」的合法地位，並直接與政府對話。

讓中共在這一次學生運動中讓步的另一個重要原因，在北京校園出現了一個「北京市工人聯合會」的組織（「工自聯」的前身）。他們在北大發表聲明，要求穩定物價，提高工資，並公布中共黨政幹部所得。中共最害怕的就是工人和學生聯合在一起，勢將對中共構成嚴重威脅。

北京學生大規模遊行示威，震驚了全世界，歐美各大報章無不以大篇幅報導中國大陸各地學運消息。《紐約時報》在二十八日頭版頭條的位置，加以報導；美國三大電視台ABC、NBC，和CBC在國際新聞節目中，也以頭條新聞播報。

同日，由「中國民聯」和「中國民主學生聯合會北美分會」發動，有六十多名中共留學生在紐約中共總領事館前舉行示威，表達對北京學生「四二七學運」的支持，並向中共總領事館遞交了一封書信聲明；在華盛頓特區中共大使館，和芝加哥、洛杉磯中共總領事館前，也分別有陸生示威抗議活動。

中共為奪取與學運鬥爭主導權，透過全國「學聯」北京師範大學「研究生會」，於二十九日在校內公告：下午全國「學聯」將與國務院負責人對話，並邀請罷課學生領袖吾爾開希、周勇軍、項小吉等「高自聯」核心幹部出席對話。中共選擇在師大發布消息，顯然是因為該校學生吾爾開希當選為「高自聯」主席之故。吾爾開希等認為對話應該由對話雙方共同商討，學生對話代表應該由全體學生推選，而非指定。因此決定以個人身分，而非代表「高自聯」參與。

下午二時，中共選在共青團部進行第一次對話。國務院代表為發言人袁木、國家教委副主任何東昌、北京市常委袁立本、副市長陸宇澄；學生代表則來自十六所高校的四十五名學生，多為官方學生會成員。吾爾開希抵達後，一名「學聯」代表警告他，不能以「高自聯」主席身分出席、不能在會上發表聲明、不能發言。吾爾開希接受了第一點，拒絕了後兩點。據香港媒體報導，吾爾開希因而被拒與會，於是離去。

對話進行了三小時，並由中央電視臺和廣播電臺錄影錄音後播出。據西方記者報導：「鏡頭很少照到學生，袁木面露不屑，且出口教訓。學生們所要求的對等談話，根本就沒做到。」

袁木指責「北京高校裡在背後策劃的人往往比長沙、西安直接打砸搶的人，還要厲害一些，他們要造成的動亂還要更大一些。如他們提出要求中，就是要徹底否定四項基本原則，他們要為反對精神污染、反對自由化徹底平反，這意思是什麼呢？反精神污染、反自由化有嚴格含意，就是不能否定四項基本原則。」袁木還將學運與文化大革命對比。他說：「比如大字報滿天飛，開始串連了，到十四所中學去串連。比如當年『踢開黨委鬧革命』的口號，現在有人提出取消黨的領導；現在成立這樣那樣的組織，奪合法組織的權，搶占這個，搶占那個，與當年有類似之處。」

儘管這次談話學生代表，多數是中共官方「學生會」指派的代表，提問十分溫和，稍微尖銳的問題也不過是：「國家存在嚴重腐敗現象，許多是幹部和他們的子女，中央的措施是雷聲大，雨點小」；「新聞要使之真正成為人民的喉舌，而不僅僅是黨的喉舌，新聞對學運的封鎖，也是學潮原因之一。」

但也有提出比較尖銳問題的同學，都是實際參與遊行示威的民運學生。他們質疑出席「對話」的同學非經普選產生，不具代表性，要求立即在北京各高校普選，每校先選出兩名代表，再從中遴選參與「對話」的代表。而「對話」要有黨和國家領導人，今天沒有，不能解決學潮中出現的任何問題，所以不是「對話」，而是座談會。

周勇軍提出四點意見：一、反駁二十六日《人民日報》社論「動亂」的說法，不符事實；

二、說明「四・二〇」軍警毆打學生事實真相；三、「四・二二」陳情，李鵬答應了又拒絕出來接見學生，為何「人民總理怕人民」？四、遊行「十條規定」等於禁止遊行，應由人大制定，而非北京市府有權制定。周勇軍話未說完，就被袁木打斷。

「高自聯」於五月一日發表「聯合聲明」：不承認四月二十九日與學生的對話，要求對話的原則必須真誠、平等、公開和直接。呼籲成立「全國臨時學聯籌委會」，和全國高校無限期罷課，要與當局直接對話後才會恢復上課。聲明並綜合學生之前先後兩次提出的七條訴求，重擬與中共「對話」的內容草案，要點為：一、公開、客觀地評價胡耀邦是非功過；二、公正報導這次學運；三、維護憲法所賦予的公民權利；四、反貪污、反腐敗、懲治官倒；五、公布新聞法，允許民間辦報；六、提高教育經費，改善教師待遇；七、檢討政府重大的政策失誤，調查通漲原因。

五月二日，「高自聯」遞交中共中央、全國人大、國務院一份「請願書」，共有十二條，提出與中共中央和政府對話的要求內容，從學生代表產生方式、黨和政府代表的層級、邀請民間人士和團體的代表旁聽、允許中外記者採訪、電視臺和廣播電臺現場直播、對話雙方發言機會均等、對話時地選擇、發表聯合公告等等。「請願書」建議：第一輪對話時間為五月四日上午八時三十分，地點可設在北京大學。並希望中共在三日中午十二時以前答覆，如得不到回應，將保留在五月四日繼續遊行請願的權利。

袁木在五月三日中外記者會上回應說：部份學生的「請願書」中提出十二條條件，歸結只有三條：一、排除依民主程序，合法選出的「學聯」所組織的對話，而由他們非法成立的「北京市高校學生聯合會」的代表對話；二、要求與政府平起平坐，提出對話前政府必須事先答應的條件，規定政府對話者之階層，不合情理；三、提出條件苛刻，並限期答覆，語帶威脅。從而可以看出，確實有人在背後給學生出主意，挑起動亂。

袁木對這個「幕後黑手」之一，暗示是方勵之。他說：「方勵之先生應該劃入哪一類人呢？這個問題我希望方勵之先生以他自己的言行作出回答。」袁木還點名：「被中國政府宣布為反動組織的，現在在美國的『中國民聯』，其中的一些成員就是扮演了這樣的角色。」

袁木所指的是在四月二十七日自美國返回北京的劉曉波。劉曉波在未返北京之前，曾於四月十八日在紐約與「中國民聯」主席胡平，和于大海、陳軍、房志遠、李少民、吳牟人、曹長青等共十人，發表《改革建言》，向中共提出五點建議，要求重新審查壓制西單民主牆、全國民間民主運動、學生運動、清除精神污染運動、反資產階級自由化運動等有關問題；在十年改革中，彭真、王震、胡喬木、薄一波和鄧力群等人的錯誤明顯嚴重，均應引咎辭職；檢討和反省「胡耀邦事件」；修改憲法，取消四項基本原則，實行言論、出版和新聞自由；支持和保護學生運動。

四月二十二日，劉曉波再與胡平等十人發表《致中國大學生的公開信》，提出對學生民主運動發展的一些建議，並強調：「中國正處在偉大的變化之中，我們正在塑造歷史，我們也在塑造自己。」

這兩份文件，均設法轉送到北京大學，張貼在北大三角地。而且，劉曉波自返抵北京後，即投身學運。因此，中共視劉曉波是學生民主運動幕後「黑手」之一。

北京市長陳希同在血腥鎮壓學運後，提出《關於制止動亂和平息反革命暴亂的情況報告》中，就說：「這場動亂一開始就有海外、國外各種政治勢力插手。國民黨豢養的反動組織『中國民主聯盟』成員胡平、陳軍、劉曉波等人，聯名從美國紐約發出了《致中國大學生的公開信》……」《北京日報》也報導：「（劉曉波）接受『中國民聯』的派遣，於四月二十七日匆忙由紐約趕回北京。」「（五月初）他人早已到天安門廣場了。」

此外，由李洪林、于浩成、嚴家其、戴晴

等二十二名著名大陸知識份子在五月二日聯名發表《五四倡議書》，支持學生民主運動。《倡議書》強調：「五四」運動七十年了，中國正處在一個歷史關頭。中共自十一屆三中全會開始的改革，因舊體制根深蒂固，改革阻力重重，這是當前一切問題的總根源。現在「政治改革尚未出臺，民主竟被看成動亂，有人在上以權謀私，群眾在下自然離心。」「胡耀邦逝世觸發的學生示威，正是在這種形勢下發生的。它喚醒了中國，也震驚了世界。青年學生一片赤誠，他們要求民主，支持改革，反對專制，痛恨腐敗，這是極其可貴的愛國行動。」「學生們舉行的是和平示威，正大光明提出自己的政治要求，這是全世界民主政治的常規，更是中國憲法所保障的公民權利……如果重複一下憲法語言都不容許，並被指控為『有計畫的陰謀』或『少數人製造的動亂』，那還有甚麼民主可言？又把憲法置於何地！」「只有民主才能贏得人民的真誠擁護，這是歷史已經證明了的真理。」文章並且呼籲「政治體制改革不能再拖了。不但要使黨政分開，切實解決以黨代政問題，而且要實行真正自由的民主選舉」，「實現司法獨立」。這真是一針見血，道破中共在政治上的無法進步的原因，就是一黨專制，黨高於國，黨高於政。

上海約一萬名大學生在五月二、三日連續兩天上街遊行示威，扛著「聲援北京學生」、「愛國無罪」、「要民主自由」等橫幅標語，並在上海中共市委會門前靜坐示威，要求新聞自由，取消對遊行的限制，讓欽本立復職。

從四月二十九日起到五月初，中共又與「學聯」學生作了幾次對話，「高自聯」均不予承認。北大學生大字報譏諷這些對話是「政府跟自己人談話」，是「蹩腳鬧劇」。

五月三日，「高自聯」召開會議，決議五月四日舉行大示威遊行。這一天，正是亞洲開發銀行理事會第二十二屆年會在天安門廣場的人民大會堂召開，約有五十個國家代表與會，親睹了北京高校學生澎湃洶湧的民主示威運動。

四日，北京四十多所高校學生超過十萬人進行大規模示威遊行，沿途有數十萬的市民夾道歡呼（法新社估計遊行學生和聲援市民約有三十萬人）。學生隊伍於中午時已彙集在天安門廣場，同時有來自上海、合肥、成都、內蒙、天津、吉林等地大學，以及香港中文大學，共有二、三十多所大學學生代表前來北京聲援。此外，還有許多年輕工人加入遊行隊伍。

「新華社」報導：「上街參加遊行的還有二百多名首都年輕的新聞工作者。」香港《明報》記者說：有近五百名北京新聞工作者參與。這些記者來自約三十個官方新聞機構，是中共建政四十年來，官媒記者甘冒風險，首次公開參加示威遊行，支持學生民主運動。而「新華社」敢於發布這種消息，更具重大意義。

參加遊行的記者隊伍舉著「首都新聞界」旗幟，隨後兩幅標語是：「我們要說真話，不要逼我們造謠」和「我們的筆不能寫我們要寫的文章，我們的嘴不能說我們要說的話」。記者們先到新華社總社前示威，要求開放新聞自由，再以「集體採訪」名義，扛著旗幟，自新華社出發遊行。沿途高呼：「新聞屬於人民」、「不要逼我們造謠，新聞要說真話」、「新聞不是欺騙人民」、「首都新聞界要求洗刷恥辱」、「保衛憲法賦予言論自由」、「聲援世界經濟導報」等口號，並在途中與盛大的學生隊伍會合，向天安門廣場前進。所經之處，受到民眾鼓掌歡呼高喊：「記者萬歲」。而且沒有一個新聞機構負責人試圖勸阻和制止。

學生高舉橫幅與標語分三類。第一類為紀念「五四」的口號：「愛國、民主、科學」、「沒有民主就沒有安定」、「七十年太久，只爭朝夕」、「還有幾個七十年？」等；第二類針對中共近日與御用學生對話不滿的標語有：「對話不是說教」、「自有頭腦，還用煽動？」、「我們不是娃娃，我們也長有鬍子」、「袁木不是法官，無權宣判非法」、「一小撮等於十一億乘百分之九十九點九」等；第三類對政治改革訴求標語有：「結束老人政治」、「病根在『一元』，出路唯民主」、「失民心者失天下」、「政府自省，國人猛醒」、「聽取民意勿論合法非法，改革政體不能一拖再拖」等。

三名人民大學學生扛著一幅語，更是慷慨激昂：「頭可殺，不怕為人民流血」。八名學生架著木梯，攀上人民英雄紀念碑，揮舞「高自聯」全名的藍白色大旗，獲得廣場數十萬的學生和市民熱烈歡呼。「德新社」記者報導：「一個被宣布為非法的組織在天安門廣場上對政權公然挑戰，這個舉動的象徵性確實是再恰當不過。」

學生在英雄紀念碑臺階上宣讀一份《五四宣言》，概要內容如下：

七十年前的今天，天安門前也曾聚集了一大批莘莘學子，中國的歷史從此開始了偉大的新篇章。今天我們在此雲集，更是為了把「五四」的民主科學精神發揚光大。一百多年以來，中華民族的菁英們一直在探索著古老破舊中國的現代化道路。

新中國一方面一直在向現代化邁進，另一方面卻極大地忽視了民主建設。目前國內存在的諸如：政府機構臃腫、貪污嚴重、知識貶值、通貨膨脹等問題，都是我國政府深化改革、堅持現代化建設的嚴重障礙。為此，發揚「五四」精神，加速政治經濟體制上的改革、保障人權、加強法制，已成了中國現代化建設的當務之急。

這次學運的目的只有一個，即：高舉民主科學大旗，把人民從封建思想束縛中解放出來，促進自由、人權、法制建設，促進現代化建設。為此，我們促請了政府加快政治經濟體制改革的步伐，採取切實措施，保障憲法賦予人民的各項權利能得到保障，實現新聞法、允許民間辦報，鏟除『官倒』、加強廉政建設、重視教育、重視知識科學立國。我們的目的只有一個：實現中國的現代化。

這次學運是繼『五四』以來最大規模的學生愛國民主運動，十多萬大學生（不包括數十萬計的北京市民）走上街頭。我們還在學運中成立了一個由四十七所高校代表選舉產生的『學生自治聯合會』，這是一個全新的組織，是這次學運的壯舉，表現了同學們高度民主意識。

我們目前的任務是：首先，在學運發祥地——校園內率先實行民主體制改革的嘗試，校園生活民主化、制度化；第二，學生積極參政，堅持要求與政府對話，促進政府的民主政治體制改革，反對貪污腐化，促進新聞立法。

民族的昌盛是我們這次學生民主運動的目標，民主、科學、自由、人權、法制是我們數十萬大學生共同奮鬥的理想。

這一天，中共在北京召開亞洲開發銀行理事會第二十二屆年會。趙紫陽在接見亞銀代表團團長和理事時說：「現在北京和其他某些城市一部分學生的遊行仍在繼續。但是，我深信，事態將會逐漸平息，中國不會出現大的動亂。我對此具有充分的信心。」趙紫陽的判斷，顯然錯了，事態的發展，遠超過其想像。但是他承認：「學生最不滿意的是貪污腐化現象。」原因：「一是由於法制不健全，缺乏民主監督，以致某些確實存在的腐敗現象，不能及時地得到舉報和處理；二是由於公開化不夠，透明度不夠。」「腐敗問題是一定要解決的，但這個問題必須也只能同完善法制、民主監督、擴大透明度等改革措施結合進行。」

趙紫陽認為學生對於貪腐，和中共缺失的不滿，不是沒道理，但學生仍擁護共產黨，擁護改革。他同意與學生對話，而且廣泛的與工人、知識份子、民主黨派和各界人士對話，「在民主和法制的軌道上，在理智和秩序的氣氛中，交換意見，增進理解，共同探討解決大家共同關心的問題。」趙紫陽稍後任命國家教委會主任李鐵映負責與學生對話的事務，李鐵映實際等於取代了李鵬的「學生事務委員會」。

但趙紫陽這一次的談話，雖然表現了他對學生運動處理態度的理性，後來卻被批評為「軟弱」，遭到罷黜。

趙紫陽係於四月二十九日自北韓訪問返回北京，並自國務院總理李鵬接回處理學生運動事務。他對學運的看法與李鵬不同，並不認為此次學運是一次嚴重的政治動亂，這等於否定了鄧小平「欽定」動亂之說。而趙紫陽對學運處理的原則，則是「緩和、對話」四字。北京示威學生對趙紫陽講話，基本上認同，但對某些內容，仍持保留態度。

學生遊行示威，約在下午四時結束，離開天安門廣場。在遊行集會過程中，公安幹警象徵性地佈置一些攔阻設施，但都避免與學生衝突，讓學生隊伍順利通過。同日，上海、南京、杭州、廣州、西安、武漢、長沙、西寧、太原、成都、重慶、蘭州等十餘個省市的高校，也都有數千到上萬名的學生舉行爭民主之遊行示威。

北京大學學生自治會的「民主廣播站」，自五月一日起，已採取有線廣播和無線電臺兩種方式，同時播出，但後者因功率小，僅北京中關村地區能夠收聽的到。

另外，北京「高自聯」在上海《世界經濟導報》被中共強迫停刊後的第二日，即創刊了一份學生報紙《新聞導報》，但中共禁止任何印刷廠，和任何有複印機的單位、個人，都不得承印或複印《新聞導報》。學生不得已以電腦排字，用油印方式勉強出刊，發行量一千份。

五月五日，北京高校學生罷課已近兩周，有部分學生恢復了上課。證明了學生對趙紫陽處理學運的方式和講話的認同。而且中共中央電視臺和《人民日報》等官方報紙，都在五日大幅報導學生遊行情形，和揮舞旗幟湧上街頭的照片，以滿足學生要求新聞如實報導學運的訴願。但在北京大學、北京師範大學兩校，仍有不少的學生繼續抵制上課。師大堅持到五月八日，也宣告復課。

由於趙紫陽表態願與學生對話，於是由北京各高校學生組織了一個「高校學生對話代表團」，選舉政法大學國際法的研究生項小吉為團長，他曾參與四月二十九日的對話，副團長是北京大學學生沈彤。項小吉表示：代表團的二十四名代表，大部分非「高自聯」成員，且係各校經過合法民主程序推選出來，因此在組織上與「高自聯」沒有關係，該團希望能經常與政府保持對話。並在五月六日向中共遞送請願書，要求政府盡早對話。

由於北京學生在民主運動過程中的理性和自制，獲得社會普遍的肯定和好評，以及北京市民廣泛的支持。並且至少在表面上，贏得了中共讓步。而在此時，「高自聯」內部反出現了矛盾，形成了溫和和激進兩派，彼此對民主運動下一步行動，各持己見，無法取得共識，瀕臨破裂邊緣。因此，學生的熱情在此後數日顯著下滑。

就在學運陷於低潮時，反而北京新聞界爭取新聞自由的抗爭活動，蓋過了學運。先是《人民日報》前社長胡績偉於五月六日批評上海市委處理《世界經濟導報》的錯誤，違反憲法，也違反中共中央一再強調黨政分開的原則。他駁斥國務院發言人袁木前不久否認中國沒有新聞檢察的談話。他說：「中國根本就存在新聞檢查，如果沒有新聞檢查，上海市委又怎能事先知道《世界經濟導報》的內容？」五月八日，《世界經濟導報》發表胡績偉專稿《沒有新聞自由就沒有真正的安定》。文章指出：「沒有新聞自由，人民眼看決策錯誤，眼看腐敗現象蔓衍，而無能為力。說輕了沒有用，說重了不登報。時間長了，許多人就會抱著一種懶得說、懶得想，甚至懶得生氣而聽之任之的消極態度。這種現象表面上給人以安定團結的假象，實際上以人們的麻木、冷漠和壓抑為代價，醞釀著很大的危機。一個具有現代政治頭腦的領導者，難道能夠滿足於這種虛假的安定團結嗎？」

五月九日，由《新華社》、《人民日報》社、《中央電視臺》等北京三十二家新聞機構，一千零一十三名的編輯和記者聯署的一封請願書，共推《中國青年報》記者部主任郭家寬、科學部兼學校教育部主任李大同為代表，帶領兩百名記者，前往「全國新聞工作者協會」遞交請願書，抗議中共對《世界經濟導報》的處理不公，對學運沒有做到全面、客觀、公正的報導，以及袁木四月二十九日談話說：「我們的新聞是自由的」，與事實不符等。要求根據趙紫陽五月四日「現在需要廣泛地進行協商對話」的談話精神，與中共中央主管宣傳工作的負責人對話。

在記者遞交請願書時，有千餘名大學生聚集在「記協」門前，聲援請願的記者。學生高呼：「記者不要怕，要民主說真話」、「支持世界經濟導報」、「向欽本立致敬」、「為民說話，事關重大，團結起來，振興中華」等口號。最後還列隊繞行天安門廣場一周，再經過《人民日報》社大門後，返回各校。

由於中共始終不肯與非官方的學生組織「高自聯」或「北京高校學生對話代表團」對話，北大學生為迫使中共明確答覆關於學生要求與政府對話之訴願，並聲援新聞界的請願行動，號召北京學生繼續罷課遊行。

五月十日，約有三十多所高校近萬名學生參加「高校統一騎自行車遊行」活動，同時有藝文界的青年作家和詩人百餘人的自行車隊參與，其中最知名的為《河殤》總撰稿人蘇曉康。學生自行車遊行隊伍的旗幟標語有：「真誠對話、平等對待」、「如實報導、新聞自由」、「打倒腐敗政客、反對虛偽繁榮」等。藝文界車隊旗幟則為：「新聞自由、創作自由、出版自由」、「中國作家，人民養大；為了人民，應該說話」、「當掉『奔馳』，償還外債」等。車隊繞經廣播、電影、電視部，和中央電視臺、廣播電臺、人民日報社、北京日報社、光明日報社、新華社和北京市府等機構，高呼「爭取新聞自由、公正報導」、「知識份子站出來」、「我們都是欽本立」和「沉默將使中華民族滅亡」等口號。

正在此時，蘇共總書記戈巴契夫預定五月十五日至十八日到北京訪問。學生於是想出利用戈巴契夫訪問時機，促使中共回應對話。一個北大學生說：「辦不到的話，我們的運動就泡湯了。」顯示中共對示威學生要求對話，採取虛應和拖延的政策，已對曠時日久的學生運動造成頗大壓力。

為了能吸引全國，乃至全世界的眼光，能夠

焦聚北京學運。五月十一日，約有近萬名北大學生聯署，致函蘇聯大使館，邀請戈巴契夫訪問北京期間，到北大演講關於蘇聯的政治改革情形。

「高自聯」並決定在戈巴契夫到訪之前，自五月十三日起進行無限期的「天安門廣場絕食抗議」，期藉此激烈手段，爭取與官方對話。參加絕食的學生，必須先立下誓言，保證除了水之外，不進食任何食物。五月十三日（星期六）下午，三千多名學生在王丹、吾爾開希、柴玲等學生領袖帶領下，到達天安門廣場，這已是自四月十五日以來，學生第八次示威遊行。學生扛著標語：「為爭取自由而絕食」，有的在衣服上用中、英文寫著：「我熱愛生命，我需要食物；沒有民主，我寧願死亡」、「人民的兒女與人民共存亡」等標語。絕食學生發表的《絕食宣言》。要點有：

我們絕食了。在這最美好的青春時刻，我們卻不得不把一切生之美好，絕然地留在身後了，但我們是多麼的不情願，多麼的不甘心啊！

國家已經到了這樣的時刻：物價飛漲、官倒橫流、強權高懸、官僚腐敗、大批仁人志士流落海外、社會治安日趨混亂，在這民族存亡的生死關頭，同胞們，一切有良心的同胞們，請聽一聽我們的呼聲吧！

國家是我們的國家，人民是我們的人民，政府是我們的政府，我們不喊，誰喊？我們不幹，誰幹？

我們的感情卻一再被玩弄，我們忍著饑餓追求真理卻遭到軍警毒打……學生代表跪求民主卻被視而不見，平等對話的要求一再拖延，學生領袖身處危難……我們怎麼辦？

民主是人生最崇高的生存感情，自由是人與生俱來的天賦人權，但這就需要我們用這些年輕的生命去換取，這難道是中華民族的自豪嗎？

我們以死的氣概，為生而戰。但我們還是孩子，我們還是孩子啊！中國母親，請認真看一眼你的兒女吧！雖然饑餓無情地摧殘著他們的青春，當死亡正向他們逼近，你難道能夠無動於衷嗎？

我們不想死，我們想好好地活著。

當我們挨著餓時，爸爸媽媽們，你不要悲哀；當我們告別生命時，叔叔阿姨們，請不要傷心……我們追求的絕不是死亡！因為民主不是幾個人的事情，民主事業也絕不是一代能夠完成的。

絕食原因：第一抗議政府對北京學生罷課採取麻木冷淡態度；第二抗議政府拖延與『北京高校對話代表團』的對話；第三抗議政府一直對這次學生民主愛國運動冠以『動亂』的帽子及一系列歪曲報導。

絕食要求：第一要求政府迅速與『北京高校對話團』進行實質性的、具體的、平等的對話；第二要求政府為這次學生運動正名，並給予公正評價，肯定這是一場愛國、民主的學生運動。

絕食時間：五月十三日下午二時出發。絕食地點：天安門廣場。

「絕食」是中共建政以來，學生民主運動史上第一次採取的最激烈手段，立即吸引了人們的關注。尤其這篇《絕食宣言》提出悲壯的控訴，淚中帶血，感動許多的學生和市民激動落淚。還有許多學生留下了遺書。絕食學生在頭上綁著白布條，書寫「絕食」二字，坐在三十八公尺高的人民英雄紀念碑的北側。其他學生或綁著「聲援」的頭帶，或寫在上衣上。吾爾開希帶頭宣誓，誓死為中國民主運動絕食到底。他表示：「不達目的，絕不終止」。

北京各高校旗幟，綴滿廣場，學生並將各校旗幟、標語，升上紀念碑四周十根大旗杆上，廣場響起熱烈掌聲。

晚上，中共著名知識份子嚴家其、蘇紹智、包遵信等人寫了一份大字報〈我們再也不能沉默了〉，張貼在北大校園，發起聲援學生絕食大遊行。北大有二百八十三位教師在當天聯名上書中共當局，建議政府：儘速與學生對話；儘早對學潮性質作出客觀評價；要求高度重視學生絕食請願，並保障學生身體健康。此外，還有許多教師就直接到廣場，參與保護絕食學生的行動。

隨著戈巴契夫訪問中國日期，只剩兩天，世界媒體記者紛紛雲集北京。學生的絕食抗爭，頓時驚動了中共中央。趙紫陽說：「大學生也好，其他公民也好，如果因為對本單位或國內的工作有意見，損害中蘇高級會晤，如果出現那樣的事，那就沒有道理了，就不會得到人們的同情和支持。」「希望廣大同學都能保持理智，顧全大局，自覺地維護國家的尊嚴和利益。」

夜裡，中共中央政治局委員李鐵映、北京市委書記李錫銘和市長陳希同到達廣場，勸說學生中止絕食，被學生噓走。

深夜十一時，學生領袖接獲通知，中共願意與學生對話。官方派出的代表為李鐵映、統戰部長閻明復和國務院監察部長尉健行；學生代表有王丹、吾爾開希、項小吉等「高自聯」、「對話團」和絕食學生代表約三十人。對話在統戰部進行。學生為防止中共事後歪曲對話內容，因此要求一定要電視現場直播。雙方約進行了三小時的對話，未達成共識。

據王丹回憶說：「北大學生代表提出約二百人的對話團建議，雙方在這裡產生了很大的分歧，沒有達成最後結果。」學生代表退出會場，發表聲明，對政府未履行對話條件，如沒有電視現場直播等，強烈表達不滿。

絕食學生在一天未進食後，許多人已呈現虛弱不支情況。夜裡，絕食學生緊緊依偎在一起，相互取暖。白天，艷陽高照，有人張開雨傘遮陽，但抵擋不住熱浪。五月十四日，有數十名學生不支暈倒，但未擊潰絕食學生意志力。廣場上的學生和群眾，反而越聚越多。學生唱著臺灣流行名歌《沉默的母親》，抗日歌曲《松花江畔》，以及《少年壯士不言愁》和《國際歌》。並出現了一些感性的新標語，如「媽媽我餓，餓而不屈」、「媽媽我很餓，但是我不吃」。

李鐵映和閻明復與學生對話失敗後，請《光明日報》記者戴晴邀請一些對學生有影響力的知識份子出面，勸學生結束絕食，撤離廣場。於是戴晴邀集了于浩成、李洪林、嚴家其、蘇曉康、包遵信、溫元凱、劉再復、蘇偉、李澤厚、麥天樞、李陀等共十二位學者作家，在當晚，聯名發表《我們對今天局勢的緊急呼籲》。他們說：我們本著良知和責任心，緊急呼籲中央公開宣布這次學潮是愛國民主運動；承認學生自選產生的組織合法；反對對靜坐絕食學生採取暴力。但也勸導學生要清醒，防止被人挑起事端，激化矛盾，發生親痛仇快的事情。為了中蘇高級會晤，順利進行，請學生暫時撤離天安門廣場。

這些學者、作家隨後到廣場宣讀《緊急呼籲》，受到學生熱烈歡迎，並與學生代表對話，幾乎達成共識。但在此時，學生領袖之一的封從德奪過擴音器，拒絕撤離，領導學生高呼：「不達目的，誓不罷休。」因而錯失第一次能夠安全撤出，保全民主實力的機會。戴晴認為是柴玲、封從德二人中斷這次談話。事後，統戰部長閻明復無奈的說：「現在我們已經無能為力了。」

學生因胡耀邦被罷黜地不明不白，憤而在胡耀邦死後，自四月十五日起展開長達近一個月的抗議示威遊行，並發展為爭民主、爭自由、爭人權的民主運動。中共自始即因處理學生運動失當，復因鄧小平和國務院總理李鵬等極左派又武斷指控學運為「動亂」，引起全國學生之反彈，而催化學運升級。而且中共在同意與學生對話時，只選擇與未參與民運的御用學生組織代表座談，排斥與「高自聯」，及「學生對話代表團」對話。正因為中共種種不尊重示威學生的作為，學生激情無處宣泄，終於採取激烈的絕食手段抗爭，才引起中共中央勉強接受，願與學生對話，可惜只為了電視直播和出席對話之學生代表人數等枝節問題，不肯讓步，使得單純的學生運動，發展為全民的民主運動。

05

全民民主運動

趙紫陽同情學運遭罷黜

1989年5月戈巴契夫訪問北京前夕，清華大學學生在天安門廣場遊行時拉出之橫幅。

學生絕食期間，5月20日趙紫陽前往廣場探視絕食靜坐學生。他說：「我們來得太晚了……對不起同學們，你們可以批評我們，這是應該的。」當天趙紫陽即被鄧小平罷黜。

一九五九年九月三十日，前蘇共總書記赫魯雪夫訪問北京，欲與毛澤東擁抱行禮，毛澤東忙不迭地避開。中蘇關係也自這次會晤後，陷入低潮，蘇共領導人從此三十年未曾到訪過北京。

一九八九年五月十五日中午，戈巴契夫為促使雙方關係正常化，抵達北京訪問，原訂由中共國家主席楊尚昆在面對天安門廣場的人民大會堂正門迎接，因絕食學生和支持群眾堅持不離開廣場，中共被迫準備改在機場舉行歡迎儀式。但是，戈巴契夫較預定時間，提前四小時抵達北京機場，中共應變不及。只得仍請戈巴契夫們到人民大會堂接受歡迎。

當天，絕食學生為了顧及政府顏面，雖將絕食位置自人民英雄紀念碑北側，移至西側。不過中共仍不敢在正門迎接，而安排戈巴契夫從人民大會堂西南側門進入，接受歡迎儀式。離開時，也走側門，並取消參觀故宮，和向人民英雄紀念碑獻花等行程。

學生視戈巴契夫是一位「改革者」和「民主使者」。當戈巴契夫車隊到達人民大會堂時，學生們紛紛舉起中、英、俄文書寫的標語：「歡迎偉大的改革者戈巴契夫」、「民主——我們共同的夢」，並在英雄紀念碑掛上戈巴契夫的肖像。

西方記者對北京學生崇拜戈巴契夫的情況，頗為驚訝，因為這位被學生視為民主的使者，最近才在蘇聯附庸國喬治亞以瓦斯鎮壓示威群眾。

這一天最感人的遊行隊伍，是由北京各高校（教師）、社會與科學研究單位、新聞與出版社和一些機關，共六十多個單位三萬名知識份子組成的隊伍，高舉「中國知識界」橫幅，和「聲援學生，促進改革」、「孩子們沒有錯」、「衛星已上天堂，民主仍在地獄」、「十年了，老九還是老九」、「自由不在，知識何用」等標語，史無前例地，走上街頭。前導的為北大、清大的教師，並且是由年近花甲的老教授們，和知名知識份子如嚴家其、包遵信、柯雲路、王魯湘等學者領軍，浩浩蕩蕩前進，沿途呼喊著：「學生挨餓，教師難過；教書育人，首先救人；政府不救，人民難受」、「學生愛國，我愛學生」等口號，經過長安大街，遊行進入天安門廣場，尤其醒目。

知識份子、大學生都投入民主運動後，中共最擔心的是北京數十所中學學生也加入遊行行列。果其然，有來自北京二中、九中、一〇七中等中學學生隊伍，打著「你們倒下去，還有我們」的標語，高呼口號進入廣場。

其他由各機關團體和社會群眾組成的聲援隊伍，分別打著各式彩旗，不同標語，不約而同遊行前來廣場。其中一支近千人隊伍，由社會青年組成，扛著「市民聲援隊」的橫幅，喊出「學生萬歲」口號進場，頗受注目。

廣場出現一封署名「駐京部隊某部一〇八名官兵向絕食同學及聲援同學致以崇高的革命軍禮」的公開信寫道：「驚聞絕食勇士已絕食五十

小時了，我們不禁淚如泉湧。」「請記住，槍桿子裡面出政權，我們武裝力量永遠是你們堅強後盾，我們決不會盲從任何有害於學生的命令，頭可斷，血可流，民主自由不可丟了。」「不能到現場為你們助威，但我們的心是相連的，我們時刻關注你們。」

到下午四時之後，湧入天安門廣場的聲援群眾，達到自四月中旬悼念胡耀邦以來的最高峰，聚集了約八十萬人之眾，學生占了近一半。其中不少是其他省市高校學生，像天津、南開兩大學學生甚至騎自行車，遠程而來聲援。

已絕食三天兩夜的學生，頂著烈陽，忍受風沙，有不少同學漸感體力不支。到晚上七時，有近八十人因過度衰弱或休克緊急送醫。北京各醫院都派出救護車到廣場待命支援，部分醫護人員則自願留下來，搭建帳篷，隨時提供診療，並分發絕食同學葡萄糖鹽水，或藥品。有些絕食同學，彼此依偎，相互鼓勵。部份聲援教師看到自己的學生，絕食後虛弱情況，忍不住抱住臥倒地上的學生，泣不成聲。儘管如此，學生絕食仍然意志堅強，與老師一同高舉成「V」字的雙手，表達勝利與堅持到底決心，令現場採訪的中外記者動容。

一名絕食的女同學一邊哭泣，一邊對著擴音器說：「也許，我將縱火焚身！」這時又有包括北大在內六所高校的教師，組成絕食團加入絕食行動。

當天晚上九時左右，楊尚昆正在人民大會堂舉行國宴，款待戈巴契夫之際。大會堂東門外，有萬名群眾試圖衝進宴會廳，他們在門外大喊：「對話、對話」。公安軍警全力阻止，並由學生絕食團的柴玲和幾位同學們拿著擴音器不停安撫群眾，要保持理性，回到廣場，勿為有心人士利用。她說：「請求各位，不要攻擊人民大會堂。」制止了一場衝突。

在一九八七年秋，中共十三屆一中全會，趙紫陽出任中共中央總書記時，全會有個決議：「鄧小平在黨內決策者的地位，不因退出常委

（鄧小平在十三大時退出中央委員和政治局常委）而改變」。因此，鄧小平於五月十六日在人民大會堂與戈巴契夫握手言歡，代表中蘇關係言歸於好。但是鄧小平仍言不由衷的說：「今晚你還要同中共中央總書記趙紫陽見面，這將標誌著中蘇兩黨關係正常化。」

廣場上的學生與群眾，對鄧小平不肯交權，憤憤不平，許多人把小瓶（小平）砸碎，發泄情緒，並貼出要他下臺的標語。甚至有兩幅標語，拿他與戈巴契夫相比：「蘇聯有戈巴契夫，中國有誰？」「八五對五八」（鄧、戈當時年齡之比）。其他的標語，如：「老人政治，必須結束」、「中國不能一個人說了算」、「鄧小平，我的兒子在挨餓，你的兒子在幹什麼」。這些標語顯然都是衝著鄧小平而來，甚至帶有屈辱之意，有可能就是後來鄧小平不惜血腥鎮壓原因之一。

趙紫陽在晚上會見戈巴契夫時，特意提到十三屆一中全會決定：「在最重要的問題上，仍然需要鄧小平同志掌舵。」並表示：「你今天上午同鄧小平同志的高級會晤，是你中國之行的高潮。我想這樣說，你同他實行了高級會晤，就意味著我們兩黨關係的恢復，我們兩黨關係實現了正常化。所以，我們兩黨實現正常化，不是現在，而是上午。」趙紫陽這些談話，表明了他無決策權，藉以暗示：當前學生的抗爭，中共所犯政策上的錯誤，鄧小平應負全責。

近中午時候，中央戲劇學院十二名絕食的學生，在烈日下，宣布開始拒絕「飲水」，並在人民大會堂北門外，「求見」中央領導人，當然無人置理。

中午，有數十名《人民日報》的記者，首先舉著「旗幟鮮明地反對四二六社論」的橫幅，喊著「為人民日報雪恥」的口號，繞行廣場，聲援學生。下午，《新華社》、《瞭望週刊》、《中央人民廣播電臺》、《光明日報》、《經濟日報》、《中國青年報》和《工人日報》等十餘個新聞機構的記者聲援隊伍，也分別扛著大旗，進入廣場。其中《新華社》的記者聲援團的橫幅寫著：「新華社北京五月十六日電：今日無新聞」；《瞭望週刊》隊伍的橫幅是：「解除報禁講真話」；《中央人民廣播電臺》則是：「本台消息：學生們已經餓了三天，五月十三～」。這些記者隊伍並在廣場廣播和散發《首都新聞界聲援絕食學生的聲明》，受到了學生和群眾熱烈鼓掌歡迎。

由巴金、艾青、嚴家其、包遵信等一千多名著名知識份子聯名發表〈五‧一六聲明〉，標題為「光明的召喚」。要點有：

數十萬學生走上街頭，抗議腐敗，呼喚民主與法制，表達了工人、農民、軍人、幹部、知識份子及一切勞動階層的共同意志。

遺憾的是由於政治體制改革不力，初見成效的經濟改革也嚴重受挫，腐敗現象日趨嚴重，社會矛盾急遽激化，全國人民寄予厚望的改革事業面臨著重大危機。特鄭重簽署聲明，公開表明自己的原則立場：

一、（黨和政府）不久前，還存在著試圖以高壓和暴力來處理這場學生運動的跡象。歷史證明：鎮壓學生運動決無好下場。如果運用現代民主政治的規則，遵從民意，順乎潮流，將出現一個民主的穩定的中國。反之，將極可能把一個很有希望的中國引向真正動亂的深淵。

二、以民主政治的形式處理目前的政治危機，就必須承認在民主程序下產生的學生自治組織的合法性。把學生組織定性為『非法』的做法，只能激化矛盾，加劇危機。

三、導致這場政治危機的直接原因，恰恰是青年學生在這場愛國民主運動中強烈反對的腐敗現象。黨和政府應該汲取深刻教訓，切實按照人民的要求，果斷推進政治體制改革，廢止特權，查禁『官倒』，消除腐敗。

四、新聞自由是清除腐敗，維護國家安全，促進社會發展的有效手段。不受監督的絕對的權力，必然導致絕對的腐敗。不實行新聞自由，不准民間辦報，一切關於開放改革的願望與允諾，只能是一紙空文。

五、把這次學生運動定性為反社會主義的政治動亂是錯誤的。廣開言路，與青年學生、知識份子和全體人民共商國事，才有可能形成一個真正安定團結的政治局面。

六、自由、民主、法制從來不是賜予的。一切追求真理、熱愛自由的人們，都應當為實現憲法所賦予我們每一個公民的思想自由、言論自由、新聞自由、出版自由、結社自由、集會自由、遊行示威自由而不懈努力。

另外有北師大、清大、北大、交大、外語學院、人大、航空航天大學、政法大學、科大、農大等十所大學校長或副校長聯名發表《呼籲書》，沉痛的指出：「天安門廣場上的情況不能再繼續下去了」，「希望黨和政府的主要負責人儘快與同學們直接見面和對話」，他們十人願意擔任學生與中共黨政間的溝通和聯繫工作。

北京大學同時發出《告全國同胞書》，呼籲全國人民「快到天安門，救救我們的孩子。我們的孩子，究竟為了什麼？我們的孩子究竟錯在哪裡？」

下午五時二十分，中共中央統戰部長閻明復來到廣場，在學生領袖王丹、吾爾開希等陪同下，透過學生廣播站，向學生喊話：他完全理解和同情學生，不想要求學生做什麼。他已將學生們的要求向中央反映，懇求同學們給中央最高領導層時間和機會。他請求學生保持理性，該上醫院的上醫院，該返校的返校，珍重自己的身體，儘快結束絕食，為未來的建設大業發揮才幹。並強調獲得授權，鄭重聲明，對參與此次學潮的師生，絕不施予任何形式的打擊報復。他說：「如果同學們對我講的話不相信的話，我願意做你們的人質，與你們一起靜坐。」

閻明復的講話博得多次的掌聲。王丹聲淚俱下讚揚閻明復的為人，呼籲同學給予中共機會。因絕食曾數次昏倒的吾爾開希，帶著氧氣罩，也懇請同學們接受閻明復的請求，結束絕食。言畢又暈倒，但在他被送就醫後，天津南開大學學生代表即透過廣播指責他的言論。有少數同學，則企圖衝向閻明復，但在學生糾察隊護送下，閻明復平安乘車離去。

據王丹回憶說：「閻明復到廣場勸說後，『首都高校學生絕食請願團』、『首都高校學生對話代表團』和『首都高校學生自治聯合會』三方召開緊急會議。經過一個小時的激烈爭論，『對話團』和『市高聯』（高自聯）代表同意『再給政府一點時間』，撤出廣場，並在協議書上簽了字。『絕食團』代表拿出絕食學生民意測驗結果——二千六百九十九名絕食同學反對撤出，占百分之九十五；五十四人同意撤出。於是，『對話團』和『市高聯』的代表服從絕食同學意願，撤出天安門廣場的議案被否決。」柴玲代表絕食同學說出他們的心聲：「我們要死就死在前線，我願為民主而犧牲生命。」

《天安門一九八九》一書評論此一事件說：「這是結束天安門廣場絕食示威的第一次時機。這時如果學生停止絕食，並撤出廣場，不但中共高層的改革派能大獲勝利，而且學生力量也能得以保存，成為監督中共當局走向民主的極大民間勢力。但是，學生們未能考慮及此。」

事實上這是學生第二次錯失結束絕食，保存民運實力，幫助趙紫陽的「改革派」推動政治改革之機會。這時學生的民主運動，已對中共中央形成極大壓力，原定五月下旬召開的四中全會，被迫延遲舉行。

中共中央對學運的看法，自始即出現嚴重分歧，以趙紫陽為代表的改革派，認為學運是一場愛國行動，學生要求具有正當性，有助加快中國民主政治改革。閻明復的到來，代表著趙紫陽有意借助學運力量，推動鄧小平所忌諱的政治民主與法制化改革，包括結束老人政治。雖然以李鵬為首的強硬派，堅持這次學運是一場政治動亂，必須採取強硬措施，予以鎮壓。但迫於學生的絕食行動，亦不得不面對現實隱忍。

親趙紫陽的中央統戰部長閻明復到廣場勸說學生，未能收效。趙紫陽仍未放棄努力，他在十七日凌晨，代表政治局常委發表書面談話。肯定學生要求民主和法制、反對腐敗、推進改革的愛國熱情外，還表示將會安排對話，繼續聽取學生們的意見和要求，並研究提出和採取加強民主和法治的建設，推進廉政建設，增加院會透明度等實際措施。他呼籲學生們保重身體，停止絕食。並保證黨和政府絕不會「秋後算帳」。

據香港媒體來自可靠的消息，趙紫陽在十六日深夜，主持政治局常委會議時，與其他四位常委（李鵬、喬石、胡啟立、姚依林）曾就解決學運問題發生激烈爭論。趙紫陽建議：否定《人民日報》四月二十六日社論，由他承擔發表社論責任；由「人大」設立審查高幹子弟（包括其兩子）和「官倒」機構；公布全國副部長以上高幹待遇，取消「特供」（專門提供高幹的生活供給）。他表示要在會後，親自到廣場與學生對話，儘快平息學潮。但被李鵬等四人否決，並強調若趙紫陽堅持一意孤行，將要承擔分裂黨的歷史罪責。最後達成協議，由趙紫陽代表政治局常委發表書面談話，以說服學生結束絕食行動。

可惜趙紫陽的呼籲，仍未能發生效果。反而因趙紫陽的這篇書面談話，等於推翻了鄧小平前將學生民主運動定性為「動亂」，和以強硬手段處理學運的裁示。特別是否定了〈四二六社論〉，更增加了鄧小平的不悅，嫌隙加大。鄧小平當年為打倒華國鋒，曾借助西單民主牆運動，成功奪得領導權。所以，他一眼就看穿了趙紫陽的意圖，自然不會容忍歷史重演。

學生錯失良機，未能把握閻明復在廣場釋出善意時機，順勢結束絕食行動，全力支持趙紫陽推動政治民主和法制化的改革，反而使民運走向極端。而中共中央政治局強硬派的常委又否決了趙紫陽親自到廣場與學生對話，同樣錯失了最有可能平息學運時機。就因為這兩次的錯誤，使得這場轟轟烈烈的學運，無法理性結束，最終以悲劇收場。不但犧牲了無數青年生命，也因趙紫陽的被罷黜，葬送了中共政治民主化改革良機。

正因為如此，學生民主運動越演越烈。一場

更大規模的示威遊行，隨即在五月十七日爆發，發展為全國性的全民民主運動。

據《人民日報》以〈歷史，將記住這一天〉為標題，報導了「五一七大遊行」：

「一場浩大，有上百萬人參加的聲援絕食學生的遊行，終於在五月十七日爆發！整個首都抖動了。」

「上午起，一支支遊行隊伍四面八方湧向長安街。東迄建國門立交橋，西至復興門外，十里長街變成了人的潮湧，旗的海洋。」「遊行隊伍中有鋼鐵工人、建築工人、郵電工人、電子工人、機電工人、汽車工人……他們打出的橫幅上大字書寫著：『工人階級是學生愛國民主運動的堅強後盾！』」「農民也來了」，「佛教徒也舉著標語走進了廣場」。

「『東北在吶喊！』來自瀋陽的大學生打著橫幅出現了；『上海同北京同呼吸！』上海的大學生代表走上了長安街。天津、河北、河南、浙江……許許多多的外地學生加入到遊行隊伍中。香港學聯的代表攜帶著各校的捐款，也來到廣場中心絕食同學的面前。」

「從早到晚，數百萬人自發地湧上街頭，數不清的企業單位的遊行隊伍，儘管必不可免地帶來某些街道的交通阻塞，但是，縱觀整個遊行活動，卻是隊伍整齊，秩序井然，幾乎沒有發生任何意外和事故。」

「面對著奄奄一息的學生，人們再也忍不住了，千千萬萬的人，甚至是生命垂危的癌症患者，也前往天安門廣場，向絕食學生伸出了援助之手。」

「整整一大，廣場上不斷廣播著各黨派、團體、機關和個人的聲援信。此時，絕食指揮部正在播放解放軍總醫院的醫護人員寫來的慰問信。信中深情地說：『同學們，黨心、軍心、民心都向著你們，勝利屬於你們，未來屬於你們！』」

「轟轟烈烈的大遊行，使正在天安門廣場絕食及聲援的學生感到極大欣慰。」「時至深夜，遊行還在繼續，絕食還在繼續。」

這天聲援學生的隊伍，打出的標語和呼喊的口號非常多，句句深入人心。如：「救救學生，救救國家」、「反對腐敗，鏟除官倒」、「癌症不除，國無寧日」、「救人更要救國」、「求民主無損國家形象」、「民主潮流，勢不可擋」、「老人政治，可以休矣」等等；專門針對鄧小平、李鵬的標語，明顯增加，具代表性的有：「小平糊塗了，向誰訴不平」、「共和國不要『太后』」、「蜀民盼小平歸故里」、「李鵬、李鵬，回家務農」、「小瓶難裝老酒，籬棚不關百姓」（小瓶、籬棚即小平、李鵬）。

其他，如首都佛教徒慰問隊的橫幅：「慈悲為懷，愛人如己」；全國婦聯的標語：「莘莘學子生捨己，孩子母親豈能旁觀」；醫療界的標語：「官倒+腐敗=癌症」、「腐敗——最大的病毒」；中國人民銀行總行隊伍高呼：「不做官倒的帳房」、「不給官倒貸款」、「凍結官倒帳戶」；海關總署隊伍的口號是：「官倒走私，鐵證如山」；《人民日報》隊伍則喊出他們的心聲：「堅決反對四二六社論」、「社論不是我們寫的」、「我們想救國救民，但是欲說不行」；《中國日報》隊伍的標語：「四十年鐵樹開了花，黨報記者要求說真話」；中小學教師隊伍的橫幅寫著：「『下愚』教『上智』民主，學生教老師做人！」；電影界隊伍打出「要廉政，不要『簾政』」的標語；工人隊伍高喊：「學生挨餓，大哥心疼；不怕開除，不怕解雇；不要工資，不要獎金，要學生」；電視機廠隊伍標語：「官倒不倒，電視不造」。民主黨派也不甘人後，打出「世界潮流浩浩蕩蕩，順之則昌逆之則亡」。

在今天的遊行隊伍中，除《人民日報》報導的工農聲援隊伍外，還有高校教職工、中小學教師、國家機關、中直機關、解放軍、各民主黨派，以及金融、交通、電信、新聞出版等系統的職工。其中出現的中共黨政機構，有中宣部、中組部、中央黨校、中央編譯局、國務院直屬機構、外交部、國家經濟體制改革委員會、中國社會科學院等部門。

最引人注目的隊伍有三：一是至少有超過一千名軍人加入學生遊行隊伍，高舉「軍心民心，萬眾一心」的標語，有的穿著迷彩軍服，橫幅標明來自總參、總後和總政；二是身著警服的「中國人民公安大學」隊伍，舉著一面「我們來遲了」橫幅；三是最高人民法院的審判員和副審判員組成的隊伍，高喊：「學生無罪」。

新聞機構中，「新華社」和《人民日報》的兩個隊伍，各有一千餘名記者、職工參加，所過之處，都響起如雷掌聲。

另外，還看得到來自天津、河北、吉林、黑龍江、遼寧、湖南、陝西、四川、山西、內蒙……等省市的單位和院校的隊伍與旗幟。

許多父母找到絕食的兒女，抱頭痛哭；沒找到兒女的家長，心急如焚，頻頻呼喊親人名字，聞之心酸。中央美院副教授吳小昌，前來探視絕食兒子後，決定加入絕食行列。

凌晨時，已有六百名絕食學生不支倒地；到下午五時，增加到一千七百人送醫。在人民大會堂北門外絕食、絕水的十二名學生中，有八人緊急送進醫院。許多學生經醫院搶救稍微復原後，又重回廣場，繼續絕食。所有絕食學生，均誓言堅持到底，堅持以非暴力和平請願方式，爭取民主自由。

知名學者嚴家其、包遵信等人繼《五一六聲明》後，今天又發表《五一七宣言》：

面對我們祖國兒女一個又一個倒下去，同學們的正義要求遲遲得不到理睬，這就是絕食不能停止的根源。

由於獨裁者掌握了無限權力，政府喪失了自己的責任，喪失了人性。這樣一個不負責任和喪失人性的政府，不是共和國的政府，而是在一個獨裁者權力下的政府。

清王朝已滅亡七十六年了，但是，中國還有一位沒有皇帝頭銜的皇帝，一位年邁昏庸的獨裁者。昨天下午，趙紫陽總書記公開宣布，中國的一切重大決策，都必須經過這位老朽的獨裁者。沒有這個獨裁者說話，四月二十六日人民日報社論就無法否定。

中國人民再也不能等待獨裁者來承認錯誤，現在只能靠同學們自己，靠人民自己。在今天，我們向全中國、全世界宣布，從現在起，同學們一百小時的偉大絕食鬥爭已取得偉大的勝利。同學們已用自己的行動來宣布，這次學潮不是動亂，而是一場在中國最後埋葬獨裁、埋葬帝制的偉大愛國民主運動。

打倒個人獨裁！獨裁者沒有好下場！

老人政治必須結束！獨裁者必須辭職！

嚴家其，江蘇武進人，這年四十八歲，北京中國科技大學畢業，中國社科院哲學研究所研究生，社科院政治研究所所長。中共改革開放後，嚴家其是最具影響力的學者之一，著作有《首腦論》和《中國文革十年史》。他主張經濟改革同時，應該以政治改革配合。學運爆發後，他即表態支持，初期主張依循法制管道，以修憲的手段，進行民主改革。但在五月十六日看到趙紫陽與戈巴契夫談話內容，瞭解到中國政治改革的阻礙，事實上只有一個，即鄧小平個人的獨裁，阻止了中國的民主化。因此，一夕之間，他變成了激進派，將矛頭直指鄧小平，提出打倒獨裁者。

包遵信，安徽人，這年五十二歲，北京大學歷史系畢業，任職社科院歷史研究所副研究員，曾主編《讀書》雜誌，和《走向未來》叢書，對知識界和學生具有很大影響力。學運之前，他即參與推動政治體制改革，爭取民主人權活動。學運開始後，擔心學生訴求，得不到中共回應，使事態擴大，於是發動知識界聯署發表致中共黨政公開信，要求審慎聽取學生心聲，以免前次天安門事件重現。五月十六日，他曾和嚴家其等知識份子到廣場勸說學生停止絕食。包遵信顯然出於與嚴家其同一心態，決心與學生站在一起，推翻獨裁者。他在接受美國電視訪問時說：「沒有皇帝頭銜的皇帝，是大家都知道的鄧小平。」

北大中文系副教授曹文軒、溫儒敏、博士生董洪利、碩士生楊榮祥四人，以中共黨員身分發表公開信說：「既然不是黨中央主席，卻可以直接向全黨發號施令，這是對黨內民主的蔑視與破壞，是家長制與獨裁的表現。」「真正有黨性與良知的共產黨員都要站起來，支持抵制獨裁。」

這二天，醫學界、學術界、藝文界、婦女界、企業界和民主黨派的領袖與著名社會人士，甚至包括共青團中央、全國青聯、全國學聯、中國文聯、全國婦聯等官方組織，紛紛發表緊急呼籲書或公開信，要求中共中央和國務院儘速與學生對話，以結束學生絕食行動，避免形勢惡化。

越來越多的全國各地學生、教師，和群眾湧入北京，加入天安門廣場靜坐示威，或學生絕食行列；未能前往北京的全國各省市地區，約有四百個城市的學生、教師、工人和群眾，則採取集會、遊行示威方式，聲援北京學生絕食請願行動。上海、南京、廣州等大城市的學生聲援遊行示威，動輒數萬人。廣州有六名學生在省府門前，發起二十四小時絕食行動，聲言如屆時北京學生絕食問題未獲解決，絕食到底。

五月十七日夜，嚴家其、李洪林和于浩成三名知識份子不忍學生絕食行動，戕害身體，再次到天安門廣場學生絕食指揮部，苦勸學生在今天成功舉辦百萬人大遊行之際，要「見好就收」，結束絕食，撤回學校，繼續與政府對話。最後這項建議被拒絕了。

就在這一天，鄧小平在家中召開政治局常委會緊急會議。李鵬批評趙紫陽應為當前政治局勢難以控制負責，強烈建議應立即採取果斷措施，結束學生的示威行動。鄧小平則指示在北京部分地區實施戒嚴。

會議後，趙紫陽、李鵬、喬石、胡啟立四位政治局常委在十八日凌晨五時，聯袂到北京協和和同仁兩醫院，探視絕食病倒的學生。趙紫陽肯定學生的愛國熱情，並表示學生與中共的溝通，有多種途徑，但不要採取絕食方式。勸學生要愛惜身體，結束絕食。

但在十八日這天，全北京市的人好像都走上了街頭，參與遊行人數已達二百萬以上，擠滿了北京各主要街道。前幾天，夾道歡呼遊行隊伍的情況，今天大幅減少，因為原先當觀眾的群眾，都已加入了遊行行列。「孩子挨餓，我們心疼」、「救救孩子」等醒目標語，更是隨處可見。

今天，還首次看到有數十名穿著制服的警察，與北京市民一同參加示威遊行。北京的機關單位職工已無心上班，許多工廠處於半停工狀態，中小學教師紛紛停止教課，老師和學生手牽手走進遊行隊伍。

受到嚴家其、包遵信十七日《宣言》的影響，示威的標語口號也變成了要鄧小平、李鵬下臺，如：「小平無法統」、「小平下臺，去打橋牌」、「鄧小平，你內心滿懷怨恨」、「小平小平，八十歲，已經有點糊塗了」、「三起三落，再落一次又何妨」、「毛主席萬歲，鄧主席？歲」、「周總理像太陽，照到那裡都一樣；鄧小平像月亮，初一十五不一樣」、「不要舵手，廢除終身制」；「李鵬李鵬，平庸無能」、「總理總理，你在哪裡，如果不理，別當總理」、「鄧小平，如此水平；李鵬李鵬，缺少水平，去收酒瓶」等等。

凌晨，北京氣溫降到攝氏十五度左右，並下了陣雨，十分陰冷。絕食學生在饑寒交迫下，陸續不支倒地，數十輛救護車絡繹不絕地將危急學生送往各醫院急救。北京公交公司提供了九十輛大轎車，讓絕食學生全部轉移車內，免受風雨。

「北京高校學生對話團」今天發表《第一號聲明》，強調「北京數千名大學生被迫採取摧殘自己身體的絕食方式，來向全國人民和全世界表達自己反對專制暴政、追求民主自由的懇切心情。」但政府對學生要求對話「得到的是拖延、欺騙和不予理睬」。所以提兩點強烈要求：一、立即召開非常會議，正式肯定這次學運是一場愛國民主運動，追究炮製人民日報社論的直接責任者，和對學生要求拒而不理，導致事態擴大的官員責任；二、進行平等對話，並由中央電臺和電視臺現場直播。

上午，楊尚昆在中央政治局緊急會議上，傳達鄧小平三點指示：一、政治局要旗幟鮮明，目標一致，不要搞個人得失的意氣鬥爭；二、事態正在惡化，性質已經變了，首都不能再這樣亂下去了。再亂下去，這局面怎麼收？三、要採取實質性措施，維護社會治安，儘快恢復秩序。趙紫陽表示，不能也難理解鄧小平的意思。

在鄧小平指示後，上午十一時到十二時，李鵬即率同國家教委李鐵映、統戰部長閻明復、北京市委書記李錫銘、北京市長陳希同等人，「會見」（新華社用語）學生代表吾爾開希、王丹、甄頌育（政法大學，王丹回憶的名單中無此人，而是程真）、熊焱（北京大學）、王超華（社科院研究院學生）、王學珍（北大黨委書記）、王志新（政法大學）、邵江（北大）。

李鵬開口講話不久，就被身體虛弱插著鼻管的吾爾開希打斷說：「這樣下去，好像時間不夠，我們應儘早進入實質性談話。」吾爾開希之所以如此，可能是因為會談時間有限制，怕李鵬開場白講太長，影響實質問題討論。但他又說：「不是您請我們來談，而是我們廣場這麼多人請您出來談，談幾個問題，應該由我們來說。」「廣場上現在並不是少數服從多數，而是百分之九十九點九，服從百分之零點一，如果有一個絕食同學不能離開廣場，其他幾千個絕食學生也不會離開。」吾爾開希率直的談話，頓時凍僵了會談氣氛，也激怒了李鵬。

王丹說：「要使學生離開現場，唯一的辦法就是答應同學們提出的兩個條件。」王丹與吾爾開希重聲兩個條件是：一、肯定學運，否定〈四二六社論〉和「動亂」說法；二、儘快對話，現場直播。並要求趙紫陽到廣場，向同學直接講話。其他同學發言的內容，大致比較平和。在學生說話告一段落時，李鵬不斷問「講完了沒有？」而李鵬說話時，不停「揮舞著手，又拍著椅柄，顯得很生氣」（香港《快報》用語），又不許學生再打斷他說話。他否認黨和政府曾說過學生「搞動亂」，但嚴厲指責學運，已使北京「出現秩序混亂，並且波及到全國。」「北京這幾天，已經基本上陷入了無政府狀態。」「你們願意聽也好，不願意聽也好，我很高興能夠有這樣一個機會告訴大家。動亂，中國出現過很多次，原來很多人並不想搞動亂，但是最後發生了動亂。」「客觀事實是，這場學生運動在某些程度上，比文化大革命還要動亂得厲害」（此段後來在播出時被刪除）。「我們不能對這種現象置之不理。我們要保護廣大同學的生命安全，要保護工廠，保護社會主義的成果，保護我們的首都。」李鵬最後還指責學生在「兩個問題」（即兩條件）上「糾纏」，「是不合適的」。

學生代表還想申辯，被閻明復以收到廣場學生叫代表回天安門廣場字條為由，宣布「對話就此結束」。李鵬等人立即起身離去，雙方不歡而散。晚間電視臺和廣播電臺播出時，部份內容被刪除，但吾爾開希將全程談話，已錄音下來。

晚上，中共政治局常委會徹夜開會，討論學生絕食問題。趙紫陽建議向學生讓步，遭到否決。鄧小平在會議上說：「這是一場演變為有組織、蓄意製造的政治動亂，已發展到反革命性質的暴亂。」「趙紫陽在事件中採取了機會主義後，又公開了黨內分歧，站在支持動亂的立場上，使事態蔓衍、惡化。」「明（十九）日，中共中央、國務院和北京市委召開會議，宣布實行戒嚴，維護首都社會治安。」

據說，鄧小平在會上還提出「自即日起，暫停趙紫陽的黨內職務，至下次中央全會作出解決。」據五月二十二日，楊尚昆批評趙紫陽的講話中透露：「五四」後，中共中央曾在鄧小平家中開會。鄧小平指責趙紫陽「五四」講話，使學生鬧的更兇了，並提出要戒嚴。趙紫陽說：「這個方針我執行不了，我有困難。」晚上常委會，趙紫陽又說：「我的任務到今天為止結束了，我不能再幹下去了……因此我辭職。」會後，他寫了辭職信，被楊尚昆擋住收回。

因此，在五月上旬，鄧小平已決定在北京戒嚴。至遲，在五月中旬，已決心罷黜趙紫陽。趙紫陽當然心知肚明，而有自請辭職之意。但趙紫陽願意收回辭職信，也透露他有絕地反攻之雄心，從十九日兩件事，可窺見他的意圖。

十九日清晨四時五十分，趙紫陽和李鵬決定前往廣場探視絕食學生（趙紫陽此時應尚未被停職，否則就不可能出現在廣場）。趙紫陽立刻受到學生們的歡迎，被團團圍住。李鵬板著一張撲克臉，停留數分鐘後溜走。但是，這卻是趙紫陽被罷黜前最後一次公開露面。

學生遞給趙紫陽一只擴音器，他噙著淚，哽咽地對絕食學生說：「我們來得太晚了，太晚了……對不起同學們，你們可以批評我們。這是應該的。」趙紫陽神態凝重，語意誠懇的說：「我今天來不是請你們原諒我們的，我只想說，同學們身體現在很虛弱，你們絕食已七天，不能再這樣下去。」「現在最重要的是要結束絕食，我也知道，你們絕食是要讓政府和黨滿意答覆你們提出的要求。」「你們不能等到有滿意答覆才停止絕食，如到那時就晚了，無法補償了。」「我今天不是來與你們對話的，而是勸同學們理智地想想，現在到了一種什麼樣的情況。」「你們提出的問題，我們可以繼續討論。雖然慢了一些，事實上問題還在逐步解決。希望絕食的同學和組織都冷靜地想一想。」趙紫陽在廣場所說的話，事先未獲政治局認可，成了他被罷黜另一個大罪證。

十九日下午四時，趙紫陽的「智囊團」中的青壯知識份子鮑彤（北京青年經濟學會長）、陳一諮（中國經濟體制改革研究所所長）、杜潤生（國務院農村發展研究中心發展所所長）、李湘魯（趙紫陽的前秘書、中信公司國際問題研究所所長）共同發表一份《關於時局的六點聲明》。這份聲明被稱為「反映了政治力量的較量」，並被楊尚昆批評說：「把紫陽同志講的一些話基本透露出去了，裡邊有很多謠言。」

《聲明》的六點，概要為：一、以大學生為先鋒，絕大多數社會階層廣泛參加的愛國民主運動，譜寫了中國民運史上最輝煌的篇章；二、事態演變到今天這樣嚴重局面，完全是由於黨和政府在決策上的失誤和拖延所致；三、建國以來，黨政高層從未像今天這樣脫離人民，違背良知，與人民群眾的意願直接對立，原因在不按法治軌道運行，沒有政治公開性，形成了只管上層權力鬥爭，不以民族利益和國家前途為主的局面；四、勢態還在惡化，繼續失誤，以致採取極端舉動（如軍管），將會導致真正的動亂，甚至民族分裂。這是經歷文革的中國人民無法接受的；五、呼籲：公開高層領導的決策內幕和分歧，由人民共同判斷和選擇；立即召開全國人大特別會議，行使憲法最高權力，進行干預；立即召開共黨特別代表大會，審議政治局最近一段時間的工作；各界聲援活動務必理智有序，珍惜學運成果；各階層人民組織起來，協助學生後勤工作；絕食人員多保重身體，儘快結束絕食；六、國家是人民的國家，政府是人民的政府，軍隊是人民的軍隊，中國現代化的歷史潮流是任何力量都阻擋不了的。

從趙紫陽在與戈巴契夫會面時，透露鄧小平仍是中共黨政最高決策者，到探視廣場絕食學生的談話，以迄這份《聲明》，顯示趙紫陽已不惜將他與鄧小平的分歧公開化，爭取廣大學生和全國人民的支持，奪回他擔任總書記應有的權力，以推動中共政治體制的改革與民主化。很明顯他低估了鄧小平的鬥爭能力，鄧小平不是華國鋒，趙紫陽更不是鄧小平。

就在十九日晨，趙紫陽探視絕食學生後不久，上午十時，鄧小平召集陳雲、楊尚昆、李先念、彭真、王震、政治局常委（楊尚昆說趙紫陽病假未到）和幾位軍幹開會，鄧小平說：「問題出在黨內，如果黨內沒有分歧，是團結一致的，就不會有現在混亂的局面。北京已經不能維持了，必須戒嚴。」「要盡量減少損傷，但也要準備流點血。」因此，他指示發布戒嚴令時，不作不使用武器之承諾。他也提到要重組領導班子，由上海市委書記江澤民接任總書記。趙紫陽自此，就被鄧小平一句話，免去了總書記職務，遭軟禁在家中。

晚上九時半前後，中央電視臺不斷打出「重

大新聞」字幕。十時，播出中共召開中央和北京市黨政軍幹部大會情況。會議由喬石主持，他先說：「趙紫陽同志因為身體不適，向大會請假。」北京市委書記李錫銘首先報告北京學潮和發展情況，說明已經出現的動亂對北京市各方面所產生的嚴重影響。

李鵬「身穿深色的毛裝，面露不尋常的殺氣」（西方媒體形容）。他開宗明義說：「（根據政治局常委會的決定）要求大家動員起來，採取堅決有力的措施，旗幟鮮明地制止動亂，恢復社會正常秩序，維護安定團結。」接著，他說明局勢的嚴重性：「當前首都形勢相當嚴峻，無政府狀態越來越嚴重，法制和紀律遭到破壞。」「舉世矚目的中蘇高級會晤中的一些國事活動安排，也因此而被迫變更或取消。極大地損害了我國際形象和聲譽。天安門廣場部份學生絕食請願的活動還在繼續。」「這是少數人拿絕食同學作為『人質』，要挾、強迫黨和政府答應他們的政治條件，連一點點起碼的人道主義都不講了。」「絕食同學代表也表示，他們已不能控制局勢。」「北京的事態還在發展，而且已經波及到了全國許多城市。」「如不再迅速扭轉局面，穩定局勢，就會導致全國範圍的大動亂。」

李鵬栽給學生的罪狀是：「極少數、極少數的人要通過動亂達到他們的政治目的，這就是否定中國共產黨的領導，否定社會主義制度。他們公開打出否定反對資產階級自由化的口號，目的就是要取得肆無忌憚地反對四項基本原則的絕對自由。他們散佈了大量的謠言，攻擊、誣蔑、謾罵黨和國家主要領導人，現在已經集中地把矛頭指向為我們改革、開放事業做出了巨大貢獻的鄧小平同志，其目的就是要從組織上顛覆中國共產黨的領導，推翻經過人民代表大會依法產生的人民政府，徹底否定人民民主專政；他們四處煽風點火，祕密串連，鼓動成立各種非法組織，強迫黨和政府承認，就是要為他們在中國建立反對派、反對黨打下基礎。如果他們的目的得逞，什麼改革開放，什麼民主法制，什麼社會主義現代化建設，都將成為泡影。」

因此，李鵬說他代表黨中央（也就是說他暫代趙紫陽的職務了）和國務院緊急呼籲：一、在廣場絕食的學生，立即停止絕食，離開廣場，接受治療；二、學生和社會各界，立即停止一切遊行活動，再也不要對絕食學生進行『聲援』。最後，李鵬重聲：「必須採取堅決果斷的措施，迅速結束動亂，維護黨的領導，維護社會主義制度。」「繼續堅持四項基本原則，堅持改革開放。」

楊尚昆接續講話：「為了維護首都社會治安，恢復正常秩序，我們不得已，從外地調來了一部分人民解放軍部隊。這完全是為了幫助首都武警、公安幹警執行任務，絕對不是針對學生的。」

當李鵬、楊尚昆講話時，軍隊已向城中心進發。憤怒的群眾紛紛湧上街頭，以血肉之軀，阻擋軍車車隊前進，並把它們向郊區驅逐。群眾不斷向軍隊喊話：「你們是人民的軍隊，別這麼幹！別這麼幹！」。甚至呼籲士兵們放下武器，支持學生運動。

在北京城西公主墳，有約百輛軍車和數千名軍人，被數以萬計的市民攔下，並攀登上車，苦勸士兵不要進城。城東和城南，也都發生了類似情況。有工人自攔截軍車地點，回到廣場，大聲喊道：「軍車截住了！軍車截住了！」

王丹回憶說：「得知政府宣布戒嚴之後，學生組織作出決定，馬上停止絕食，改為靜坐請願。」學生齊聲高呼：「李鵬下臺！」有些學生激憤的躺在長安大街上，以阻擋軍隊開進廣場。一些北京地鐵工人則關閉了控制系統，以阻止軍隊利用地鐵運輸，前進天安門廣場。

為了保護學生，有大批市民湧進廣場。當晚，有知名作家夏衍、艾青、蕭乾等二十二人聯名發表緊急呼籲：中共中央、國務院主要負責人立即與學生對話，坦誠、平等、虛心、冷靜地聽取群眾的意見。但是，這些著名作家不知，中共已取消對話可能，並調派軍隊進京，準備鎮壓學運了。

據媒體得自軍中可靠消息，負責保衛北京的三十八軍，因同情學生，拒絕鎮壓示威學生。因此，中共從石家莊、保定，甚至從山西等地，調動二十七、二十八軍等部隊進京。這些調進北京的軍隊，早在一周之前，中共已下令不准看電視、聽廣播和看報紙，只准看《人民日報》的〈四二六社論〉，而且團以下之官兵，並未被告知進京是鎮壓學生。有士兵透露：「（他們）是被命令去天安門廣場清理垃圾。」這時，在北京外圍，共軍大約已聚集有十五萬人，準備進入城內。

據美國駐北京大使羅德的夫人包柏漪在美國《新聞週刊》發表〈北京暗夜〉一文說：「待在旅館裡覺得很無聊，於是我到外面去走走。一輪明月，晚風輕拂，每一個街口都有上千的人聚集。一些中學生在交通要道上設置路障。各處都有許多人在談話，他們身邊都放著水瓶，貯存了足夠的水，以供不時之需。我走過一列盲人，他們是從幾哩外的地方而來。其中一人說：『如果車隊開過來，我們就在路中間躺下。我們一定得這麼幹。』」「一輛載著便衣警察的汽車駛至，但被路障所阻，並且被人牆圍住。一個學生用揚聲器呼籲群眾守秩序，保持鎮定。群眾將那輛車推至兩條街以外的地方。」她說：「如今，中國人真的是一條心了……感覺到中國人有了新的自信，新的自尊。」「在全中國，與學生並不相識的人，似乎都願意犧牲他們的生命，來支持這一壯舉。」

在李鵬和楊尚昆發表談話後，學生本已作出暫停絕食，改為靜坐示威。但到次日凌晨二時十分，學生態度突然轉趨強硬，宣布廣場上的北京和外地來京聲援的學生共二十萬人集體絕食。廣場上隨後掛起一幅「二十萬大學生誓與民主共存亡」的橫幅，並勸導聲援的中學生離開廣場。學生領袖王丹、吾爾開希、馬少方（北京電影學院）等人，分別發表演說，表示學生愛國民主運動已發展為人民民主運動，為了中國的民主化，大家要團結一致，與中共鬥爭到底。

楊尚昆以軍委副主席身分在二十日凌晨三時，透過廣場高音喇叭廣播：「路上擺的軍車，就是解放軍剛從外面進入北京的，就是出於完全不得已的情況，因為北京市的警力已無法維持北京市的秩序。」

北京工人在十九日，正式成立「北京市工人自治聯會」，號召全市工人站出來，佔據各交通要道，阻止軍車和軍隊入城，並自二十日中午十二時起進行總罷工，直到軍隊全部撤離北京為止。

五月二十日，中共國務院由李鵬署名，發布戒嚴令，自當日上午十時起生效。從此，軍隊的動向，成了廣場學生和市民最關心的議題，已經壓過了絕食、對話和民主訴求。學生仍然不肯退出廣場。

趙紫陽十九日清晨赴廣場探視絕食學生，是示威學生第三次退場時機，可惜又錯失了機會。因為從早上五時到十時，鄧小平召開會議罷黜趙紫陽和決定戒嚴，調派軍隊進入北京，中間足足有五個小時，如果學生領袖適時決定結束絕食，退出廣場，趙紫陽將因勸退學運，而益形鞏固其職位。鄧小平不但沒有理由罷黜趙紫陽，也不必實施戒嚴。其可能結果是，趙紫陽得以繼續擔任總書記，藉這一次學生運動之助力，推動政治民主化的改革。而在鄧小平面前屢次為趙紫陽穿小鞋的李鵬，反而可能因堅決主張強硬措施鎮壓學生民主運動，必須下臺。果真如此，中共的政局勢將不同於今日，始終無法推動政治體制的改革，學生也不必遭受六四血腥屠殺惡運。

06 北京戒嚴令下——學生堅持不撤出天安門

據香港媒體《新晚報》報導，鄧小平在與蘇共領袖戈巴契夫會談後，於五月十五日或十七日祕密南下，目的地保密，可能已先到了湖北。另據香港《快報》新聞：以鄧小平及李鵬為首的強硬派在爭取到成都軍區和武漢軍區的支持後，才決定向趙紫陽為首的溫和派及學生運動全面展開反擊。

從這兩則消息分析，鄧小平此行南下，就在聯繫說服各大軍區領導，支持他罷黜趙紫陽和鎮壓學運。這正如一九七一年八月，毛澤東決定鬥爭林彪時，離京南下武漢，和長江沿岸各大城市，沿路逼迫地方諸侯表態，支持鬥爭林彪。林彪被逼得走頭無路，只得攜妻兒逃亡，墜機外蒙，含冤而死。

所以，趙紫陽在五月十九日清晨探視絕食學生，表達同情慰問之意，未能平息學運後，鄧小平抓住時機，迅速罷黜趙紫陽，當晚就由李鵬、楊尚昆在電視上發表強硬談話，透露即將戒嚴和鎮壓的信息。

另從北京市委書記李錫銘十九日《有關學潮的通報》的內容，可窺見中共對學運之恐懼，證明中共認為學運已危及中共政權的鞏固，和威脅到鄧小平等中央領導人的地位，等不及「秋後算帳」，決心提前鎮壓學生民主運動。從李錫銘的《通報》重點，讀者也可重溫學運發展過程：

> 我們清楚覺察到，學校內外的確有極少數人在那裡積極活動，試圖藉『五四』七十週年、國慶四十週年、法國大革命二百週年的時機，煽起學潮，挑起事端。
>
> 三月初在北大、清華等高校相繼發現了一

些沒有署名的大小字報，明目張膽地攻擊黨的領導、攻擊社會主義制度。例如，有人寫了所謂《討鄧檄文》，公開叫囂要『取消黨派，解除四項原則』，『憤起討賊』，把矛頭直指鄧小平同志。另一份題為《為中國人悲哀》的小字報，認為現在的政府是『獨裁專制』，號召大家『為自由而戰』。還有一份題為《時代的召喚》的大字報，提出了『社會主義還沒有存在的合理性』和『用什麼樣的哲學體系去取代馬列主義』的問題。在北大三角地，還貼出來一張所謂《致廣大青年學生的一封信》，鼓吹在方勵之領導下為『民主、自由、人權』而戰。在社會上，一些帶有領導政治色彩的『沙龍』也相繼出現，頻繁集會，十分活躍。方勵之稱讚這些集會『對當局採取完全抵制、徹底批判的態度』，『火藥味很濃』，並且預言『這種會連續開三次就要上街了』。四月十五日耀邦同志逝世，這些人認為時機已到，決心大鬧一番。

在極少數人的挑動下，上萬學生走上街頭，到天安門廣場靜坐。四月十八、十九日深夜，接連發生兩次建國以來所未有的衝擊中央國務院所在地新華門事件。衝擊過程中，現場有人呼喊：『打倒共產黨』的口號，學校裡有人打出『火燒中南海』的橫幅。隨後，就傳出了所謂『四二〇慘案』的謠言，四月二十二日胡耀邦同志追悼會的前夜，數萬學生占領了天安門廣場。追悼會當天，又傳出了李鵬同志先同意後拒絕接見學生的謠言，激起了青年學生的強烈不滿。會後，就有人提出了『通電全國，統一罷課』的口號，造成了六萬高校學生罷課的局面。同時，也開始了『五四大鬧』的串連活動。

耀邦同志追悼會結束後……學潮不但沒有平息，反而向著更加激化的方向發展。它的特點，一是學潮出現了向社會擴散的趨勢，四月二十三日，有的大字報提出：『我們不只是要罷課；我們要高唱凱旋歌，以實際行動聯合工人，打倒暴政』……有的中學出現了『反對中國共產黨』的標語。

僅四月二十五日這一天，就有二十二所高校的部份學生搞了一百五十起這類活動（指：上街演講，散發傳單，募捐，集會等）。

四月十九日，北大學生曾公開宣布廢除經選舉產生的學生會和研究生會，成立『新學生組織籌備委員會』。四月二十日，非法選舉產生了『團結學生會籌委會』……十幾所院校發生了搶占辦公室，搶占廣播站的事件。四月二十二日晚，二十一所院校的學生串連，在圓明園開會成立了『高校臨時委員會』，後來改名為『北京市高等院校學生自治聯合會』（北高聯），成為這次學潮的指揮中心。學潮向著統一綱領、統一口號、統一行動的方向發展。

極少數人提出『南下北上』的口號，發動全國性的大串連。南京、武漢、西安、長沙、哈爾濱、上海等地的高校都發現從北京去的學生；天津、河北、安徽、上海等地的學生也到北京去參加遊行。

學校內煽動性、攻擊性的大小字報也不斷升級。有的發表了《所有制宣言》，號召『讓我們早日敲響公有制的喪鐘，去迎接共和國新的明天』。有的發出了推翻現政權的信號，提出『最近目標則是要讓瀆職的李鵬辭職』。

許多大小字報和標語、輓聯等根本不是悼念耀邦同志，而是借悼念之名，惡毒攻擊共產黨的領導和社會主義制度。四月十五日耀邦同志逝世的當天，北京大學就出現了一張題為〈贊耀邦──並致另一些人〉的大字報，說中央批評耀邦同志的錯誤是『罵別人淫蕩只因為自己陽萎』。清華大學等院校出現『李鵬辭職』、『撤換無能政府，推翻專制君主』等標語。四月十六日，人民大學出現〈哭耀邦〉的大字報，用謾罵的語句，對小平、紫陽、李鵬、尚昆、萬里、先念、王震等幾位中央領導同志指名道姓地進行了逐個攻擊……四月十七日，中央民族學院貼出題為〈快訊〉的大字報，聲稱『北大、清華等二十多所在京院校均掀起了反三人（指鄧小平、趙紫陽、李鵬）的浪潮，以悼念胡耀邦。』

四月十八日，北京航空航天大學出現《告全體同胞書》，要求『取消共產黨，實行多黨制』……還有的提出要『邀請國民黨回大陸建立兩黨政治』。許多大小字報用不堪入耳的下流語言咒罵小平同志，要求『打倒鄧小平，結束老人政治』。

由於盛傳中央領導同志對學潮有兩種認識，兩種評價和兩種處理方式，輿論導向也發生了明顯變化，出現了與四月二十六日社論迥然不同的基調……少數唯恐天下不亂的人看到有機可乘，重新活躍起來，時局驟然逆轉。已經回落的學潮又轉向激昂，新的攻擊性大小字報不斷增加，同政府對話的要求也越來越高。

在（五月）十三日上午接到中辦、國辦關於準備對話的通知幾小時後，就急急忙忙地拋出早就準備好的〈絕食宣言〉，把一些所謂自願絕食的學生推上了第一線……隨後，絕食的隊伍日益擴大，最多時據稱達到三千多人，圍觀的群眾極多。截至十九日，累計有三千五百人次的學生因絕食暈倒，被送往醫院急救，其中二千五百多人次留院治療。

從十五日開始，上街遊行的人越來越多，從幾萬，十幾萬發展到近百萬，參加遊行的不僅是大學生，還有工人、農民、機關幹部、民主黨派工作人員，以至中小學生和幼兒園的娃娃，一些司法專政機關的幹警，個別軍事院校的幹部和戰士。外地也有兩萬多人專程趕來北京聲援絕食。

極少數人更加肆無忌憚，重新提出各種攻擊咒罵共產黨和社會主義的政治口號，把攻擊的矛頭集中指向鄧小平同志，有的甚至要求『鄧小平下臺』、『強烈要求鄧小平退黨』、『不要中國特色的攝政王』、『反對寡頭政治，結束老人政治』；有的橫幅寫著『鄧小平狠心，趙紫陽滑頭』、『李鵬下臺，謝國安民』。

原非法組織『人權同盟』負責人，曾被我勞教過四年的任畹町，從這次學運一開始就積極插手，多次到天安門廣場和一些高等院校發表演講。

> 被我們宣布為非法的『中國民主聯盟』（民聯）成員胡平、陳軍等人，聯名於四月二十二日從美國紐約發出了《致中國大學生公開信》，不僅對學潮表示聲援，而且為學生出謀劃策……『中國民主聯盟』的兩個頭頭王炳章和湯光中也急急忙忙從紐約飛往東京，企圖闖關回北京，直接插手運動。
>
> 一些主張在中國實行西方民主制度的海外華人和知識份子推舉方勵之領銜，於四月十七日從哥倫比亞大學發回了《敦促中國大陸民主政治宣言》，鼓吹『中國是全體人民的中國，絕不是一黨一派的中國』，『根本的問題在於人民必須擁有對執政黨的選擇權』。
>
> 一撮身居美國持不同政見的中國人，於今年四月成立了『中國民主黨』……向北京一些大學發出了〈告全國同胞書〉，煽動學生藉悼念胡耀邦同志行動起來，促使中共結束其專制統治。
>
> 這次學潮時間之長，聲勢之大、牽動社會面之廣、影響危禍之烈，超過了以往任何一次。四次衝擊新華門，多次占領天安門廣場，這種情況就是十年內亂時期也沒有過。上千人連續七天在天安門廣場絕食，這也是建國以來歷次學潮沒有出現過的現象……由絕食引起的連續數天的數十萬、上百萬人遊行，甚至超過了文革紅衛兵大串連的時代。
>
> 尤其嚴重的是，這次學潮不僅破壞了首都的政治、經濟、社會秩序，而且也影響和破壞了全國安定團結的政治局面。全國近幾天有二十多個大中城市，有人上街遊行，少則數千人，多則上萬人。上海、太原等地也發生了絕食請願……這次學潮很有可能發展成為一場全國性的動亂，造成一發而不可收拾的形勢，把一個很有希望的中國，變成一個混亂不堪的，沒有希望的中國。在這樣重要的關頭……我們決心在黨中央和國務院的直接領導下，採取果斷又審慎的步驟，儘快地把這場學潮平息下去。

李錫銘〈通報〉除誇大學運對中共政經社會的衝擊外，更刻意將學運與海外陸生和知識份子組成的異議組織掛鉤，甚至還把臺灣國民政府牽扯進去（上文未摘錄這一段相關談話），其目的就在製造學生民主運動不單純，背後有境外政治勢力介入，以醜化學生民運，有利鎮壓。

五月二十日，由國務院總理李鵬簽署發布了《關於北京市部分地區實行戒嚴的命令》：「鑒於北京市已經發生了嚴重的動亂，破壞了社會安定，破壞了人民的正常生活和社會秩序，為了堅決制止動亂……國務院決定：自一九八九年五月二十日十時起在北京市部分地區實行戒嚴，由北京市人民政府組織實施，並根據實際需要採取具體戒嚴措施。」

這是北京四十年來首次戒嚴。北京市府隨即在八個區（東城、西城、崇文、宣武、景山、海淀、豐臺、朝陽）實施戒嚴，並延伸至外國使館和外僑居住地區。同時全面封鎖新聞，禁止任何人，以及電視、廣播都不得向外發布消息。各國駐北京的記者，亦被通知取消採訪新聞權，禁止境外電視臺記者使用通訊衛星轉播北京實況，不准外國人介入違反中國戒嚴令的活動。

自五月十三日學生絕食起，北京各報都因支持學生，每日均大幅的刊登學運消息。像《人民日報》就曾以完整的一版，並以本報記者集體採訪名義，作全程的報導。中央電視臺也以較多的時間和畫面，予以播報。但到五月十九日，各新聞媒體，不論通訊社、報社、廣播電臺，或電視臺，都被軍隊進駐軍管，記者們也被通知不得上街採訪，新聞報導尺度受到嚴格管制。

但是，有些媒體和記者不甘向權力妥協低頭，而改以其他形式表達不滿。如《人民日報》特別開闢了一個專欄，題目為〈北京戒嚴第X日〉，以旁喻方式，報導學運。六四當天的題目則是〈北京這一夜〉，暗諷中共血腥鎮壓學運；中央電視臺新聞主播，則採取不看鏡頭，低頭唸稿，語音單調含混等消極態度，播報新聞。

在戒嚴令頒布前，有五架軍用直升機成一排沿長安街，從東飛抵廣場上空，繞行一圈後，朝西飛去。不久，又自西返回，反向繞飛廣場，如是來回多次，低空偵察學生與群眾分佈情況。因此，當直升機每次飛經廣場時，群眾高舉雙手，緊握拳頭，揮舞抗議。直升機飛走後不久，上午十時，廣場的播音機即播報了戒嚴令。同時，來自瀋陽、濟南等軍區十萬軍隊，已把北京城團團圍住。並有數萬軍人搭乘軍車，在裝甲和坦克車的配合下，開進北京市。超過百萬的民眾，不顧戒嚴令，湧上北京市各個街頭，成功的阻擋部分軍車載運的部隊入城。

在西郊一處交通圓環，五百多民眾圍住了十五輛軍車，每車有十餘名士兵（二十七軍）。經過市民抗議和勸說後，軍隊大概瞭解無法強行通過，調頭離去。東郊至少也有十輛軍車撤離，採訪的記者發現這十輛車中有二輛是導彈車，每車搭載兩枚「地對空」導彈；兩輛為高壓噴水炮車；其他車上分裝載著部隊和武器。在北郊，五十多輛從內蒙古開來的軍車和部隊（四十二軍），被攔阻下來。

群眾勸說：「你們是人民的兒子，學生也是人民的兒子，他們絕食請願是愛國民主運動，你們不要向學生開槍呀！」有學生爬上軍車，用粉筆寫上標語，如「支持紫陽」、「鎮壓學生有罪」、「政『腐』良心，被狗吃了」、「小平你又錯了」。群眾則高喊：「學生無罪」、「保護學生」、「人民的軍隊愛人民」等口號。

許多部隊以為來北京是參加演習，或是拍電影。但是，自城西六里橋和豐臺駛入的軍隊，則向阻攔的群眾發射催淚彈，武警並毆打群眾，至少四十人受傷。中午時，已有兩百五十輛軍車駛達西長安街的軍事博物館附近。群眾開來數輛油灌車，橫阻在「軍博」前，聲稱如軍車再前進，就引爆油灌車。一位老太太躺在車隊前，說軍車要過，先要從我身上開過去。群眾紛紛響應，躺在路上，拒絕讓道。

大約有六到七千名解放軍利用二十一日星期天凌晨，乘坐地鐵進入市中心地區，沿地下鐵的隧道進駐天安門廣場的歷史博物館、人民大會堂、和紫禁城。在北京火車站，有三列滿載解放軍的火車抵達。

共軍戒嚴指揮部發布《告北京市民書》，否認部隊執行戒嚴任務是「對付愛國學生」，而是為維護北京治安，並聲稱已在部隊中開展「熱愛首都，熱愛首都人民，熱愛青年學生」的教育。

儘管中共發布了戒嚴令，也特別通知外籍記者，不得上街採訪攝影，但幾乎沒有人理會這項禁令。正因此，這件震驚中外的歷史事件，得以繼續傳播全球。據「德通社」記者包爾回憶：「由於未實施新聞檢查，記者們的文稿乃得以順利的發回本國。」

「北京高校學生對話團」也發表《告全國人民書》，表示：

「時局發展至今，完全是中央領導人錯誤決策的結果。」「對可能引起的種種惡劣後果，中共中央國務院的最高決策人應負全部責任。」學生建議「人大」立即罷免李鵬、楊尚昆二人「在政府裡的一切職務」；中共中央罷免李、楊二人「黨內職務，並將其開除出黨」；最高檢察院應對二人提起公訴。

「鄧小平作為中央軍委主席，把個人凌駕於國家和黨之上」，根本違反了「黨的最高領導機關是黨的全國代表大會和它所產生的中央委員會」的規定，他「大搞封建統治，一人獨裁專制」，違反了黨章「不允許任何領導人實行個人專斷和把個人凌駕於組織之上」的規定。他對學生絕食請願，「策劃了軍隊武裝鎮壓的反人民、反革命計劃」，觸犯了刑法「保護公民的人身權利、民主權利和其他權利，不受任何人、任何機關非法侵犯」的規定，建議中共中央「罷免其黨內一切職務，將其開除出黨」，並請求最高檢察院提起公訴。

學生最後呼籲「一個由中國知識界和工人及市民各個階層聯合在民主基礎上產生的自治組織的誕生，這樣的組織是完全符合憲法的，是根本代表人民意願的，它將對政府和執政黨派起到有效的監督和抑制作用，只有這樣，我們的學生爭取民主的鬥爭才可以說是達到了目的。」

二十日下午，中共用軍用直升機在擠滿人群的天安門廣場上空，投撒李鵬講話全文的傳單。晚上，北京市府發言人在電視中宣稱，軍隊正開進城，以恢復社會秩序，呼籲市民協助軍隊。這一宣告，反而刺激北京市民傾巢而出，各十字路口都被大客車、垃圾桶、攤販車、手推車、欄柵和各式各樣的器械雜物，甚至嬰兒車所塞滿，以阻擋軍車通過。

早在五月上旬，趙紫陽就試圖阻止中共企圖使用武力來解決學生運動。依照中共憲法第六十七條，人大常委會具有決定直轄市是否需要實施戒嚴的權力。因此，趙紫陽與人大委員長萬里、副委員長彭沖主張應召開人大會議審議戒嚴的合法性。五月十日，萬里不顧李鵬的反對，先行召開了人大委員長會議，決議六月二十日舉行「全國人大常委會」第八次會議，聽取國務院彙報關於學生示威遊行和罷課等問題。李鵬認為趙紫陽和萬里等人企圖利用「全國人民代表大會」，否定中國共產黨領導高層的決定，要求取消這項人大會議議程，但被趙紫陽拒絕。因此，鄧小平和李鵬等保守派的擔憂武力鎮壓的決定有變，促使鄧小平決心在六月二十日以前，必須解決學生問題。

五月中旬，萬里訪問北美，趙紫陽希望萬里提前返京召開人大常委會，但遭到中央辦公廳主任溫家寶藉故未轉知萬里。而萬里在加拿大和美國均表示：「要堅決地保護廣大青年的愛國熱情」。

五月十八日晚上到十九日凌晨，中央政治局常委會集會，討論如何處理學生運動，李鵬仍堅持要鎮壓，趙紫陽則堅持反對。最後決定表決，趙紫陽以一票對四票落敗。但因仍有爭議，舉行第二次表決，喬石棄權，胡啟立轉而支持趙紫陽，形成平手。趙紫陽、李鵬為示團結，乃有十九日清晨，二人連袂到天安門廣場探視學生之舉。當天，鄧小平決心對學運採取強硬措施，趙紫陽所代表的溫和派徹底失敗。

五月二十五日萬里返抵上海虹橋機場，準備加油後飛回北京時，接獲上海市委書記江澤民轉交的「鄧小平親筆信」後，被迫留在上海「養病」，破滅了趙紫陽試圖阻止戒嚴和武力鎮壓學生的努力。萬里後來改變立場，表態支持戒嚴後，才於五月三十一日回到北京。

楊尚昆以軍委副主席身分，於五月二十四日在軍委緊急擴大會議上，向軍隊高層幹部講話，強烈批判趙紫陽在學運期間所犯錯誤之嚴重性，和罷黜經過。楊尚昆講話重點如下：

大街上（學生）宣傳口號幾次變化，耀邦同志逝世時的口號是要為耀邦同志平反，接著就是『打倒共產黨』、『打倒官僚政府』、『打倒腐敗政府』。

四月二十六日人民日報發表《必須旗幟鮮明地反對動亂》的社論以後，學生把口號改了，不講……『擁護中國共產黨』、『擁護四項基本原則』。五月四日以後，突然我們有的同志說，這次運動是愛國的、是合理的，這一下子又掀起了一個高潮。之後，又發展到絕食。

他們越鬧越大，鬧到北京失去控制。……我們每退一步，他們就進一步。目前集中一個口號，就是『打倒李鵬』……目的就是要推翻共產黨、推翻現政府。

一個結論：這件事發生在學生裡頭，但根子是在黨內。就是說政治局常委有兩個聲音，兩個不同的聲音，按照（李）先念同志的說法，就是有兩個司令部。

二十六日的社論精神是堅決反對動亂，這是經過常委討論決定的。（趙紫陽當時在朝鮮）回了電報，是同意的，完全擁護的。但是四月二十九日他回國，首先就提出來，這個社論定的調子太高了，定性是不正確的……他認為這是愛國的學生運動，他根本不承認這是動亂。

鄧主席就講，這次學生鬧事經過幾次反覆，兩種聲音出現，就是指的趙紫陽同志的這篇講話（指趙紫陽接見亞行理事會的講話，說學生運動是愛國行動），這是一個轉折點。把中央常委的不同看法，統統暴露在學生面前，學生更起勁了。所以就曾經出現『擁護趙紫陽』、『打倒鄧小平』、『打倒李鵬』（口號）。

在小平同志來開會的時候，他也堅持了他的意見，說他想不通，在學生運動性質這個問題上，不能同小平同志的說法和常委其他幾位同志的說法保持一致。因此，他就提出要辭職，說他幹不下去了。後來我勸他，這個問題大得很，如果把性質變了，我們就都垮了。

學生覺得黨中央有一個人支持他們，因此越鬧越厲害，要求開緊急人大常委會，開緊急全國人民代表大會，目的就是要……否定四月二十六日社論，（要）照他們的說法，學生運動是一個自發的愛國民主運動。

先念、陳雲同志都從外地趕回北京，要求無論如何要開會，要確定一個方針，究竟怎麼辦……彭真、王震、鄧大姐（穎超）還有我們兩位老帥，都很關心這個局勢。究竟是退，還是不退？退，就是承認他們那些；不退，就是堅定不移貫徹我們四月二十六日社論的方針……小平、陳雲、鄧大姐、王老都覺得無路可退，退就是我們垮臺，中華人民共和國倒臺，就是要復辟資本主義。

陳雲同志講了一句非常重要的話，說這就是要把幾十年戰爭所奪得的人民共和國，成千上萬的革命烈士的鮮血換來的成果，統統毀於一旦，就等於否定中國共產黨。

在五月十九日上午，紫陽同志到天安門廣場看望絕食的人，你們看他講了些甚麼話？稍稍有腦子的人，都覺得他講得沒有道理……當天晚上召開北京市黨、政、軍幹部大會，本來安排他要出席的，但一到開會的時候，他突然不去，這樣一個重要會議，總書記不參加，人家馬上看出了問題。

這個時候，軍隊就開始向北京開進了。原定是二十一日零時宣布戒嚴的，因為這個形勢不戒嚴不行了，所以就提出二十日戒嚴……我講軍隊是奉命來到北京，是維護治安，決不是對付學生的，你們不信，以後可以看。

（鄧小平）四月二十五日的講話，說現在黨

內有不同的聲音，就拿趙來說，在反對資產階級自由化上和胡耀邦是一致的，如果把反對資產階級自由化的工作進行到底，也就不會出現現在這種情況。特別是反精神污染，只進行了二十天就丟了。這次事件和反對自由化不徹底有關，和不搞反對精神污染有關。所以說，紫陽同志說的話與胡耀邦同志不反對自由化，性質是一樣的。

中央考慮來考慮去，勢必要換領導，因為他不能執行中央的指示……在黨內政治局大多數不同意他的意見，常委裡只有他一票。趙紫陽要辭職，傳到外面去了，現在外面就放出空氣，說是七老八十的人，怎麼能解決問題啊！

這幾位老同志在黨內威望最高，歷史最長，而且對黨對國家有重大貢獻……在黨和國家這樣緊急關頭，他們怎麼不能出來說話？他們不能眼睜睜地看著國家處於危亡狀態。

趙紫陽對戈爾巴喬夫講鄧小平同志的歷史地位……說所有重大問題都是小平同志決定的。稍有頭腦的同志都覺得這是一篇推卸責任的話，把小平同志擺在前面，說明一切錯都是從他那裡得來的。

我把這個消息通報給你們，黨的最高領導機構一旦有人事變動，免得大家感到突然。紫陽同志做這些工作，老實講，我們給他貼了不少金。這幾年的成績，根本上就是由小平同志提出，經政治局集體決定的，他只是執行。

楊尚昆的講話，完全回到文革時期，中共高層鬥爭用語，凡是政治上出了重大問題，必然找一個代罪羔羊。胡耀邦如此，趙紫陽亦復如此。在一人獨裁專制下，鄧小平永遠沒有錯，錯的全是趙紫陽。

五月二十日因戒嚴令的發布，和軍隊的介入，這天是學運以來北京最緊張的一日，北京地區的工廠已有不少工人，甚至包括機關幹部和知識界，都自動自發地到達天安門廣場支持學生。儘管中共宣布，群眾必須在上午十時以前離開廣場，並切斷電視現場直播，但廣場群眾反越聚越多，大家都高喊：「李鵬下臺」。

五月二十一日中午，「北高聯」（即「高自聯」，以利與「外高聯」區別）發表《緊急倡議》，要點為：請中共立即召開包括政治局常委和人大常委在內的特別會議，免除李鵬的總理行政權和中央工作的主持權，推出以趙紫陽、萬里為核心的臨時執行委員會主持日常工作，一旦臨時執委會進行正常的職能，學生與市民的民主請願運動即告一段落；在六月中旬召開全國人大特別會議，以民主選舉產生新的國家領導人，並制定和完善現有的憲法和法律制度，真正實現和保障鏟除腐敗，保障人權、新聞自由。

吾爾開希在二十一日凌晨三時，透過廣播向同學表示：「民主運動已經失敗」，建議在目前階段應該結束靜坐，撤離廣場，轉往使館區。但遭到大多數學生反對，並發生激辯。吾爾開希體力不支倒下，送醫救治。稍後，「北高聯」開會，罷免吾爾開希主席職務。

王丹則在下午六時，領導在天安門廣場的學生、教師、市民約二十萬人，組成「敢死隊」，高舉右手宣誓：「頭可斷，血可流，自由民主不可丟。用我們的鮮血和生命，喚起共和國美好的明天。」先後宣讀兩次，聲音響徹雲霄。

晚上七時二十分，學生在廣場舉行記者會，再次發表《告全國人民書》，表示經過七天七夜的絕食，已對政府完全失望。自十九日晚上九時停止絕食，改為靜坐後，政府仍對我們不理不睬，反而採取軍事戒嚴和軍事管制。政府的錯誤決定，使國家陷入更嚴重的危機。緊急呼籲人大常委會派出代表和我們直接對話，共商解除戒嚴，撤離軍隊，和研究學生返校復課的問題。

從天安門廣場示威的學生一連串的動作，顯示學生已感覺到中共即將採取軍事鎮壓的強大威脅，雖有部分理智的同學覺得學運應及時退場，改變鬥爭形式。但顯然在龐大的北京市民、工人，乃至中共幹部和知識份子的支持下，大多數學生不願向中共示弱，堅持不退。甚至有些學生以為群眾已阻止了部隊前進，誤認「戒嚴令」不過是個「紙老虎」，不足為懼。因而錯估形勢，錯失了第四次退場時機，致釀悲劇。

工人階級一向是馬列共產主義中的主角，工人在這次學運中站出來，公開表達支持學運，還成立「首都工人自治聯合會籌備委員會」，爭取成立「自治組織」，更是中共所不能容忍，自然遷怒到學運身上。而「工自聯」在二十一日又發表建立組織《綱領》，表達工人「建立獨立的自治組織，不應當受其它組織的控制」，和「強烈的參政議政的民主意願」，並具有「監督中國共產黨之功能」。

「工自聯」接著又發表《工人宣言》，強調「工人階級是最先進的階級」，「中華人民共和國由工人階級領導，我們有權趕走一切專制者」，「決不答應人民培養的學生受到摧殘」。「摧毀專制和獨裁，推進國家的民主化，是我們義不容辭的責任」。同時宣布成立「工人糾察隊」，與學生組織「緊密配合」，確保學生生命安全，和北京社會秩序的穩定。

北京「工自聯」的頻頻動作，等於華沙工會出現在中國，對北京學運不啻「火上加油」，怎不讓中共更感到芒刺在背。在這一天，還有北京著名知識份子包遵信、嚴家其、蘇曉康、王軍濤、沈大德、吳廷嘉、閔琦、陳小平、李德偉和謝小慶等十人發表《誓言》：「絕不背棄愛國學生的生命和熱血所開拓的爭取民主的事業……絕不向專制屈服，絕不向八〇年代中國的末代皇帝稱臣。」

在同一天，也有來自中共內部保護學生的聲音。全國人大副委員長周谷城等五十七名常委聯署致函人大常委會，提議立即在五月二十四至二十六日，召開非常緊急會議，研討當前嚴峻局勢，謀求解決危機的方法。

中共軍方七位老將：葉飛、張愛萍、蕭克、楊得志、陳再道、李聚奎、宋時輪等聯名致函鄧小平和「首都戒嚴指揮部」，要求「人民軍隊是屬於人民的軍隊，不能同人民對立，更不能殺死人民，絕對不能向人民開槍，絕對不能製造流血事件」，「軍隊不要入城」。

全國各大城市，包括上海、天津、武漢、長沙、西安和廈門等二十個市爆發大規模遊行示威，群眾高呼：「李鵬下臺」。

海外有三十六名著名華裔科學家和學者，包括陳省身、楊振寧、吳健雄、李遠哲、袁家騮等人致函鄧小平，懇請鄧小平立即撤離軍隊，避免流血。

外地學生不斷湧入北京聲援，已多達二十四萬人，他們分別來自全國一百七十三所高校，使廣場更形擁擠。廣場學生指揮中心不得已，呼籲外地同學不要繼續來北京。這些外地學生，因人數眾多（這時北京學生在廣場靜坐約只剩三、四萬人，並持續減少中），自行成立了「外高聯」指揮部。從表面上看，外地學生的到來，壯大了北京學運的聲勢，但卻分散了「北高聯」的領導權威。特別是「外高聯」的成立，常與「北高聯」抗衡，造成廣場學運無法統一指揮，行動難以一致，這是釀成最後遭受中共血腥鎮壓原因之一。

五月二十二日下午二時，北京東城建國門和西城復興門兩處，出現兩路知識份子組成的示威遊行隊伍。西城隊伍是由中共中央黨校、中新社、科技日報、中國青年雜誌社、中國婦女雜誌社、中央人民廣播電臺和國際廣播電臺等機構幹部、記者和編輯組成；東城隊伍主要由中國作家協會、人民日報、中國文化報、文藝報和社科院的學者、編輯、記者和作家組成。人數約近萬人，這些知識份子不顧戒嚴令禁止遊行規定，高舉旗幟與標語，浩浩蕩蕩，走向天安門廣場。沿途高呼：「捍衛憲法，罷免李鵬」、「嚴肅法紀，公審李鵬」、「制止李鵬製造動亂」、「失民心者失天下」等口號，路旁群眾紛紛報以熱烈掌聲。靜坐學生受到鼓舞，士氣大振。

李鵬在宣布戒嚴令後，已失去人民的信任。而且戒嚴令的各種禁制也沒人願意遵守，北京市民不惜激怒中共政權，也要保護學生。即使是外國電視記者，亦無視禁令，繼續在廣場上拍攝錄影。環顧四周也難見到公安警察身影。

北京一些學者和新聞工作者為打破中共新聞禁令，於二十二日創辦了一份《新聞快訊》，專門報導北京和全國各地民主運動的消息和言論。創刊首日社論題目為：〈保衛廣場、保衛首都、保衛共和國〉，堅決呼籲：取消戒嚴令，立即召開人大緊急會議，捍衛憲法，反對動亂，打倒李鵬。

北京知識界知名人士嚴家其、蘇紹智、于浩成、李洪林、王若水、劉再復、包遵信、龐樸、李陀等人今日集會，強烈譴責李鵬政府悍然調遣武裝部隊，企圖鎮壓學生民主運動的作法。這批知識份子並在北京散發《告首都人民十萬緊急呼籲書》，號召全市人民在二十三日下午，舉行千萬人大遊行，要求取消戒嚴令，李鵬、楊尚昆辭職，罷免陳希同。並勸導共軍「雙手不要沾滿人民的鮮血」。如「軍政府」不惜血腥鎮壓，全民應「堅決反抗暴政，將軍政府執政集團埋葬在十億人民反抗鬥爭的汪洋大海之中」。

自吾爾開希被罷免「北高聯」主席職務後，廣場上的領導更形混亂。於是學生在五月二十三日凌晨，經過投票成立「廣場臨時統一指揮部」（次日取消「臨時」二字），取代「北高聯」的領導權，指揮學生運動。當選的總指揮為柴玲（原絕食請願團總指揮），下設委員六人，分別為秘書長郭海峰、後勤王丹、張得立、李祿（南京大學學生）、王超華（女，社科院研究生）、阮頌德，另由楊朝輝擔任糾察總隊長。

「統一指揮部」成立後，柴玲領導學生宣讀誓言，並公布今後兩日的行動是：「堅持靜坐、反對戒嚴、不達目的誓不罷休」。要求中共召開人大常委緊急會議，罷免李鵬，並派可代表中央的領導人與學生對話。

王丹宣讀〈光明與黑暗的最後決戰〉（王丹回憶為「決鬥」二字）宣言。這篇宣言，據《八九中國民運紀實》一書報導，係嚴家其、包遵信等學者發起「首都各界聯席會議」所提出對時局的聲明。宣言中值得重視的是把此次學運比喻為「革命」，它說：「中國歷史上的革命，自來都是為求溫飽，為求最低的生存條件……但是，現在，中國人民可以驕傲地宣告，舊中國徹底地過去了，我們的這次鬥爭，是為了民主，為了人權。她不但超過了中國歷史上任何一次革命，這也是五四和四五運動所不可比擬的。」「這是一次人民的革命，它不訴諸恐怖，也不會讓實行恐怖者得逞。」

但是柴玲卻喪失了信心，她說：靜坐學生的熱情已開始維持不下，希望工人組織能夠直接領導這場運動。如果工人不能站出來，她不排除學生可能會決定撤離廣場，現在學生要求提早召開人大會議，便是希望可找到下臺階撤退。然而，工人組織除了聲援外，並無條件領導學運。柴玲一向持較激進立場，她不可能說服其他激進學生退場，中共更無意在此時召開人大會議。因此，情勢僵持，持續惡化下去。

在天安門廣場的學生組織在二十二日聯署致函鄧小平，請鄧小平瞭解「戒嚴令發布已有一天多了，北京仍然示威遊行不斷，部隊也根本開不進城裡」。為了儘快結束混亂，避免與軍隊發生衝突，爆發動亂，請鄧小平「迫使某些深不得人心的領導人下臺」，重建「一個廉潔奉公，順應民心的、真正全心全意地為人民服務的政府」。希望「在非暴力的情況下，將中國的民主化進程向前推進一大步，在您的晚年能夠再次為中華民族做一件大好事」。

開抵北京近郊的軍隊越來越多，攜帶的武器裝備也越趨重型。估計從北京、瀋陽、濟南軍區調來的兵力，已達五個軍之多。受阻的部隊停留在北面的亮馬橋，東面的呼家樓，南面的六里橋、豐臺和盧溝橋，西面的八里庄、石景山鼓城和八角西街。在豐臺區出現的軍隊最多，各主要道路均有軍用卡車被群眾攔阻。被攔截的車隊最長的多達一百二十三輛。部分道路的軍車想強行通過，都未能成功。有一支部隊，乘坐火車進入北京火車站，多是一些稚氣未脫的年輕軍人。

但是到了二十二日晚上，被阻在豐臺的共軍，不理會勸阻，開始強勢前進，與學生和市民爆發流血衝突。北京街頭也突然冒出許多便衣軍人，打著「市民義勇軍」名號，態度粗暴，隨意攔檢車輛，或強制搭乘。共軍大量的增加，造成北京市面謠言滿天飛，人心極度不安。

出人意料的是到二十三日上午，北京四郊的戒嚴部隊開始撤離。有軍官向民眾喊話說，部隊將返回原駐地，保證部隊不會進入天安門廣場，請市民回去。這顯然是共軍欺「敵」謀略，部隊只是後退隱匿起來，以鬆懈學生和群眾的心防與警覺。

五月二十三日下午，在北京知識界的號召下，約有一百萬（有人估計為二百萬人）各界人士走上街頭遊行示威。參加遊行的隊伍有北京和外地來京的高校師生，還有新聞、文化、影藝、科技、工業界人士，和機關幹部。遊行隊伍的口號，幾乎一致，圍繞「撤出軍隊，取消戒嚴令」、「打倒李鵬」、「李鵬不下臺，我們天天來」（後被人改為「李鵬不槍斃，我們不順氣」）等。並獲得全國響應，各大城市均出現大規模遊行示威。

就在百萬人大遊行時，約下午三時，有三位來自湖南的聲援者：瀏陽日報美術編輯俞東岳（男、二十二歲）、瀏陽官渡中學教師裕鳴飛（男、二十六歲）、瀏陽湘運工人魯德成（男、二十六歲）。他們三人將顏料灌入雞蛋空殼內，在天安門前，向城樓上掛的毛澤東像投擲，污穢了畫像。中共迅速用一塊綠色油布覆蓋在毛像上，並逮捕三人。

北京盛傳一則笑話：被囚在秦城監獄的毛婆江青，堅持每日閱報。江青看到〈四二六社論〉後，心情大好，面露喜色。獄卒問何事，江青微笑不答。李鵬發表〈五一九講話〉後，江青終於按捺不住，咆哮說：「這樣的文章，一定是姚文元寫的，他能夠放出去，為李鵬寫東西，我為什麼還關在這裡。」

「廣場統一指揮部」和「各高校代表聯席會議」的領導群學生綜合官方媒體透露的信息，認為共軍一定會開進北京，且很快會成為事實。

但不能確定軍隊會否武力鎮壓學生，因此對是否撤出廣場，以及是否繼續舉行大示威遊行，始終猶豫不決，舉棋不定。五月二十六日，學生又宣布成立「保衛天安門廣場指揮部」，取代「統一指揮部」，由柴玲擔任總指揮。學生決定繼續堅守廣場，把愛國民主運動推向新的高度和新的高潮，而且將會採取更為激烈的手段去達到目的。事實上，經過月餘的運動，學生疲態畢露，已有不少學生開始自行離開廣場。其他堅持留在廣場的學生，也只剩一萬人上下，勉強支撐局面。

民運學生對是否退場，不但舉棋不定，而且是反覆無常。廣場各學生組織之間，缺乏互信，無法形成一致決定。「廣指部」二十六日才決定堅守廣場，持續靜坐。「北高聯」就在當天宣布，要在二十七日舉行北京市全市大遊行，然後結束靜坐，撤離天安門廣場。他們還號召世界各地炎黃子孫發起「全球華人大遊行」（獲得臺北、香港、澳門、澳洲、歐洲、美加等地呼應，分別舉辦了遊行聲援，總人數達到約二百萬）。二十七日上午，約有八萬名學生響應「北高聯」倡議，進行了環北京市遊行。但是「外高聯」的外地學生則不準備結束十五天的靜坐，堅持抗爭下去。事實上，許多外來學生都表示：「已經太累了，應該是回家的時候了」。

學生運動實際已是後繼乏力。學生組織號召二十八日再次舉行大示威遊行，當日走上街頭的大約只有二萬人，其中許多是外地學生。從呼喊的口號聲中，已不如過去的雄壯威武。即使北京市民的關心程度，過去那種高昂情緒，亦不復見。

「聯席會議」和「廣場統一指揮部」再次討論撤離廣場事宜，決定由柴玲、王丹、吾爾開希和「聯席會議」成員共同召開中外記者會。由王丹代表廣場上十個學生組織發言，建議全北京市民在五月三十日前來廣場集會，慶祝愛國民主運動的「偉大勝利」，會後再次舉行全市大遊行，然後結束靜坐，撤出廣場，學生回校復課。並把四月二十七日訂為公眾節日。「聯席會議」也在今天發表一份對時局的聲明，把學運劃分為兩階段，即「四月學潮」（又稱「學運」），和「五月民主運動」（稱為「民運」）。這種區分，確能說明學運的過程。

但是只隔了一夜，二十八日「廣場統一指揮部」常委會議就否決了王丹、柴玲等的建議，不同意退場。「北高聯」與「外高聯」的學生代表，以多數決通過，將撤離廣場時間，推遲至六月二十日人大八次會議召開時。柴玲不服，一度表示要辭「廣指部」總指揮職務。後來，她又改變態度，宣布繼續堅守廣場。

廣場指揮組織頗為紊亂，原有「廣場統一指揮部」，柴玲表示要辭職後，其任副總指揮的丈夫封從德和另一副總指揮李祿即宣布成立「廣場營地聯席會議」，作是廣場學運最高決策機構，並稱不論情勢如何演變，只要對話未達到學生的要求，他們仍會堅守廣場，進行新的更大規模的抗爭行動。因此王丹前宣布三十日舉行的「全市勝利大遊行」，無疾而終。這時廣場上的學生超過九成是來自外地，相對北京高校的學生人數很少。

五月三十日中午，一座象徵民主的塑像——「民主女神」，昂然豎立在廣場中間，雙眼正視天安門城樓毛澤東的畫像。這座塑像高八米（一說為十公尺），以石膏為底座，像身用塑膠泡沫珍珠岩塑造，雙手捧著火炬，向右高舉，頭髮向左後飄揚，面孔朝向前方，目光遠眺，雙唇緊抿，神情堅毅。服飾以希臘式長袍，垂到足踝。塑像由北京八所藝術院校師生共同創作，再由中央工藝美術學院雕塑系以三天三夜的時間雕塑完成，分成頭、身、腳三部分，運到廣場組合而成。

數以萬計的市民蜂擁而至，參加「民主女神」落成儀式，重新振奮了學生熱血，堅守廣場的聲音，壓過了退場的呼聲。一位參與製作的學生說：「她象徵民主、自由和希望。」

中共對「民主女神」豎立於廣場，正眼凝視著毛澤東大幅畫像，如同挑戰共產黨的權威。

因此批評學生此舉褻瀆了廣場，侮辱並踐踏「國家」尊嚴，要求學生立即停止活動，撤離塑像。這尊象徵民主自由的女神像，經國際媒體報導後，馳名全球。

這是學生再一次錯失退場時機，中共既然已將學運定性為「動亂」，在戒嚴前已從各大軍區調遣大部隊到達北京，並攜帶武器裝備，甚至寧願暴露中共中央陷於政爭不和內情，也要罷黜趙紫陽。從種種跡象顯示，鄧小平等強硬派，早有不惜流血，以武力「鎮壓」學生，平息「動亂」之決心。

一些接近中共中央的知名學者，實際上已認識到事態的嚴峻，因此一再呼籲中共不要武力鎮壓學生，並且不惜與中共對立，連續多日，組織多次由知識界發起的示威遊行，表達堅持支持學運的立場。他們這種與學生併肩作戰，爭取民主的精神，固然可感，卻沒能向學生領袖適時適切分析形勢，勸導學生退場，保存實力，今後仍有更多機會，繼續向中共爭取民主、人權。這些知識份子都經歷過文革洗禮，又多任職中共重要研究或智囊機構，對中共中央領導人，和那些退而不休，仍不時干政的元老級共產黨員，所承襲自毛澤東的殘酷鬥爭性，都有深刻瞭解，而未能向入世不深，思想單純，只知追求民主政治的學生說明，難免令人遺憾。

當然，仍有知名知識份子如：溫元凱，就勸導學生撤離天安門廣場，以免成為中共中央政治鬥爭的藉口，以及學運發展至不可收拾的地步；光明日報記者戴晴曾勸學生停止絕食行動，返回校園。可惜都未能成功。

此次學生的民運，是中共建政以來，前所未有的抗爭運動，震驚舉世，也震撼了中共當局，而且獲得全民的支持聲援，蓄積的能量，至為龐大，本應大有可為之處。卻因為學生領袖內部意見分歧，無法當機立斷，撤出廣場，以致錯失良機，未能保存實力。隨著中共的「六四」血腥鎮壓，不但犧牲了無數的民運學生，眾多的學運領袖不是被捕被關，就是流亡海外，中國民主運動從此一蹶不振，怎不令人可惜。

事實上，這時民運已陷入低潮，經常留在廣場靜坐的學生，已不超過一萬人，本地與外地學生都大量流失。為了打破沉寂氣氛，廣場出現了一個「全國各族人民、工人、社會各界知名人士聯合絕食請願團」，再次發起「絕食」抗爭活動，預定有一千人報名參加後，開始絕食。「絕食請願團」宣稱，行動發起人有國家各部委部分領導和工作人員等等，實際上是中共體制改革委員會的成員。這次絕食號召是雷大「無」雨，未曾實現。

中共中央經過多日的溝通，達成中央和國務院各機關、全國三十個省、市、自治區，和共軍三大總部暨七大軍區統一表態，「堅決擁護黨中央、國務院為制止動亂所作出一系列重大決策」。李鵬於五月二十九日，主持政治局常委會，討論戒嚴部隊驅逐廣場上的學生事宜。軍級以上幹部被召集宣誓效忠，並傳達指示：「不談應不應該鎮壓，只談執行不執行軍令」。

五月三十日凌晨，中共開始抓人。在戒嚴部隊開始駛入北京時，首先逮捕自發成立的「飛虎隊」（摩托車隊，以快速行動偵察共軍車隊移動的消息，迅速傳回廣場，提供群眾阻攔）的機車騎士十一人，和三名「廣場工人自治聯合會」常委（另有一人失蹤）。引起群情激憤，約有二千名工人、學生和市民包圍北京市公安局，要求澄清說明。雙方僵持七小時後，下午五時，傳說共軍準備鎮壓驅散包圍的人群。於是群眾決定遊行轉往天安門廣場的公安部，和國家安全部靜坐抗議，到晚上十時才散去。

五月三十一日，中共在北京郊區懷柔、順義等幾個縣組織了群眾集會和遊行，示威者約四千人，分作學生、工人和農民裝扮，呼喊「反對動亂」、「擁護戒嚴令」、「打倒方勵之」和「粉碎壞份子」等口號，並焚燒方勵之芻像。北京各機關和各觀光飯店，都出現了巨幅標語，表態支持鎮壓「動亂」。

鄧小平同日召見李鵬、姚依林指示：「我們

要改換領導層」，「希望大家能夠很好地以江澤民同志為核心，很好地團結。不要互相不服氣，自己消耗力量。」他又說：「等新的班子建立了威信，我堅決退出，不干擾你們的事。」鄧小平在告知李鵬，他決定由江澤民出任總書記，並警告不要不服後，才在六月一日接見江澤民，指示到北京任職。

六月一日，總書記人事確定後，鄧小平、楊尚昆隨即正式批准戒嚴指揮部提出的關於戒嚴部隊進入北京市區執行任務的「實施方案」。李鵬在當天的日記中寫道：「戒嚴指揮部將實施方案以命令形式下達北京、瀋陽、濟南軍區和空軍。」

這天凌晨四時許，廣場總指揮柴玲和副總指揮封從德夫婦二人所住帳篷，突然闖入四名學生模樣的人，用毛巾掩住二人口鼻，企圖強行擄走。二人奮力掙扎呼救，驚動了鄰近的同學，趕來營救，歹徒見事機敗露，匆匆逃走。柴玲說，她認識其中三人，均為外地來京學生，另一人事後調查非學生。事發後，四人均不知去向。而在早上，「外高聯」總指揮連勝德未經常委會同意，擅自發布撤離廣場通知。震驚了「外高聯」，立即召開緊急會議，罷免連勝德，由廣場「糾察總長」張健暫代總指揮，並撤銷了退場通知。

判斷外來學生企圖綁架柴玲夫婦，不外兩個可能：一是想脅迫柴玲下達撤出廣場命令；一是這幾位外地學生，根本就是中共滲入學運的內間，或是被中共收買，利用彼等綁架柴玲夫婦，造成廣場學生群龍無首，有利爾後的鎮壓和驅散行動。

香港《星島晚報》六月一日刊出柴玲在五月三十一日所寫文章說：「我認為政府將對所有加入學運的人士發動狂熱的報復，因為中國人有著強烈的復仇心態。」她提到學運領袖之間的矛盾情況時說：「大家的情緒都很容易激動，每一個人都脾氣大。緊急的消息隨時湧進來，學生領袖做決定時，所憑的只是他的感覺。」但對於是否撤出廣場？她說：「天安門現在是我們僅有的戰場，假若我們撤退，那僅使政府高興而已。」事實上，柴玲曾經主張撤出廣場，顯然受制於「廣場統一指揮部」的決議，只得堅持不撤。

自學生民主運動爆發以來，捐款源源不斷湧入，有來自大陸人民，更多的是海外捐助。由於缺乏有效管理和監督，在學運後期，頻頻傳出弊端。傳說有學生領袖拿捐款吃喝；管理財務同學挪用捐款購買金飾；最嚴重是六月二日，「廣場統一指揮部」秘書長趙世民被指控私吞一萬一千元人民幣，作為「逃亡費」。在這種情形下，學生領導階層不但威信不足，彼此之間也是互不信任，堅持不退，已毫無意義。

這些堅守不撤的學生，主要是來自北京以外地方的高校同學，他們認為在外地搞民主運動，不會引起中共中央的重視，並且徒勞無功。而北京是首都，中共中央和國務院所在地，在北京示威，爭民主、自由、人權，才能彰顯民運力量，同時他們更想要在中國民運史上留下輝煌的一頁。因此在絕大部分北京高校學生返校後，外地學生仍繼續在廣場靜坐，堅持高舉民主旗幟。此外，許多外地學生仍陸續前來往北京途中，聲援學運，如南京高校有八百三十名學生，在六月一日展開「千里長征」，步行北上增援天安門學運。

當初發動「四月學潮」的北京高校學生，經過近兩個月的示威，已是疲憊不堪，在中共發布戒嚴令後，意識到隨後來的將是武力鎮壓。所以吾爾開希、王丹，乃至包含柴玲等北京學生領袖都主張撤出廣場。

北京高校一些學生返校後，並未放棄民主運動，而是改變爭民主的方式。他們自行集資，創辦校園刊物，繼續傳播民主意識，和報導天安門民主運動進展情形。已出版的校園民刊，主要有北師大的《師大研究生報》和《饑餓報》等，許多學報則在籌辦中；北京大學學生仍以大字報，宣揚民主，吸引不少各校學生和市民前往閱讀和抄錄；中國人民大學則每日黃昏，對校外廣播，宣講民主。而社會上一些民運人士，也自行出版地下民刊，如《新聞報導》、《新聞快訊》等。

中共鎮壓學生民運的行動，正緊鑼密鼓的祕密進行。一位戒嚴部隊軍官崔維（上尉）回憶說：「（六月二日凌晨）我們集團軍萬餘名官兵奉命便裝進入人民大會堂」。李鵬也在這天的日記裡寫道：「戒嚴部隊在夜間避開了動亂者的監視，已通過人防地下通道，陸續進入人民大會堂和天安門午門之間的場地。」「截至二日凌晨三時，已有二萬五千人進入天安門廣場東側的人民大會堂、西側的公安部大院、北側天安門與守門之間。在南面，北京東站也有先期從沙河到達的三千兵力，已形成四面對天安門包圍之勢。」

六月二日下午四時，北京有四名高級知識份子，為了支持廣場學運，也顯然為再提振民運學生士氣，發起新絕食行動。這四人是：北京師範大學中文系講師劉曉波、北京四通集團綜合計劃部部長周舵（原北大社研所講師）、詞曲作家侯德健（原臺灣名作曲家）和《師大週報》前主編高新。又稱為「四君子」。他們發表《六‧二絕食宣言》說：「中國知識界必須結束幾千年遺傳下來的只動口不動手的軟骨症，以行動抗議軍管。」宣布自六月二日十六時起至六月五日十六時止，絕食七十二小時（侯德健為四十八小時）。

「六‧二」絕食開始後，天安門廣場再次人潮湧入。王軍濤等劉曉波的朋友，隨之策劃「接力絕食」。另有三千人登記參加絕食行動，每三百人為一梯次，進行「接力絕食」。但是，這一切已阻止不了中共的血腥鎮壓。六月三日深夜，武裝的共軍以餓虎撲羊之勢，用坦克、裝甲車、機槍和各式步槍攻擊學生、市民，爆發震驚舉世的「六‧四天安門」血案。

07 六月四日北京

中共血腥屠殺學生市民

「八九民運」後期，於5月30日樹立於天安門廣場的「民主女神」塑像，正眼凝視毛像，挑戰中共權威。

西方記場Jeff Widener拍下「六四血案」結束之前，北京青年王維林在長安街上阻攔坦克車隊照片。

一九八九年六月三日和四日，這是一個在中國歷史上永遠不能抹去的黑暗日子。這兩天，中共針對手無寸鐵，以和平方式爭取民主的學生和群眾，動用武裝部隊和裝甲車暨坦克，以對付敵人的殘暴手段，瘋狂地進行血腥鎮壓與屠殺。

鄧小平在罷黜胡耀邦後，欽點趙紫陽為黨的總書記。按中共黨的紀律，是以黨領軍、以黨領政，趙紫陽應是中共黨政軍最高領導人。但事實上鄧小平以軍委主席身分，掌控了黨政軍大權，這正是毛澤東所謂：「槍桿子裡出政權」。雖然趙紫陽與楊尚昆併列軍委副主席，實質上他對軍隊影響力甚弱。傳說在一次政治局常委會上，趙紫陽再次要求取消〈四二六社論〉對學運的定性被否定後，曾與鄧小平發生爭執。鄧小平說：「我有軍隊的擁護」。趙紫陽說：「我有人民的擁護」，鄧小平回擊說：「你什麼也沒有！」不論傳說真假，已經說明了趙紫陽地位的尷尬。

五月二十日的戒嚴令，名義上是以國務院總理李鵬簽署發布，但真正能夠調動部隊的實權人物，只有鄧小平一人。鄧小平在五月十七日堅持調兵進京戒嚴，當時「只有趙紫陽表示反對，說這個方針我執行不了。」（摘自李鵬日記）鄧小平說：「戒嚴的事由李鵬、喬石、尚昆同志主持。」又說：「實行戒嚴如果是個錯誤，我首先負責……將來寫歷史，錯了寫在我帳上。」

鄧小平調遣前往北京的部隊，據吳仁華所著《六四事件中的戒嚴部隊》一書透露有：北京軍區的二十四、二十七、二十八、三十八、六十三、六十五等六個集團軍（或稱「軍」）；濟南軍區的二十、二十六、五十四、六十七等四個集團軍；瀋陽軍區的三十九、四十、六十四等三個集團軍；南京軍區的第十二集團軍。以及空降第十五軍、炮兵第十四師、衛戍第一、三師等。

另據曾任職戒嚴部隊指揮部的一位重要成員郭進（筆名）在所著《西山日落》一書中稱：戒嚴部隊總指揮為北京軍區司令員周衣冰。調動的兵力為：「從北京、瀋陽、濟南等軍區的二十四、二十七、三十八、三十九、六十三、六十五集團軍中各調一至二師，配以裝甲師，於五月二十日零點前進入北京。」「兵力配置，二十七、三十八、六十三集團軍由西、北壓城；三十九、六十五、二十四等集團軍從東南進逼，先由東、西兩面以四個機械化步兵師突襲入城，其餘部隊與裝甲師對北京採包圍之勢，隨後跟進。」

負責進入天安門廣場鎮壓學生的主力部隊為楊尚昆的嫡系二十七軍和三十八軍。

吳、郭二君對調動入京的部隊報導不同，但郭書中所列部隊番號，均隸屬北京軍區，未如吳書完整，故應以吳書正確。另在共軍鎮壓過程中，也有記者報導發現有成都軍區的部隊。從李鵬五月二十一日的日記中透露：「晚上，鄧小平處來電話傳達鄧的意思，要等大軍進入北京後，再開政治局擴大會議（指處理罷黜趙紫陽問題），這樣可以避免衝擊和干擾，才能更有把握。」可證明，調入北京的戒嚴部隊確實龐大。

楊尚昆因是軍委副主席，也是部隊的調動實際執行者。軍隊的調遣，按共軍正規指揮程序，應由總參謀部下令。而這一次卻是由總政治部負責，原因有二：

一是軍中有反對武力鎮壓學運的聲音。兩位老帥聶榮臻和徐向前，就曾在五月二十一日的電視中，發表呼籲勿對學生動武聲明；前文也提到七位老將聯名致函軍委，表達對軍隊入京的不滿；而且衛戍京畿的三十八軍拒絕對學生動武，甚至不願為外來部隊提供後勤支援，軍長徐勤先少將已被撤換（後被軍法判刑五年並開除中共黨籍），由副軍長張美遠代理指揮部隊。在六大軍區和海空軍五月二十四日表態支持戒嚴決定後，北京軍區遲至二十六日才表態擁護；另傳說，國防部長秦基偉和軍委副秘書長洪學智二人，起初也反對軍事鎮壓，稍後才改變立場。

二是總政治部主任是楊尚昆同父異母弟弟楊白冰。在軍中有強烈反彈聲浪之際，鄧小平、楊尚昆要貫徹執行戒嚴令，動用軍隊武力鎮壓學生，這時能夠信任的只有楊白冰了。據說總參謀部當時被中共列入「三大黑窩」（另為北京大學和社科院）之一，是爾後軍中整肅首要目標。

儘管自五月十九日夜，軍隊調動進入北京市即遭遇學生和群眾強大的阻擋，無法前進，而不得不退到郊區，隱匿起來，主要原因是各外地軍區調動來京的部隊，尚未全部到達。但從五月三十日，中共開始逮捕「飛虎隊」騎士和工人領袖，三十一日發動反「學運」遊行，顯示中共軍事部署已經完成。

六月一日，李鵬提出一份報告分送政治局委員，指控學生運動的影響不斷增長，已廣泛獲得群眾的支持，而且學生亦無意撤離廣場。李鵬將民運學生和聲援群眾形容為恐怖份子和反革命份子，以說明調動部隊入京，驅離天安門廣場學生的必要性和合法性。

次日中央政治局常委會議，出席的黨內大

老（李先念、彭真、王震、楊尚昆）和常委一致同意儘早清空天安門廣場，並通過儘量不使用武力，但如果學生和群眾不願配合，授權部隊得以使用武力強制驅離。事實上，這一切作為，都不過是為鄧小平調兵鎮壓學運的行動背書。

因此，當天晚上的電視新聞，首次出現即將武力鎮壓明顯訊號的報導：「部隊已佔領了十幾個關鍵設施，並擔負起警戒任務。」搭配的背景畫面則是軍隊進駐北京火車站之影像。當晚子夜時分（六月二日晚上十一時至三日凌晨），共軍徒手部隊開始進城。據《德通社》記者包爾採訪報導說：

我在離廣場約三公里的東單十字路口附近，遇見了迎面而來的部隊。有著孩子般臉孔的士兵們好奇地望著我，我這一生從未見過比他們更年輕、更矮小的中國兵。他們時而以行軍便步行走，時而跑步。他們都是在北京城外的通縣，就下車開始徒步行軍的，上身清一色穿的是白襯衣，未穿外套，足下則穿著薄布鞋，只帶著輕便的行軍背包，都沒攜帶武器。

在北京飯店附近，人潮開始圍湧。『快來，別讓他們過！』立時，人群就以肉身編成了障礙。士兵一面向前壓擠，人潮一面往後退讓。但部隊只前進了約一百公尺，就在距廣場約五百公尺處的長安街上，被更多的人群所阻止。一位老婦對著士兵們高喊：『我們是人民，你們是人民的軍隊。是誰給你們吃的喝的？』一名中年穿短睡褲的男子喊著：『你們不是李鵬的軍隊，你們是人民的軍隊。』士兵們看來有些驚惶失措，都不答話。

群眾對著軍隊齊聲高呼：『撤退！撤退！』這些看來稚嫩的士兵們是從北京以北的承德開來的，屬於二十四軍。在群眾壓迫下，他們一副傍徨無助的樣子。這時，有人動粗，有一些士兵被從行列中拉出來，但他們卻未作抵抗。群眾中較穩健的也勸阻毆打士兵的行為。最後，部隊撤離了。

在該晚，也有小部隊企圖從北方和西方開向

天安門廣場。但這些都不可能是真正的鎮壓主力部隊，難道這是試探性行動？消耗戰術？或者是挑釁？

從一輛運兵的大卡車裡，有身分不明的人把搶來的衝鋒槍，拿給百姓看。士兵們應該挨打、受傷、讓武器被人奪走嗎？根據我這晚目睹所獲印象，我不排除這次行動的目的具有挑釁的可能性。官方的宣傳可就有話說了：武器被搶！這是武裝造反啊！

據廣場學生稱：六月二日整天，已有不少穿便服的軍人滲入廣場內，他們手臂上寫有編號，或腰夾一份報紙，作為識別記號。但被學生糾察隊發覺，帶到廣播站澄清身分。他們承認是軍人，強調到北京來，是為維持秩序，並非執行鎮壓任務。

晚上九時半，一批穿便服軍隊乘數十輛軍用卡車，由復興門方向開往天安門，並由數輛武警吉普車引導。其中一輛武警吉普車在軍事博物館附近，因高速打滑撞死三名路人，一人重傷（據說送醫後不治），數人輕傷。肇事駕駛被群眾圍毆，由武警救走。鎮壓學生部隊原擬利用二日晚上黑夜掩護，靜悄悄地潛入市區，因這宗車禍，讓北京市民警惕起來。學運領袖柴玲把這起事件，視為中共即將鎮壓的第一個警訊。

六月三日凌晨二時前，北京市民和學生趕到各主要進城路口，截堵中共軍隊。從北京東面來的部隊，在通縣下車後，以強行軍快步走了兩小時到達，衣服全被汗水浸濕；從西面豐臺方向來的部隊，部分坐車，部分步行。這些部隊都在進入北京市的路口被截住。這些企圖乘黑夜掩護向天安門廣場進襲的部隊，沒有攜帶槍枝和鋼盔，穿白衫、軍褲和軍鞋，背負行囊。後來衝突時，有群眾搶得士兵背包，發現內有防毒面具、軍刀、木棍、尼龍繩編的頭箍索和乾糧等。有些士兵腰繫兩條皮帶，其中一條是準備用以抽打或綑綁學生的。

凌晨二時十分，距離天安門二、三公里的西單，群眾攔截到一部大巴士和一輛軍隊指揮車，發現大巴士內堆滿槍枝、鋼盔、彈匣等，全部用綠色帆布袋包裹，塞滿車內，隨車有七名軍人看守。指揮車內有衝鋒槍，和數名軍官。群眾將兩車團團圍住，不肯放行。學生並佔領巴士，將槍枝陳列在車頂。

這起事件，柴玲在事後回憶說：「（鎮壓）第二訊號是，一些士兵整車地放棄他們的汽車，槍枝丟給阻截軍車的老百姓和我們的同學，這一個作為，同學們都很警惕，我們及時地把這些東西集合在一起，交給公安局，我們有收條為證。」

據香港《文匯報》六月五日刊登一位清華大學學生在四日逃出廣場後，倉促撰寫的〈天安門廣場上的屠殺——一個劫後大學生的血淚控訴〉文章說：「我們昨天（三日）下午就知道軍隊要真正實行鎮壓的消息，原因是有一位不願透露身分的人在下午四點左右打來一個電話，這人在電話中明確地告訴我們：即將進軍天安門，強行清場。這個消息引起我們的警覺，我們緊急商議後採取一些措施，力求緩和矛盾，避免大流血。當時我們學生手中有二十三枝衝鋒槍和一些燃燒彈，這是前兩天（應該是三日凌晨）與軍隊發生衝突時，從他們手中繳獲的。『高校自治聯合會』召開會議後決定，為表明我們同學『非暴力推進民主』的初衷，立即將槍彈送還戒嚴部隊。昨天晚上，我們在天安門城樓毛主席像下與軍隊聯繫此事時，一位軍官表示，奉上級指示，他們不予接收。」

這位清大學生的說法，與柴玲稍有出入。據《德通社》記者包爾說：「（三日早晨）中南海的南門——新華門前有幾千人和一列頭戴鋼盔的士兵在對峙。在士兵們和群眾的中間地上散放著許多軍用品，如衝鋒槍、軍服、軍鞋、刺刀等。這都是凌晨被士兵們丟棄或被群眾強奪來的。學生們此刻想把它們歸還，但當局和軍方卻置之不理。」

但是，六月四日的外媒新聞報導說：中共在三日凌晨對武器被群眾搶奪，曾即指令逾千名軍人和公安武警前往鎮壓，以催淚瓦斯、橡皮子彈、電擊棒等武器攻擊群眾，奪回武器彈藥。並有學生和市民多人受傷，一名十九歲女學生右腿炸傷，一名婦女被電擊棒毆打，造成下體大出血。

因此，共軍拒絕收回學生所持有的軍械，應是事實，其目的在落實學生「搶奪武器，意圖不軌」，以為鎮壓開槍的藉口。但應非事前安排的陰謀作法，而是在奪回武器後清點，發現已有部份被學生拿回天安門廣場，因而順勢而為。

凌晨二時二十分，約三千名鎮壓部隊，在距廣場不遠處的東長安街的北京飯店前，被學生和群眾重重圍住。部隊與群眾對峙正面約有一千米長，群眾在街道上迅速築起十多道路障，大叫：「你們是人民的軍隊，你們回去。」開始時，因群眾較少，部隊推進很快。但隨著群眾越來越多，推進步伐漸緩，最後完全被阻止。一些個別軍人被群眾拉出隊伍，遭到毆打喝斥，但很快有人阻止，大喊：「不可打軍人！」

群眾聚集人數，幾乎超過部隊三倍。當部隊指揮人員發覺未能突破人牆後，下令後撤。群眾一湧向前，部隊反而一度被衝散。群眾大喊：「李鵬下臺」、「打倒李鵬」、「打倒楊尚昆」、「人民必勝」。

凌晨三時，在天安門附近，有千餘名軍人被群眾趕進一棟正興建中的大樓中庭，士兵進退兩難，只得席地而坐，靜待指示。

凌晨三時五十分，鎮壓部隊潰不成軍，開始撤退，大部分撤至建國門，群眾立即將掃街水車、雜物搬到馬路上，當作路障。數百名未能及時跟隨部隊撤走的士兵坐在路旁，被群眾包圍進行「教育」，介紹學生運動是爭取民主的愛國行動。士兵說軍隊入城是來保衛市民，群眾說市民很安全，不須軍隊保護。

廣場上的學生，除一部份在半夜時，參與群眾阻攔共軍前進外，其他留在廣場的學生表現的頗為平靜，很多人留在帳篷內靜坐，不作任何自保準備，似有意採取非暴力的和平方式抗爭。學生領袖則召開緊急會議，廣播站不停播放激昂歌曲，試圖振奮士氣。

凌晨四時，約三千名北大、清大學生在東西長安街上騎自行車示威，高呼「打倒李鵬」等口號。五時，廣場上學生廣播站宣布：「我們勝利了！學生和市民聯成一體！」

整個白天，中共軍警與學生和市民的零星衝突，始終不斷。中午時刻，武警部隊攻擊聚集在北京飯店附近的群眾，有近三十人受傷；下午近四時，在西門附近，部隊與群眾發生衝突，士兵用皮帶抽打市民，群眾則回擲石頭；五時三十分，在東直門口，五十輛運兵車被學生和市民阻擋等等。

衝突較嚴重的是下午，約五千名軍人從人民大會堂衝出，立即被群眾團團圍住，動彈不得，並有一些武器裝備，被學生奪走。不久，人民大會堂又衝出數千名軍人增援被困部隊，爆發激烈衝突。軍隊施放催淚彈，並用器械、皮帶毆打群眾，多人受傷倒地。但因群眾人數數倍於軍隊，被困軍人試圖撤回大會堂，退路已被切斷，只得圍成圓圈，席地而坐。到晚上七點半後，被圍困部隊指揮官（中將）答應學生，保證「四十八小時之內，不進入天安門廣場」後，學生讓出一個缺口，讓部隊撤回人民大會堂。學生高呼：「這是我們的勝利」。

有一些學生已體認到中共不會甘心就此退卻，他們拿著手提麥克風，向路過天安門廣場的市民呼喊：「李鵬就要鎮壓我們了！」其用意當然是希望更多的市民挺身而出，保衛學生和廣場。

共軍以徒手部隊企圖利用暗夜，進入天安門廣場，但在廣場之外各路口就被攔截。因群眾人數遠遠超過軍隊，共軍被迫後撤。德通社記者包爾懷疑，這是共軍的挑釁行為。的確有這種可能：

第一，根據當時在北京採訪的中外記者估計，中共自各軍區調到北京近郊準備鎮壓的部隊應在十八至二十五萬人之間，而在六月二日深夜至三日凌晨進入北京城內的部隊不會超過數萬人，未動員全力。

第二、中共明知學運擴大後，北京市聲援群眾動輒數十萬到百萬人。而且，自戒嚴令發布，共軍鎮壓部隊分從四郊開進北京，全被學生和市民以人牆和各種障礙物阻攔，無法進入市區。中共在事前應已預判到，會再次遭遇數倍，乃至十倍以上的群眾阻擾，其成功率甚微，為何仍為之？

第三，共軍在六月二日凌晨，已有二萬五千人潛入天安門廣場人民大會堂等處藏匿，對天安門形成包圍之勢。何以在六月三日凌晨，首批徒手部隊在群眾尚未大量聚集前，已強勢推進至鄰近天安門廣場的北京飯店時，這些早已潛伏的部隊，不見出動，來個裡應外合，一舉奪下廣場。

在當時，廣場上的學生人數本已不多，且有部分學生聞訊後，離開廣場前往各重要路口參與阻擋軍隊的前進，留在廣場的學生，除學生領袖召開緊急會議外，其餘的人多數留在帳篷內靜坐，毫無反抗準備。因此，共軍有機會一鼓作氣，驅散學生，為何不為呢？

此所以西方記者會懷疑，中共故意以比群眾力量薄弱的兵力，製造軍隊遭受學生和群眾「暴力」對待的「反革命」行為之藉口，有利於進行流血的「武力鎮壓」。依據毛澤東的「統一戰線」策略，鬥爭的方式，有兩個層次。第一個層次為「人民內部矛盾」，是比較能夠容忍的「階級鬥爭」，可以採取「不流血的和平鬥爭」；第二個層次是針對「階級敵人」的殘酷「政治鬥爭」，可採取「非和平的流血鬥爭」。中共雖然自〈四二六社論〉把學生民主運動定性為「動亂」，栽贓學運目的在推翻共產黨的政權，但仍希望學生自動退場。所以，這時中共視學生的地位，是在「人民內部矛盾」和「敵我矛盾」間擺盪。六月三日凌晨，共軍以徒手部隊進行鎮壓，可能是先採取「不流血的和平鬥爭」，給了學生的一個退場機會。可惜學生不懂中共鬥爭殘酷策略，未能把握最後一次時機，及時撤離廣場。也避開當晚的中共「武裝」鎮壓的「非和平的流血鬥爭」。戒嚴部隊指揮部發言人在軍隊撤退後說：「戒嚴部隊的幹部戰士表現了極大的忍耐和克制，避免了與群眾發生衝突。」含意就是部隊對「不流血的和平鬥爭」，已經盡了力。

三日下午四時，中共召開緊急會議，討論武力鎮壓問題。李鵬在當天日記寫道：「今天軍隊已和暴徒發生了正面衝突，不能再給他們以喘息的機會。」「會議決定今晚從北京各方向集結待命的戒嚴部隊，星夜兼程向天安門進發，與已隱蔽在天安門四周的戒嚴部隊會合——清場——軍隊有權實行自衛。」「總參謀部向戒嚴部隊下達緊急命令，要各部隊按清理天安門廣場的行動方案，立即組織部隊開進。各部隊要與地方政府、公安民警、武警部隊密切協同，共同執行戒嚴任務。採取一切手段及時排除障礙，如遇到阻攔，採取堅決措施，迅速到達預定位置。」

緊急會議後，由楊尚昆面報鄧小平獲准當晚執行天安門清場方案。下午五時，中央軍委下達「強行挺進」命令。

江澤民這時已上任總書記，當晚將從警衛大樓四樓的窗戶，直接觀察天安門清場行動。

下午六時過後，中央電視臺和北京廣播電臺播放北京市府和戒嚴部隊指揮部的《緊急通告》：「極少數人製造謠言，惡意醜化、攻擊戒嚴部隊……堵砸軍車、搶奪武器，毆打幹部、戰士，盤查、圍攻軍人，阻攔戒嚴部隊的行動。」「鄭重宣告：任何人不得以任何藉口非法攔截軍車，阻攔、圍攻解放軍，妨礙戒嚴部隊執行勤務。」「（如果有人）以身試法，戒嚴部隊、公安幹警和武警部隊有權採取一切手段，強行處置，一切後果由組織者、肇事者負責。」

據當時大陸最大民營企業四通集團創辦人萬潤南（學運支持者）在黃昏時，曾坐車繞廣場一圈。他回憶說：「廣場上已經是破敗凋零、偃旗息鼓，我明顯地感覺到，學生們已經疲憊了，而且是疲憊到極點。也就是說，當局已經完全沒有動武的必要，便可以達到『清場』的目的。」

晚上九時，中共在電視和廣播中，不斷插播：「從現在起，請勿上街，不要上天安門廣場。留在家裡，以保護生命安全，避免無謂的損失。」正式宣告今晚軍隊將武裝鎮壓掃蕩天安門廣場了。

同一時間，廣場總指揮柴玲在廣播站帶領宣誓：「為了十一億人民不在白色恐怖中喪生，我宣誓：要用年輕的生命誓死保衛天安門，保衛共和國。頭可斷，血可流，人民廣場不可丟。我們願用年輕生命戰鬥到最後一個人。」廣場上的民運學生已認知到，他們正面臨生死攸關的時刻，仍然堅持爭取民主的信念，寧死不屈，令人感動。

共軍調派參與鎮壓的部隊，共有十四個軍。指派擔任先導的部隊，是軍長已被撤換的三十八軍。北京軍區下令該軍：「由西往東向天安門廣場開進，如遇障礙，強行排除。」三十八軍建制官兵一萬零八百名，和四十五輛裝甲車於當晚十時在軍事博物館以東路段，完成集結，編成四路縱隊前進。另由武警北京總隊全副武裝約五十名防暴隊員，在三十八軍前開路。

學生和市民為攔阻軍隊的前進，幾乎把注意力集中在東西方向的街道上。九時在南方的前門地區，突然出現約七百多人，全副武裝的軍隊，手持已上刺刀的步槍，見人阻擋，舉起槍托應就往人頭上砸去，頓時有數十人頭破血流，不支倒地。這支部隊迅速跑進中南海，顯然是增援保護中共中央。

「有同學穿著滿是血跡的背心跑到指揮部來（報訊），柴玲一見，眼淚便止不住了。」柴玲的丈夫封從德回憶說：「政府真的開殺戒了。」

在西邊，群眾判斷：鎮壓部隊自西而來，必須經過木樨地橋。於是大家合力將三輛無軌電車推倒，橫阻橋上。人們又挖起人行道上的水泥磚，也有人運來磚塊，在街道上堆成障礙物，並備作防衛武器。

據王丹回憶：「晚上八點，集結在總後大院的三十八軍一個團奉命出擊，擔負沿復興門外大街、西長安街一線突擊天安門廣場的主攻任務。十點，市民組成人牆橫攔在北蜂窩丁字路口。部隊停止前進，雙方相隔約三十米對峙。對峙持續到十一點正，槍聲突然響了，部隊衝向木樨地橋，前面是為數不多手持木棒的士兵步行前進，市民立刻將密集的碎磚頭投向他們。士兵們招架不住，沒有堅持就退卻了。接著，荷槍實彈的士兵開始步行衝上大橋，邊喊口號邊向市民開槍。只要哪裡有『法西斯』的罵聲冒出來，有石頭、磚塊飛出來，就朝哪個方向射擊。從木樨地橋到燕京飯店一線（大概有半公里路程），兩旁的建築物被打得火星四濺……大規模開槍後，坦克、裝甲車和軍用卡車緊隨其後。從木樨地橋頭開始，槍聲就再也沒有停過。軍車上的士兵不斷地用機槍和衝鋒槍朝空中射擊，但只要有扔石頭和叫罵的，子彈立刻就射向人群。」

香港《百姓》雜誌刊載《一名北京教師的見證》一文說：「六月三日晚十點多的時候，還沒開槍，軍隊已進到木樨地，與圍堵的市民來回推擠，兩方面對峙了很久，情緒越來越高漲。這時候，部隊後面一輛小吉普車，是軍隊的指揮車，高音喇叭叫出：『現在中央軍委下命令，可以開槍了！』」三十八軍攻過橋後，由手持衝鋒槍的士兵走在前面，邊走邊向前方和兩側開槍。隨後的是坦克和滿載士兵的裝甲車與卡車，兩側由持槍步兵，不時向外射擊，保護車隊前進。坦克和裝甲車上的機槍或士兵手持武器，也會向可疑目標射擊。偶爾路傍樓房高層有人呼喊口號，槍口立即對準樓上掃射過去，子彈打在牆上，爆出火花，水泥塊如雨落下。

一位參與鎮壓的武警在所寫《戒嚴一日》文章說：「（在五棵松十字路口）被幾十輛燒毀的軍車和公共汽車堵死，車輛周圍人山人海，只見車輛的一邊是解放軍戰士，正用力推車；而另一邊則是暴徒死死將車頂住，周圍有上萬人起哄。」「我們被迫停車。車剛一停下，立即被人群團團圍住。失去理智的人們，在暴徒煽動下，有的用石塊猛砸車窗玻璃和車燈，有的用鐵棍亂捅油箱和發動機，還有的暴徒企圖給輪胎放氣。」「副軍長張美遠少將等這一刻，早已等得久了：用血來染紅自己頂戴花翎。」

在五棵松十字路口旁的共軍三〇一醫院，外科醫生蔣彥永在急診室裡見證了共軍屠殺的一幕。他說：「呼叫器響了，是急診室呼我。我趕緊奔到那裡，使我難以想像的是，躺在急診室地上和診斷床上的，已有七名臉上和身上到處是血的青年，其中兩名經心電圖檢查證實已死亡。」「從十點多開始到半夜十二點，在這兩個小時中，我們醫院的急診室就接收了八十九位被子彈打傷的，其中有七位因搶救無效而死亡。」

第一個死在中共槍口下的六四遇難者是宋曉明，他是航天部第二研究院二八三廠的技術工人，晚上十時前後，死在五棵松路口附近，時年三十二歲。

三十八軍一位士兵李冬明，在木樨地以衝鋒槍打中了三名大學女研究生。他衝上去看，三名女學生已經肚破腸流，沒有生命。六四後，他被破格提升為排長，再升為副連長，因受不了良心譴責，最後飲彈自盡。

清華大學精儀系學生鐘儀，在木樨地頭部中彈（達姆彈），臉被削去一半，年僅二十一歲。

晚上十時，民運學生在天安門廣場，緊急宣告成立「民主大學」，由張伯笠（北京大學作家班學員，廣場副總指揮）擔任校長，嚴家其為名譽校長。許多知名人士獲邀為教授或教師。張伯笠回憶他「在雷鳴般的掌聲和遠處震耳欲聾的槍聲中」說：「我們在這裡堅持一天，大學就辦一天；我們離開天安門之後，大學將在大學裡繼續辦。宣傳民主、人權的事業不會停止。」柴玲致賀詞時說：「我們是和平請願，和平最高的原則就是犧牲。」她後來回憶說：「同學們就這樣靜靜坐著等，他們在等待犧牲。」「大家互相擁抱著、握手著，因為每個人都知道，生命最後一刻到來了！為民主犧牲的時刻到來了。」

香港《星島日報》記者蔡淑芳寫道：「在前門的方向，不斷有訊號彈發射過來，這橙紅色的火花，伴著爆炸聲、槍聲、威嚇著紀念碑下面的祖國孩子們。他們卻不懼怕，還在廣播中表示絕不撤退，要以鮮血對抗獨裁者的殘暴，要向歷史宣布繼續不屈不撓的鬥爭，要呼喚新生命，讓同學們站起來。」她續寫道：「一位全身染滿鮮血的同學，氣急敗壞地跑到廣播站，說他把同學救去醫院，已有十七個同學死了，不能夠不反抗了！但是，廣場指揮部為了貫徹這場運動的和平請願精神，不但沒接納這同學的意見，還呼籲同學和群眾放下手上的武器，絕對不能動武。」

從廣場東面約三公里處的建國橋上和橋前，被調來京鎮壓學生的瀋陽軍區三十九軍，約有四十輛滿載全副武裝的士兵軍車，被群眾團團圍住，無法前進。學生紛紛爬上車，勸說士兵不要鎮壓學生。一位大學生站在軍車引擎蓋上，用手提擴音機高呼：「反對軍事統治」、「人民解放軍萬歲」。

在前門西側，上萬名學生和市民與鎮壓部隊對峙，形成了拉鋸戰。士兵邊喊：「熱愛首都，熱愛人民」口號，邊向廣場推進。群眾則高呼：「保衛廣場，保衛學生」，極力阻擋軍隊前進。共軍隨即以密集槍聲回應，群眾不是倒下，就是四散逃跑，部隊乘機繼續前進。槍聲稍歇，群眾又湧回圍堵。然後槍聲再起，如此反復不斷，部隊則持續推進。

早已隱藏在人民大會堂的數萬名共軍，在晚上約十時三十分，蜂擁衝出大會堂，高喊：「暴徒留下，群眾閃開」。然後，防守住會堂的各個門，防止群眾攻進人民大會堂。

〈天安門廣場上的屠殺〉一文說：「『高治聯』在廣播中通知大家，局勢十分嚴峻，鑒於流血難以避免，希望廣場一帶的學生和市民離開。但仍然有大約四、五萬學生和十萬左右的市民堅持留在廣場上。」「大家已經有足夠的心理準備，意志堅定（當然也有同學認為軍人不會真開槍往死裡打）。總之，有一種崇高的使命感在鼓舞我們，那就是：同學們將為中國的民主和進步作出犧牲，這是有價值的。」

當時有許多學生和市民堅留廣場，是因為錯誤認為：中共軍隊不會真的開槍；即使開槍，也是對空鳴槍警告；如果真的對人開槍，也只會使用橡皮子彈或催淚彈，不會傷害人命。但他們從未想到，共軍不但對人民開槍，而且用的是達姆彈。這種子彈射到人體，是進口小，出口大，此所以有人半張臉或半個頭被削去。鄧小平等事實上已把人民視作敵人，才會下達使用這種殘忍的子彈，包括用坦克車和裝甲車直接輾過學生和市民的身體。

北京市民姜宏在〈我經歷的六．四前後〉一文中說：「我看到一平板車上趴著一個女孩，一個幫忙推車的人，還用一隻手捂著她的後背說：她背後被子彈打了一個洞。我看到一灘血在此人的手和女孩的背上。」

六月四日凌晨零時十五分，一輛編號「九九三」的裝甲車，從前門高速開向人群擁塞的長安街，人們驚恐的逃向路旁。裝甲車然後全速在筆直的大街上狂駛而過。情勢頓時緊張起來，人們立即齊心協力擺設路障。等裝甲車折返時，憤怒的群眾，以石塊、磚頭和棍棒砸向裝甲車，這輛車仍以高速壓過重重路障，向西單急駛而去。不久，又一輛編號「〇〇三」的裝甲車，高速狂飆而來，見人不閃，遇障強闖，充滿挑釁。這兩輛裝甲車就在長安街上來回穿梭，許多騎士避之不及，跳車而逃，自行車被輾成廢物。「〇〇三」號裝甲車在天安門城樓附近，被鋼筋卡住履帶，動彈不得，遭人們將棉被舖在車上，點火燃燒。兩名裝甲兵難耐高溫，打開鋼門，企圖逃生，即被人們圍毆，打得頭破血流。所幸有三名大學生及時趕到，苦勸群眾冷靜，保住了二人性命。

這時，共軍荷槍實彈，已密密麻麻的自四周包圍了廣場。在歷史博物館屋頂，已架起毫不掩飾的機槍。凌晨零時四十分，在廣場南側待機的兩百多名鎮壓部隊向群眾開槍。凌晨一時，槍聲大作，不少人倒下。同時，西便門的槍聲也響起來。一支在晚上十時受阻在這兒的部隊，開始邊開槍，邊強行進入市區。

一名左肩受槍傷的北大學生被市民送入燕京飯店，當人們發現不是想像中的橡膠子彈時，驚呼：「是實彈！」露出難以置信的表情。凌晨一點四十分開始，槍聲更是密集，受傷學生和民眾急速增加。廣場上的學生厲聲指責：「黨在騙人，軍隊就是來鎮壓的！」學生合力設置路障，堅守人民英雄紀念碑和女神像。

約凌晨二時五十分，共軍發射連串紅色信號彈，照亮天安門夜空。這時，鎮壓部隊已占領靠近天安門廣場的長安街和城樓一帶，然後向長安街東面驅散群眾，淨空街道。到凌晨四時前，廣場北面已完全為共軍占據；西側和人民大會堂東面也湧現部隊；南面的前門，有數千軍人占據了戰樓附近地區。同時有大批裝甲車和坦克車從西開進廣場。

「三點鐘，最慘烈的一幕出現了。」王丹回憶說：「一個身穿白色連衣裙的姑娘大步向戒嚴部隊衝去，人們立即呼嘯著一起向戒嚴部隊衝去。很快，一陣密集的槍聲，人們都趴在了地上並後退，留下大約六、七個中彈者。但是，白衣姑娘卻沒有中彈，也沒有停下，繼續一個人向戒嚴部隊衝去。當距警戒線僅僅幾米的時候，響起一串槍聲，她應聲倒下。後來，她與其他的中彈者一起被醫務人員救下。子彈打中了她的大腿。聽說是個大學生，想給她弟弟報仇。她弟弟也是個大學生，今晚被打死了。」

凌晨四時，廣場上的燈光突然熄滅。共軍廣播：「廣場上的事件已經轉變為一場『反革命暴動』」，硬生生的將學運從「動亂」，立即升高為「反革命」的「暴動」。顯示共軍即將對手無寸鐵的學生和在廣場的民眾，進行無情的流血鎮壓。

據《文匯報》報導：「這時，整個廣場上仍有十幾萬人，分散在（歷史）博物館、紀念堂以及紀念碑周圍。在紀念碑集結的主要是學生，約七、八千人。三層台階坐的滿滿的，碑座下面也坐了一些人。在政府的高音喇叭聲中，四周的槍聲裡，他們坐在那裡唱《國際歌》。」

據〈天安門廣場上的屠殺〉一文作者說：「當時我們全部同學都緊緊退縮到人民英雄紀念碑四周，我留心計算了一下，同學中，男生大約占三分之二，女生占三分之一；北京高校學生約有百分之三十，多數是外地大學生。」

侯德健回憶四日清晨與戒嚴部隊交涉談判，允許學生撤出廣場的經過情形時說：

六月四日清晨三時左右，恐怖氣氛達到了最高點，廣場上還能清醒思考問題的人，已幾乎沒半個，沒有人因害怕而哭泣，而我卻清楚地感覺到許多人的鎮定都是自己強逼出來的……高新與周舵實在看不下去，他們決定活著把大家撤出廣場，並為此來徵求曉波和我的意見，曉波是唯一堅持死守的人，最後只好同意我們其他三人的看法。

（我們四人）集合了高聯及廣場指揮的幾位學生領袖，說明了來意，柴玲不置可否，我們當然不能強逼她同意撤，只準備以我們四個人的名義號召，說服大家。學生領袖們提到：對不起已經犧牲的市民同學，及秋後算帳兩大問題，都讓我們說服了。

紅十字會的兩位醫生帶來了好主意，他們建議由我們出面在他們的陪同下坐救護車出去找部隊談判，希望能爭取大家撤退的承諾與時間，建議立即被接受了。我馬上表示自己是最佳人選，因臉熟，最易被接受，且最安全。後我選了一臉文質彬彬，講起話來慢條斯理，卻極有說服力的周舵……為了讓軍隊認為我們是可以談判的代表，我們決定請柴玲一起去，而柴玲以總指揮不能離開現場作罷。

於是我們兩人加兩位醫生，奔下紀念碑西側，現擋了一輛急救車，往廣場北面開去，有幾個放心不下誓死保衛我們的糾察隊員也上了車，才到廣場的東北角，我們就看見了整條長安街都已擺好了衝鋒的數以萬計的部隊。急救車立刻停住了，我們急忙下車往部隊跑去……立刻引起一陣嘰嘰嘎嘎的子彈上膛聲，中間夾著叫罵喊住的聲音，我們立即停住了腳步。醫師急忙表明身分，並介紹我是侯德健，希望能與指揮官說話，激動的士兵稍稍緩和……指揮官離我們不很遠，聽清我們的來意後，與四、五個軍人一齊走上來，他……三顆星的中高級軍官。

我覺得他認真地聽了我們的請求，剛開始時他有點嚴肅（不能稱兇）地要求我們先停止絕食，我和周舵回答：我們已經停止了。之後他的態度一直很溫和，他表示要請示總部。就在他走回部隊中沒五分鐘，廣場上的燈突然熄了，我沒看錶，不知是部隊清場的信號，抑或是日常慣例的清晨五點熄燈。因為當時我們驚恐極了，幾乎所有的士兵又急燥起來，扳動槍機，又開始吼叫……我們四個人站在空曠的廣場東北角上，極為突出，前後左右都不敢動，還是醫生比較鎮定，讓大家站著別動，一方面把雙手舉起來高聲喊叫請他們快一點。三分鐘不到，指揮官又來了，告訴我們：總部已同意我們的請求，最安全的撤退方向是東南口。在我們的詢問下，他告訴我們他是部隊的政委，姓紀（據周舵所著《血腥的黎明》稱：該談判的軍幹為季新國；另據總政出版的《戒嚴一日》一書中，透露季新國為戒嚴部隊某部上校團政委，其在該書中亦撰有《清場前的談判》一文，證實係他與侯德健談判）。

有了保證，我們飛也似地跑回紀念碑上，拿起話筒便喊，大意是：在沒有經群眾同意之前，我擅自作主，找到部隊與之談判，因我個人認為，血已經流得夠多的了，不能再死人了，我相信到這時還留在廣場上的人，沒有一個是怕死的，我認為現在場上的人都是中華民族的精英，如果我們就這麼死在這兒，我們將對這個國家、這個民族犯下不可寬恕的莫大罪惡。民主事業絕非短期間可以完成，這次學生運動、全民民主運動已經取得了很大的成功了，我們已經勝利了，我請大家為國保重，為民族、為民主事業活下去。

就在我說話的時候，紀念碑的西側的槍聲和砲聲也越來越近，每當我說一句話，碑下就有人罵我一句，我聽不清楚，但相信是投降派等內容……周舵接過話筒又繼續喊，他喊得比我更有條理些……曉波接著周舵表示同意我們的觀點，更把我們的內容充實了許多。

槍聲卻越來越多、越近，我已看見有不少士

兵乘車或步行從南面靠攏來了，我擔心這會影響到同學們對部隊承諾的信任，立刻拉了周舵與兩位醫生又往東北方向去請求部隊克制，再多給時間。這時北面的部隊已開動了，我們在廣場中央位置與紀政委碰上了，紀政委比先前嚴厲多了，表示聽到了我們的廣播，但時間已到，他們的任務必須完成，並勸我們若帶不走學生最好自己先走，我表示我們四人一定最後離開廣場，若怕死的話，早就抬腿跑了。不知是不是被我的話激怒了，紀政委身邊的一位士兵……向我們狂吼，並用槍指著我們，我們眼見無法再說什麼，便急忙往回跑。

我們一面跑一面喊『快走』，『往東南方向走』，已經有許多人開始撤了，當我跑上碑東面第二層時，見到一小隊十幾個士兵已衝上第三層，正衝著碑上的喇叭開槍……碑上的人很快走完了，有幾個士兵正押在人群後面。

我站在碑上第一層臺階上，看著同學們排著隊、打著旗、擁擠緩慢地向東南方向移動……在兩位自始至終保護我的糾察隊員的陪同下與周舵下了東面，轉往北面。

北面的人群竟仍然文風不動地坐在地上，毫無撤走的打算。這下把我急壞了，我往正北，周舵向東北側衝過去，見人就拉起來往外推，一面推一面喊：『你們只管怪我，罵我好了！』這時已沒人罵我了，坐在地下的同學伸出手握著我的手，一句話也說不出來。我的聲音更急了，直往破裡喊：『你們死在這兒有什麼用？』『我也死在這又怎麼樣？』……有一批同學先站了起來，哭著喊：『侯老師，我們不怪你，謝謝你！』這會兒，我再也忍不住了，一面哇哇地大哭，一面去拉那些還坐著的同學，當最後一批同學還沒站起來時，一整隊像人牆似的士兵持槍由西向我們逼來，與我們相距不到五米，同學們都站起來了。

因部隊來得太急的原因，我們這最後一群竟像細口肥肚的瓶裡往外倒水似的，竟擁擠得幾乎無法移動腳步。

忽然我們的隊伍由西北面擠過來，有不少同學高喊『不許打，不許打人！』我夾在隊伍中，隔著人頭看見幾個便衣，像防暴警察正揮動著手裡的粗大木棍，往隊伍西北側的同學們的頭上身上打擊下來，有同學當場頭破血流，整條人龍往東北側倒來，正巧趕上地上的鐵欄杆，忽地一排人被絆倒，後面的人沒能立即停止，便又撲了上去，成了有兩三層。在左側拉著我的糾察隊員便是第二層，我們想拉他，他卻拉著我從他身上踩了過去，這才沒有倒在人堆裡去，情況真是亂極了。

擠出人堆，就聽見曉波喊我。原來他因見不到我們三個，才逆行回來找我們，而其他兩人已不見，因我與一糾察隊都支持不住，曉波便扶我們走往史博館西門邊上的紅十字會醫務站，這時我才知道自己只是虛脫，而救我的糾察隊員的小腿已經折斷。我不時回頭往廣場看了幾眼，只見坦克在場上，有十來個學生在一架坦克旁扶著三個滿身是血的人，陸續有不少傷員來到救護站。

身邊有人在哭泣，天氣轉涼，有一個女生將她的紅色大衣蓋在我身上，十多分鐘以後，曉波告訴我，隊伍已離開廣場到了前門外了，而急救站也被士兵包圍了，還沒等我考慮下面該往那兒去，幾個醫生走過來，示意我躺下，又把大衣蓋住了我的頭，醫生們讓我放心，別動，我就這麼躺在行軍床上足足一個半小時，到醫院，已快八點了。

柴玲在《血淚見證》中回憶說：「最後，四位絕食的侯德健、劉曉波、周舵等，他們實在忍不下去了，看孩子們這樣地準備犧牲，侯德健和軍方談判讓我們和平地撤離廣場，只希望保證同學的安全，在廣場我們正徵求同學意見時，就在這時候，這些劊子手，失守諾言，帶著鋼盔的士兵，手持衝鋒槍的士兵，分為三層，沒有等侯德健把這個撤離的決定告訴大家，紀念碑上的喇叭已經被打成蜂窩狀了，這是人民的紀念碑啊！他們竟向紀念碑開槍！」

一位「外高聯」逃出來的學生回憶說：

（侯德健）通過廣播，向戒嚴部隊說：『戒嚴部隊的官兵，我是侯德健，我代表四人絕食團，向你們請求，談判一下，讓學生安全撤出。』戒嚴部隊沒有派一個人去，後來侯德健含著眼淚到戒嚴部隊指揮部，由幾個同學扶著，在他們面前哭了，侯對他們說：『放過我們一萬多條生命吧！』這個時候，我們全部被封鎖了……從二時談判，一直到四時，他們答應了：『在東南角，可以撕開一個角，讓你們出去，但是注意，就是說，在極短的時間內，不然我們就鎮壓。』

不久，侯德健就回來了，他說：『同學們我做了一件不明智的事，希望大家能原諒我，但是我現在以我個人的名義，請大家撤離吧！』『我們流的血夠多了，對這種黨、政府不要再有絲毫的幻想，我們等著的是血腥的大屠殺，為了我們的明天，我們要保存自己的實力，大家不要再等下去。』但廣場上鴉雀無聲，無一個站起來，沒有一個贊成撤離的。

劉曉波接著喊：『同學們，我是劉曉波，希望同學們走吧！』四點鐘左右，廣場的燈突然全部熄掉……軍隊已經準備屠殺了。這時軍事博物館的部隊開始湧過來。東南角開始有一個同學慢慢的站起來，緩緩地，大家往那邊撤了。正當我們緩緩轉移的時候，後面的警察開槍，還用木棒打後面的人，一些女同學給他們打得血肉模糊……士兵們撤都不讓我們撤得安穩，還用槍逼著我們撤。

就在我們剛剛移動的時候，這時候天安門廣場有那麼多個帳篷裡有全國四百多間高校的學生，包括北京各高校的學生。有香港援助的大帳篷都可住三——四人、四——五人，大概有五十多個這樣的大帳篷；紀念碑下，民主之神之下，各擺了幾十個小帳篷，這樣的小帳篷一共有一百多個。這樣多帳篷內，據我看就有幾百個睡在裡面，因為這幾天他們實在太累了……好多同學一倒下就睡著了，叫也不起來……就在我們剛剛移動撤離的時候，我們還來不及喊醒那些睡著的同學，幾十輛坦克在他們的身上壓過去，幾十輛坦克併排的輾，所有的帳篷都輾成碎片了。裝甲車等也這樣全部壓過去。

據吳仁華的《天安門血腥清場內幕》一書說：「侯德健、周舵好話歹話說盡，嗓子都說啞了，總算才有幾個學生勉強從地上站起來了。可是，坐在地上的人群裡馬上有學生大聲喊叫：『不許走，誰走誰是叛徒！』站起來的學生於是又坐下了。周舵趕忙接上去厲聲質問：『是誰在說這種話？同學們出了意外，你是不是準備承擔責任？』在年輕學生面前，長鬍子的知識份子，畢竟還是有些權威，面對周舵的厲聲質問，沒有學生再搭腔了。接著一個男學生說：『走，君子報仇，十年不晚！』邊說邊站了起來。就這樣，一些學生開始跟著周舵、侯德健動了起來，往東南角移動。大約也就在此時，柴玲、李錄、封從德等保衛天安門廣場學生指揮部的學生領袖們，隨著紀念碑底座南側的學生隊伍，從紀念碑底座東南角撤離天安門廣場。」「在紀念碑底座東南角的所謂撤離通道口，學生隊伍仍然遭受到解放軍戒嚴部隊的軍人、武裝警察部隊的官兵和防暴警察的猛烈襲擊。」「（戒嚴部隊的軍人）在紀念碑底座北側不遠處的旗杆下，確實殘酷的施行了暴力，打死打傷了正準備撤離天安門廣場的學生。」

另據李鵬的日記寫道：「羅幹同志從天安門指揮部來到中南海，向我、喬石和楊尚昆報告：留在廣場的兩千餘名大學生，要求戒嚴部隊放他們一條生路，他們願意和平撤退。我和喬石、尚昆同志考慮到避免事態進一步擴大，避免廣場發生流血衝突，當機立斷，同意廣場學生和平撤退。羅幹同志立即返回指揮部傳達了我們的決定。」李鵬日記洩露了中共「最高機密」，他說：「（學生）要求戒嚴部隊放他們一條生路」，證明中共一開始就已決定「屠殺」堅守在廣場上的學生。

李鵬還說留在廣場上的學生只有「兩千餘名」，訴諸侯德健等人回憶，顯然是說謊，目的在逃避歷史責任。據香港《明報》在「六四」後兩天，即六月六日的報導說：「李鵬四日晚間主持的一個緊急會議中，楊尚昆曾說過幾句冷酷的話：『不要怕死人；別說死一千人、二千人，北京就是死十萬人也不要緊……北京這些暴徒如不全部消除，將來是禍根。』」「李錫銘彙報說死亡人數是一千五百人，楊尚昆對軍長們說：已死了這麼多人，現在我們只能前進，不能後退，否則我們在座的人都要被送上斷頭臺。」

但是，能夠下達「屠殺」這種決心和命令者，只有鄧小平一人有此大權，李鵬等人根本無權同意學生「和平撤退」。如果李鵬等人當時以為讓學生和平撤出廣場，會完全獲得鄧小平的同意，故先向部隊傳達了他們三人的決定，同時請示鄧小平，可能只得到有限度的同意了。因此才出現戒嚴部隊在大部分學生撤離後，突然封鎖了原定讓學生逃生的「缺口」，對未及撤出和留在帳篷內不知情的學生展開了大屠殺。

據〈天安門廣場上的屠殺〉一文作者，他看到學生撤離前後的情況，與侯德健的回憶，有不同的描述。他說：

侯德健等人與軍方談判，協議同意學生和平撤退。但是同學們正要撤退之際，四點四十分，一串串紅色的信號彈升上了天空，緊接著，廣場的燈又全部亮了，我看到廣場的正前方全是士兵。這時，從人民大會堂東門方面迅速地跑出一支部隊，他們全部穿迷彩服，持衝鋒槍，戴鋼盔和防毒面具。

這支部隊一衝出來，首先在紀念碑正前方一字型地架起了十幾架機關槍。機槍手全部趴在地上的，槍口向著紀念碑的方向，背對天安門城樓，當機槍一架好，馬上有大批的軍人和武警手持電棒、膠皮棒和一些我沒見過的專門武器，從紀念碑正前方衝入我們靜坐的隊伍，使勁的打，把我們的隊伍打開兩邊。他們就這樣打開一條路，一直打到紀念碑的第三層。當時，我親眼看見已經有四、五十個學生被打得鮮血滿臉。在這個時候，在廣場的裝甲車和更多的軍人也圍過來了。裝甲車在我們的周圍圍成了一個大的緊密的包圍圈，只是在博物館的方向留了一個口子。

當第三層的學生被打退到地面的時候，機槍響了……子彈全部打在同學的胸膛和頭上了，一見到這樣，我們又只能往紀念碑上面退了，我們一退上了紀念碑，機槍就停了。但是，在紀念碑上的軍人又把我們打得退下來，我們一退到地面，機槍又掃射起來了。

這時，工人和市民敢死隊的人急了，他們抄起能作武器的瓶子、木棍就衝過去與軍隊對抗。在這個時候，高聯下達了向廣場外撤退的命令，這時還沒有到五點。

大批同學們往裝甲車留著口子的方向衝去，喪盡天良的裝甲車這時卻把原來的口子封死了。而且三十多輛裝甲車還向人群壓來，一些學生給輾死了，連紀念碑前的旗杆也給輾倒了……我們一批人上去推裝甲車，這批人給子彈打倒了，又一批人就踩著前面的屍體又衝上去。終於將一輛裝甲車推開了一個口，我和三千個同學就在槍彈中衝了出去，衝到了歷史博物館門口。衝到這裡，這一批人只剩下一千多人了。

我看見第二批同學正在機槍的掃射下往外衝，看到衝出來的路上都趴下了很多人。我們都哭了，一邊哭，一邊跑。我們這批人剛剛跑到前門，就迎面碰上了從前門方向跑來的大批軍隊，他們是從珠寶市場方向跑來的。他們碰上我們沒有開槍，都是拿著大木棍，往我們身上使勁的打。在這同時，前門衝出了大批市民與這批軍隊發生了激烈的衝突，保護我們向北京站的方向突圍，這批軍隊就在後面追我們。這時是凌晨五時，廣場的槍聲也稀落起來了。後來我在國際紅十字會見到了同學，他告訴了我，五時最後能跑出來的都跑出來了。機槍掃射全過程約二十分鐘。

我永遠忘不了同學被槍擊倒，大家奮不顧身搶屍和救護傷者的情景，有些女同學脫下單衣為同學包紮傷口，身上已經沒有可再脫了。

跑到北京火車站後，我和兩個同學再回到廣場，這時是早上六點半……走到紀念堂時就再走不進去了。幾排裝甲車隊就在那擋著，士兵也站成人牆。於是，我走到路邊爬上樹叉，看到廣場的士兵正拿著大塑料袋裝學生和市民的屍體，一個屍體裝進一個袋裡，然後用大帆布罩上，蓋成堆。

柴玲在六月八日回憶說：

就在我們要撤離廣場的時候，一輛坦克車追過來，同學們躲不過，就被這樣壓過去（痛哭），壓在他們的腳上、頭上，十多個同學，再也找不到完整的屍體。

我們還有些同學對這個政府，對這個軍隊還抱有希望，他們不撤，以為頂多軍隊把大家抓去了，還在帳篷裡酣睡的同學，坦克把他們輾成了肉餅（痛哭），有人說廣場死了三百多學生，有人說死了四千多，具體的數字我不知道。

但是，在廣場最外層工人自治會的人，他們應統統死了，他們至少有二、三十人……在同學撤離後，這些坦克、裝甲車把帳篷壓了，及同學屍體灑上汽油，統統焚燒了，然後用清水洗地，完全不留一點痕跡。

這次民主運動象徵的自由女神，給他們輾成碎塊。我們手挽手走到街上，我們看到廣場紀念堂南側，坐著上萬的戴鋼盔黑壓壓的士兵，同學們朝他們喊『狗！法西斯！』

我們只好從西單往西城去，路上有母親嚎啕大哭，她的孩子死了。路上的屍體是市民們，暴屍街頭……市民告訴我們，這些士兵是真殺啊！對著市民區發火箭炮，有孩子、老人喪生槍下，他們有什麼罪？他們連口號都沒有喊。一位同學說，他親眼看到一個個子不高的女孩站在坦克車前，右手揮舞著，車子她身上過去了，壓成肉餅。

吾爾開希在〈血淚控訴〉一文中說：「我有很多同學被坦克車壓死，被扁平的壓死在天安門廣場，很多他們屍體被鐵撬鏟起來。我們師大糾察隊員親眼看見了他們把屍體用塑膠袋裝起來，然後丟在一起，放火燒了。清華大學的一個同學告訴我，他的同學三個人手拉手的擋著坦克，他們三個都已經被槍打死了，坦克車還是壓過去。」

在天安門廣場上犧牲最大的應該是外地赴京聲援的學生。吳仁華在《天安門血腥清場內幕》一書中說：「在紀念碑底座與毛主席紀念堂之間的空地上，站立著約四、五百名左右的學生，一聲不吭，打著幾面旗幟，其中一面北京航空航天大學的旗幟。但看樣子，他們大多是赴京聲援的外地學生。這些學生全都默默無語地看著我們撤離，我們紛紛對著他們打出V字形手勢，但很奇怪，他們竟然毫無回應。這種情形不符常情，讓人納悶。後來我才明白，他們是一群誓死也不願撤離天安門廣場的學生，對我們的撤離非常不滿。」

據《天安門屠殺》一書說：「一名曾經參與屠殺的空軍團長透露：『在天安門廣場上拒絕離開的學生都殺了。坦克輾過的破碎屍體，不能帶走，現場焚燒了。燒完以後，直接把下水道的鐵蓋子一拉，剩餘的骨頭渣子往裡推，然後用水一沖，什麼都看不到了。』」

一位「外地高校學生聯合會」的糾察隊員，在逃離天安門廣場，返回原校後，發表題為〈我見證了這場血腥屠殺〉演講說：

在六月三日晚上十一時到四日中午，由於我是糾察隊，所以走了好幾處地方……主要是屠殺的現場，就是西單、新華門、北京飯店公安部那邊、南池子，以至前門的地方。

六月三日晚上十時，在南池子過去的地方，北京飯店的地方，有一隊軍車往這邊開。北師大的一位女學生，攔住軍車的時候，並且跟那些先頭部隊的軍人說……我們是自己的同胞，希望你們不要把槍子對準人民……她還沒說完，馬上就是一輪衝鋒槍，當場打死。後來，吾爾開希抱著她痛哭，這是個別的殘殺。

真正的殘殺，是六月四日凌晨二時……曳光彈染紅整個天安門廣場，外面的槍聲已經卜卜的響了。

我，還有另外幾個同學，趕到西單去，那時衝鋒槍已經響起來了，坦克已經隆隆的開過來了。那邊市民用什麼來抵擋他們呢？全部是手拉著手，徒手的……這個時候，坦克上的高射機槍，馬上往下一壓，平板掃射，當場第一排全部打死，跟著後面的衝鋒隊員馬上用衝鋒槍掃射，坦克就從第一排人群蠻『輾』過去，留下一片肉醬。

我去到建國門的時候，看到很多學生都被打死，坦克壓過去，人已經不是人。我見到一個留長頭髮女大學生被士兵一刀刺到胸口上。當時這個女學生就跌倒，這個士兵接著在背後再插幾刀，當場就把這個女學生插死。

死得最慘烈的是西單和軍事博物館前面。部分跑出來的同學，有人倒下，跟著坦克就壓過去。衝鋒槍見人就掃，不知是北大還是北師大的女學生，二十多個，在阻擋軍車、坦克車的時候，全部被壓死；沒有被壓死的，就全部被機槍打死；沒打死的，就是第二槍、第三槍打下去，不留活口。

據香港《文匯報》北京採訪組通訊稿《屠城大血案四十八小時實錄》說：

（四日晨）六點多鐘，三輛坦克車出現在西長安街上驅散正向學校撤退的學生隊伍，當場將至少十幾個學生活活壓死，腦漿迸流，鮮血四濺，慘不忍睹；六點四十分，軍隊完全控制廣場，所有進入廣場的路口全部給排排坦克、裝甲車和全副武裝的士兵人牆堵住；七時左右，廣場中央冒起了焚燒『物體』的濃密而大面積的黑煙，持續了三個多鐘頭。

政法大學的一個學生從當軍醫的親戚口中得知，廣場上能數得出的學生屍體，有二千六百多具，除了被坦克、裝甲車輾得不成人形的；國際紅十字會在凌晨二時的一個統計，被射殺死的市民、學生已經有兩千多人；大約在同一時間，一個大學生匆匆從六個綜合醫院拿到的死亡數字已超過一千……

北京某綜合醫院一位工作人員親口告訴記者：那時候他隨一輛急救車奉召開進廣場……他赫然見到『軍人們將很多很多的屍體搬到一排排的架子上，更看見坦克車將排列成行的屍體輾碎……』

戒嚴部隊不斷開入北京城，不斷有無辜群眾倒在軍人的槍下。從北京飯店下望東長安街，差不多每半小時至一小時之間，就會看見軍人舉起槍來，接著一陣『啪啪啪啪』的槍聲響過，路人統統趴下。幾秒鐘後，能爬得起來的，沒命的往前跑；沒能爬起的……。也有人跑了幾步，回頭看見有人起不來，就掉過頭來救人，他們呼喊騎車過路的幫忙，三、五個人救一個地搶救出好些人。

陰沉沉的天，終於下起大雨來了。雷聲隆隆，電光閃閃。街道上的士兵，淋著大雨蹲在坦克旁邊打哆嗦，他們是殺人殺累了，還是殺得怯了！

早上七時四十分，中共官方廣播宣稱：「暴亂已被平定，部隊已控制了天安門廣場。」四日白天，北京天氣反常，濃雲密布，下午雷雨交加，令人有「天地同悲」的感動。

一位北京醫生接受記者採訪，回憶當日情況時說：「四日白天，北京市烽火四起，到處有燒毀車輛報復的事件。但是，槍聲依舊大作，四處鎮壓『反革命暴亂份子』。四日白天，天空灰濛濛，天氣轉涼。到了下午三時，天空凝聚無數灰雲，一貫艷陽高照的北京市沈入陰森森的氣氛中，路人從解放軍旁行過，若有人破口大罵，即換來一排掃射，市民人人自危不敢上街。嘩然大雨與隆隆雷聲，響徹北京城。市區的人行道上，行人稀少，除少數坐在路上的人們在東張西望之外，一片淒涼冷清。北京城在雨中陷入一個最慘黯的夜。是夜槍聲四起，依舊有人死傷。不畏死的人，不畏死的市民依舊在號召『抗暴』。死亡在北京，到處瀰漫，已不再是可懼怖的事，而是隨處可見的景象。像天意一般，北京的氣候竟異常起來。許多市民在議論說：『這是天地在流淚啊！』」

五日發生一件震驚世界媒體的新聞，為「六四」民運留下永恆的「印象」。上午一位十九歲的大學生王維林，在長安街上勇敢的挺身攔阻了一隊有二十輛行進中的坦克和裝甲運兵車的車隊，並且攀登上第一輛坦克車身上，呼籲坦克駕駛：「你們為什麼來這裡？你們只會製造慘劇。我們的城市就是因為你們才陷入混亂。」「撤退，不要殺我同胞！」在坦克車隊繼續前進前，他被友人和市民帶離開。

王維林的壯舉感動了遠在半個地球外的美國老布希總統。他說：「我是被那個人的勇氣所深深感動……對他，對每一個人，以及全世界的人，我所能說的是：『我們是和他，也必須和他站在一起。』」

中共血腥鎮壓學生民主運動，究竟死了多少人？眾說紛紜，香港媒體《明報》報導：「死傷人數共有四萬多人，死者約有三千多人，其中一千四百三十多人是醫院報告的，陳屍街頭的約有二千人。」西方媒體評估從三百人到三千人不等，也有駐北京之外交人員估計多達七千人。北京電視臺四日晚間報導說：「造成三千人死亡是謠言。」當晚李鵬召開的緊急會議中，李錫銘彙報：死亡人數是一千五百人。以此比對《明報》資料，李錫銘報告的應是送到各醫院的遺體和在院內死亡者的統計數字。

倫敦國際特赦組織於八月二十九日，根據「第一手資料」說：「至少有一千三百人在中共安全部隊的戰車和自動武器下喪生，喪生者多是無武裝的老百姓。」。這個數字的來源，大概也是來自醫院的統計資料。至於天安門廣場廣場被打死和輾斃的犧牲者，多數血肉模糊，已無全屍，並就地火化，中共中央恐怕也無正確數字。此外，該組織還獲得一份中共中央委員會六月份密發的「三號文件」說：「反革命份子」觸犯重罪，應予處決，「處決和拘禁的人數不得公開」。

中共國務院發言人袁木在六月六日記者會上說：「死亡情況，軍隊和地方加在一起的初步統計數字是近三百人，其中包括部隊的戰士，包括罪有應得的歹徒，也包括誤傷的群眾。」一同出席記者會的共軍某部政治部主任張工堅稱：「六月四日凌晨四時半至五時半，戒嚴部隊在天安門廣場執行清場任務的過程中，絕對沒有打死一個學生和群眾，也沒有軋死軋傷一個人。」

袁木在六月十六日接受美國全國廣播公司電視採訪時，仍公然說謊說：「在對天安門廣場的清理中，沒有發生任何的傷亡，沒有打死一個人，解放軍的軍車也沒有軋死一個人。」當場就被主持人拆穿謊言，袁木狡辯說：「我沒有說在整個鎮壓反革命暴亂事件中沒有發生傷亡，我剛才只是說，解放軍在清理天安門廣場過程中沒有發生打死人的事情。至於在整個鎮壓反革命暴亂過程中，有一些歹徒被打死，也有一部分看熱鬧、圍觀的群眾遭受誤傷，解放軍本身也遭到很大傷亡。」「解放軍有五千多人受傷，圍觀的群眾和歹徒受傷的有二千多人，死亡的數字大體上三百人，包括解放軍，以及歹徒和少數圍觀群眾。」但是中共中央電視臺報導則說：「三名共軍死亡，一千五百名共軍受傷。」後來中共官方資料又說「六四」期間死亡人數包括士兵在內為二百四十一人，受輕重傷的人數有七千多人。

北京市長陳希同在六月三十日提報「人大」的《關於制止動亂和平息反革命暴亂的情況報告》說：「據現在掌握的情況，暴亂中有三千多名非軍人受傷，二百餘人死亡，包括三十六名大學生。」但據天安門母親丁子霖經查證，已能確認死亡的學生和市民有一八六人，其中學生就遠遠超過三十六人。

一九九〇年七月十日，中共公安部送國務院的報告，將「六四」北京群眾死亡人數修正為五百二十三人，受傷一萬一千五百七十餘人；其他地區，包括成都、武漢、貴陽、哈爾濱、鄭州、蘭州等城市，死亡三五二人，受傷三〇〇〇餘人。全國軍警死亡五十六（北京四十五）人，受傷七五二五人。上述數字，仍不足令人信服，但已可窺視中共不惜血腥鎮壓，以保政權的殘暴本質，以及群眾和學生為爭取民主自由與人權，寧死不屈，抗爭之激烈。

「六四」之後，解放軍控制了北京，士兵們

手持衝鋒槍部署在十字路口、橋樑、重要據點和各黨政機構。仍有少數群眾抵死反抗，重新設置路障，向軍車和坦克車投擲石塊或汽油彈。其他城市如上海、南京、瀋陽、長春、西安、蘭州、成都都出現了抗爭、罷工、阻斷交通等情事。上海有火車輾死六名臥軌攔車的群眾，引爆上海市民六月七日焚毀一列北京開來的火車；成都在六月四日晚上，也出現軍隊鎮壓人民廣場上的民運學生和民眾，學生領袖被亂刀刺死，群眾死傷甚大；六日晚上憤怒的群眾上街暴動，遭到軍隊鎮壓，傷亡逾百。

六月九日，鄧小平終於出現在鏡頭前，他在都是八十歲以上的「老人幫」：楊尚昆、李先念（前國家主席）、彭真（前人大委員長）、王震（國家副主席）、薄一波（中央顧委副主席）之簇擁下，接見參加屠城的部隊幹部。「老人幫」的集體出現，表示「權力仍在我們建國老人手裡」，事實等於警告全國人民，當然包括目前在位的黨政軍幹部，不要妄想奪取他們的權力。他說：「這場風波遲早要來……現在來的對我們比較有利。最有利是，我們有一大批老同志健在，他們經歷的風波多，懂得事情的利害關係，他們是支持對暴亂採取堅決行動的。」即使唯一因病未出席的老人陳雲（中央顧委主席），也寫了書面資料，慰問戒嚴部隊辛勞。

「六四」天安門血腥屠殺事件，雖將中國大陸民主運動打壓下去，但影響所及，隨之引爆了東歐共產國家和蘇聯的瓦解，促成東西方冷戰的結束。這種「失之東隅，收之桑榆」的情況，卻無法回饋到中國大陸，儘管「六四」已過去二十餘年，但中共仍然拒絕任何民主改革。也因此，中國大陸的民主運動仍始終方興未艾，只是改變了鬥爭的方式。

08 中共秋後算帳

海外民運組織陷於分裂

六月四日大屠殺後，中共隨即展開了第四次「反自由化」運動。李洪林在《中國思想運動史》一書中說：「這場『反自由化』和以前不同。鄧小平總是嫌以前的『反自由化』太軟，這一次就非常硬，是用坦克開路的。」「除了大逮捕以外，中共中央還在六月十四日決定在『所有發生動亂的大中城市』『深入開展清查工作』。這是繼五〇年代『鎮壓反革命』和『肅清反革命』以及六〇年代『清理階級隊伍』之後的第四次『肅反運動』，也是十一屆三中全會宣布停止『以階級鬥爭為綱』之後，專門以肅清『階級敵人』為任務的一場新的政治運動。除了『清查運動』之外，還有一個『清理工作』，這是『按人民內部矛盾處理』一些人在『動亂』中『立場不穩』等『錯誤』的思想批判運動。」

鄧小平終究是老共產黨員，無法忘情「階級鬥爭」。在「文化大革命」結束後，鄧小平宣布結束「階級鬥爭」，得到全國熱烈掌聲。但在一九八六年「一二九」學生民主運動後，鄧小平就認為學生名義上追求「民主、自由」，實質是「反對共產黨」，斥之為「搞資產階級自由化」。他不滿胡耀邦縱容學生運動，鬥倒了胡耀邦，換上趙紫陽。不想趙紫陽在「八九民運」也因同樣的「錯誤」，被鬥下臺。而這次「反自由化」運動，則回復到毛澤東時代的政治鬥爭，一樣腥風血雨。

中共於六月十二日發布通緝令，通緝二十一名學運領袖。名單為：王丹（北大歷史系）、吾爾開希（北師大教育系）、劉剛（北大物理系研究所）、柴玲（女，北師大心理系）、周鋒鎖（清大物理系）、翟偉民（北京經濟學院）、梁擎暾（北師大心理系）、王正雲（中央民族學院，雲南苦聰族人）、鄭旭光（北京航空航天大學）、馬少方（北京電影學院）、楊濤（北大歷史系）、王浩新（政法大學）、封從德（北大遙感所研究生）、王超華（女，社科院研究生）、王有方（北大物理系研究生）、張志清（政法大學）、張伯笠（北大作家班）、李錄（南京大學）、張銘（清大汽車工程系）、熊煒（清大無線電系）、熊焱（北大法律系）。

中共通緝令發布後，王丹、劉剛、周鋒鎖、王正雲、鄭旭光、馬少方、楊濤、熊煒、熊焱等九人，隨即被捕。吾爾開希、李錄、柴玲、封從德等人，順利逃亡國外。

在民運期間，《人民日報》因同情支持學生運動，在六月十八日社長錢李仁、總編輯譚文瑞被免職；副總編輯陸超祺被撤職，其他編輯或被降職，或受到黨內警告處分。

方勵之夫婦在「六四」事件翌日，避入美國駐北京大使館。六月十二日，被中共以「反革命宣傳煽動罪」通緝。方氏夫婦在美使館滯留一年後，在美中（共）外交妥協下，搭乘美軍機前往英國，半年後轉住美國。方勵之二〇一二年四月六日在美逝世。

六月二十四日發布通緝嚴家其、包遵信、陳一咨、萬潤南、蘇曉康、王軍濤、陳子明等支持學運的著名知識份子。嚴家其透過秘密通道，逃亡美國。

劉曉波於六月六日被捕，遭控為操縱學運的「黑手」。一九九一年一月被判「反革命宣傳煽動罪」，但因說服學生撤離廣場有「重大立功表現」，免予刑事處分獲釋；侯德健藏身北京某外國機構。

「六四」後，中共隨即對參與民運的人士，展開血腥屠殺，或從重判刑。六月二十一日，上海槍決民運工人三人，並重判其他人士五年到無期徒刑不等；六月二十二日，北京槍決民運工、農民八人；同日，長沙市判決民運工人一人「死緩」，其他二十六人一至十五年不等之徒刑。光是從六月五日起至六月三十日止，可查的逮捕和羈押的人數，全國就有一萬一千五百二十三名的「反革命暴徒」和「動亂分子」，分別判刑，甚至死刑。

歷來被指控為「自由化」的著名知識份子，在「六四」後先後被捕的有包遵信、李洪林、溫元凱、于浩成、曹思源、戴晴、王軍濤、陳子明、劉曉波……等多人。李洪林對王軍濤極為推崇，他說：「王軍濤在鬥爭策略上並不完全贊同學生的行動，但他在法庭上勇敢地為學生運動作了辯護，挺身而出承擔了責任，並且因此受到法庭的重判，被處以長達十三年的徒刑。」

六月二十三、四日，中共在北京召開十三屆第四次全會，批判學生民主運動是：「極少數人利用學潮，在北京和一些地方掀起一場有計劃、有組織、有預謀的政治動亂，進而在北京發展成了反革命暴亂。他們策動動亂和暴亂的目的，就是要推翻中國共產黨的領導，顛覆社會主義的中華人民共和國。」

李洪林評析「八九民運」失敗的原因「恰恰在於他們沒有計劃、沒有組織、沒有預謀，特別是沒有領導。這場學生運動完全是自發的，只是胡耀邦逝世這個偶然因素，觸發了中國社會積累了多年的矛盾，才演變成五四以來最大的一次民主運動。」

中共對這一場澎湃的民主運動一口咬定為「有計劃的陰謀」，其實真正害怕的是共產黨的政權被推翻，特別是以鄧小平為首的「老人幫」更怕失去了權力。因此栽贓學生運動是受人操縱的「政治動亂」和「反革命暴亂」。而趙紫陽就成了「代罪羔羊」，曾經參與「倒胡（耀邦）」的他，這次也同嚐苦果。

會中，李鵬提出《關於趙紫陽同志在反黨反社會的動亂中所犯錯誤報告》，狠批趙紫陽「在關係黨和國家生死存亡的關鍵時刻犯了支持動亂和分裂黨的錯誤，對動亂的形成和發展負有不可推卸的責任，其錯誤的性質和造成的後果是極為嚴重的。」全會決定撤銷趙紫陽的總書記、中央委員、政治局委員、政治局常委、軍委第一副主席等職務，並且「對他的問題繼續進行審查」。從此遭受了長達十六年的軟禁生活，於二〇〇五年逝世。

在全會中受牽連的有胡啟立（免去政治局常委、政治局委員、中央書記處書記職務）、芮杏文、閻明復（二人均免去中央書記處書記職務）。

趙紫陽被通知參加全會，接受批評。他在會上提出《自辯》說：

「這次學潮有兩個很值得注意的特點：一是學生提出要擁護憲法推進民主，反對腐敗等口號。這些要求跟黨和政府的主張基本是一致的，我們不得拒絕。二是參加遊行的人和支持他們的人非常之多，各界人士都有……廣大學生要求改革、反對腐敗的熱情是可貴的，是應該予以充分肯定的。同時還要接受群眾的合理意見，採取積極的整改措施。

「（四二六社論）做了一個多數人難以接受的、籠統的敵我矛盾性質的定性……學生們認為四月二十六日社論給他們載上一頂帽子，情緒變得激烈起來。因此，我曾主張對社論做些改變，鬆一鬆口。

「我是想把廣大青年學生和社會上很多同情者的行為，與極少數人的企圖利用學潮混水摸魚、製造事端，攻擊黨和社會主義的行為嚴格區別開來，避免把整個學潮籠統地作一個敵我矛盾性質的定性，著重採取疏導的方針，避免激化矛盾，盡快平息事端。

「五月十九日學生絕食進入第七天，有死人的危險，已經到了緊急關頭。黨內外各界人士要求我和李鵬同志去廣場勸說絕食學生的呼籲像雪片一樣的傳來。人民群眾也對我遲遲不出來做工作強烈不滿……我去了以後，除了動之以情，勸說他們停止絕食外，還能說些甚麼呢？在我們看望之後，當天絕食學生的情緒已有緩和，並於當晚九時，宣布停止絕食。

「我十分擔心在同多數人的矛盾尚未緩解的情況下採取強硬手段，特別是動用武力，將很難避免發生衝突和流血事件，那樣就會使事態更加擴大，即使把學潮平息下去，將會留下很大的後遺症。

「我對李鵬同志的報告中提出撤銷我領導職務的建議沒有意見，但對我提出的『支持動亂』和『分裂黨』這兩項指摘，我保留意見……事實上從四月二十三日到月底這一段，學潮和動亂急劇擴大，而這段時間，我並不在國內（訪問北韓）。李鵬同志的報告中，說我在亞行年會的講話，使動亂升級。事實在我講話以後，各大學校繼續紛紛復課的情況，說明這種批評不符合事實。當時首都各報都有報導，這至少可以說我那次講話，並沒有引起學潮升級。五月十九日實行戒嚴以後，我就沒有工作了，當然也再沒有發表任何講話，此後動亂的升級更沒有理由說是我的原因。

「關於分裂黨的問題。甚麼才是分裂黨的行為？黨的歷史上是有案例的，《關於黨內政治生活的若干準則》中也有規定。我們黨從來沒有把在黨的會議上提出不同意見，甚至表示保留意見就叫做分裂黨的。領導人之間在公開講話中側重點有時有些不同，口徑不那樣一致，人們中間有這樣那樣的議論，這是不斷出現過的事，不能因此就叫分裂黨……更不能因為我請病假不能出席五月十九日會議算作『分裂黨』的行動（註：趙紫陽五月十九日是抱病探視學生，當晚病情加重，請了三天病假，此後即『沒有工作可做了，也不再讓我參加任何會議』）。

李洪林對趙紫陽這篇《自辯》有很好的評價。他寫道：「（趙紫陽）此時醒悟為時已晚。不過他在整個學潮中的理性和溫和的態度，特別在十三屆四中全會上的最後發言，使他給自己的政治生涯畫上了一個可以面對歷史而無愧的句號。」

除了鬥倒趙紫陽，和在全國濫捕民運學生與同情支持學運的知識份子外，中共並展開思想整肅工作，查禁包括有大陸各地著名具民主思潮的知識份子，和在海外的民運人士如王炳章、胡平、宦國倉、房志遠等人著作。這些知識份子在當時對學生或社會人士，均具有極大影響力。

隨著江澤民的上臺，中共接著從中央到地方，開始對各級領導幹部進行清洗和整肅。凡是被認為在「制止動亂」期間未堅決執行中央政策，或曾表現同情學生的幹部，輕者受到嚴厲指控和處分，重者被撤換或降調，情節嚴重者甚至判刑入獄。社科院院長胡繩、副院長丁偉志和李慎之即因在中共頒布戒嚴令後發表聲明肯定學生熱情，呼籲中共和平解決學潮問題，因而遭受處分。

九月七日，中共中央又進行黨員重新登記清查，以「堅決消除黨內敵對份子、反黨份子，消除政治隱患」。重新登記的黨員必須聲明擁護「制止動亂和平息反革命動亂」，才能過關。中共此舉，實在是強迫全黨黨員為其屠殺民運學生和人民暴行背書，「承認」血腥鎮壓的「合理性」。但也有人敢於拒絕為「六四」屠殺背書，詩人邵燕祥拿出毛澤東曾對群眾運動批示：「絕對不許向群眾開槍」為護身符，中共因而奈何不了他。

但是，鄧小平的「清黨」作法，反使遭受處分的共產黨員，在民間成了英雄。李洪林說：「因『六四』事件而受到處分，已經被民間看作榮譽：開除黨籍是『金牌』，留黨察看是『銀牌』，嚴重警告是『銅牌』。這就是表明當局在道義上已經徹底失敗了。」

「六四」之後，中共遭受西方各國強烈制裁。為了降低國際制裁的壓力，中共於一九九〇年一月十一日解除戒嚴，並釋放被關押之民運人士五七三人。半年後，六月七日再釋放民運人士九十七人，其中包括通緝被捕之二十一名學運領袖中的周封鎖、熊煒二人。

王丹總結「八九民運」具有三個意義：一、是一場行動上的啟蒙。即以實際行動，表達一個現代化社會公民對民主的追求。「八九民運」在學生的帶動和全民的支持下，民主理念已成為全民的共同訴求。在一九八〇年代，中共仍視民主為西方資產階級的專利。到了一九九〇年代，「人權」之類的辭彙已經寫進了中共憲法。中共的被迫改變，與「八九民運」展現的強大民意有直接關係。二、為未來中國的公民社會發展，和下一波民主化浪潮準備了人才。「八九民運」使許多致力推動民主化的人，開始明確瞭解其政治反對派的立場，並承續發展「八九精神」。最近幾年風起雲湧的「維權運動」，很多「維權」人士都曾參與了「八九民運」。三、在政治文化和心理的層面上為中國的民主化奠定了基礎。中共血腥鎮壓「八九民運」，大家極為震驚的發現，即使是一九八〇年代看似已比較開明的政府，當統治權受到威脅的時候的殘暴。人們因對中共信心的喪失，導致一九九〇年代的政治冷漠，並且延續至今。個人與國家的之間的距離也逐漸拉大，此就為未來的中國民主轉型奠定了基礎。

筆者以為「八九民運」和「六四屠殺」，讓舉世看到了中國人民在「文化大革命」後的覺醒，和追求民主化的勇氣，已經不再是一群唯唯諾諾，懼於抗爭的愚民。從爾後的「法輪功」抗爭運動、「退黨運動」，和今天的「維權運動」，一再證明大陸民主運動始終方興未艾。但是，中共的血腥鎮壓，確實導致了相當的寒蟬效應，正如王丹所謂的「政治冷漠」，許多知識份子或民主人士（包括數位八九民運學生領袖）因此「棄運從商」，雖然避談「民主」，卻促使了大陸在經濟上更加「資本主義化」。事實上，這是推動「政治民主化」的一項重要過程，世界上某些國家正由於經濟的發展（包括教育的普及、交通的建設等）到達一定程度，因民智提升，專制獨裁政權無法再壓制民意時，就只得進行「政治改革」，實施「民主政治」。中共在「文革」後，因農村「民不聊生」，原只想搞搞「農村經濟改革」，改善農民生計。但在農村經濟發展後，在全民壓力下，亦不得不進行「城市經濟改革」，因而有今天的經濟成果。只要中共經濟開放持續下去，中國大陸政治改革就無法避免，政治民主化遲早會來到。這種跡象，事實已隱約可見。

「六四」開槍後，香港人支持民運的激憤，迅速轉化為一股營救民運人士的力量。當時被中共通緝追捕的民運人士紛紛藏匿各地，企圖外逃，但多無途徑。這時香港著名藝人岑建勳是「香港市民支援愛國民主運動聯合會」（港支聯）常委，他聽說港人陳達鉦為人四海，深具俠義精神，在港陸兩地人脈寬廣，熟悉海上偷渡管道，並已經救出一些學生。岑建勳於是透過藝人鄧光榮，和鄧的友人高世昌，結識陳達鉦，雙方達成合作，共同攜手拯救民運人士。這項拯救計劃後來稱之為《黃雀行動》（一九九一年，岑建勳接受英國媒體訪問時，突來靈感，用《黃雀行動》稱之），行動分工：資料收集、聯絡、後勤安排等由「支聯會」的岑建勳、朱耀明（牧師）、劉千石（工運領袖）和李偉傑等人負責；陳達鉦、陳達鉗兩兄弟負責透過秘密通道救人。

《黃雀行動》從一九八九年六月開始營救，到一九八九年底，已救出一百三十三名學運領袖、民運分子和學者、作家，如趙紫陽兒子趙二軍全家、「中國社會科學院政治學研究所」所長嚴家其、趙紫陽智囊陳一諮；被通緝的二十一名學生領袖中有十五名成功接運至港後轉往歐美國家，如北京「北高聯」主席吾爾開希、天安門廣場宣傳部長老木、「保衛天安門廣場指揮部」糾察總長張倫、「高校學生對話團」團長王超華等人；此外還有四名因掩護《黃雀行動》外逃，身分暴露的共軍軍官。

營救期間，《黃雀行動》有四名成員在公海，被中共快艇追逐中喪生；在拯救學者陳子明和王軍濤時，行動失敗，有兩名營救人員被捕判刑。《黃雀行動》持續到一九九七年香港回歸前的六月止，至少有三百人擺脫中共的追緝，成功抵達香港轉移外國。

這些外逃成功的民運學生領袖和知識份子在接觸西方民主政治和海外民運組織，特別受到

「中國民聯」和《中國之春》民運刊物之影響後，政治理念發生了徹底的改變。「八九民運」從紀念胡耀邦逝世起始，到發展為爭民主、爭自由的民主運動，基本上都侷限在體制內的政治改革。直到《四二六社論》激化民運學生情緒後，學生要求修改《社論》內容，肯定學運的「愛國性質」，未獲善意回應，乃發起絕食抗議。五月十七日嚴家其等知名學者發表「五一七聲明」，矛頭直指鄧小平，開始出現要求罷免李鵬、結束老人政治等激烈口號。但是中共以血腥鎮壓學運，使這些中國知識界和學生界的菁英分子對中共徹底失望，因而認同海外民運以推翻或結束共產黨一黨專制的主張，並成了海外民運一股新生力量。

嚴家其和吾爾開希是最早逃出中國轉往法國的民運人士，二人在一九八九年六月二十七日至七月三日以「北高聯」和「北京知識界聯合會」（北知聯）名義召開「聯席會議」，並在四日聯名發表《國殤日周月宣言》，正式提出「鄧、李、楊反動集團」稱呼，指責「這一集團在國內外都已喪失了任何合法性基礎」，「一個只能靠坦克和機槍維持的反動政權必將在這一風暴（指下一次更大的學、民運）中被徹底摧毀」。所以「決定成立『北高聯』、『北知聯』聯合辦公機構，團結海外一切民主力量，籌備成立『中國學運民運聯合委員會』，同時建議，在適當的時候以海外支援北京學運民運的方式籌備成立『中國學運民運基金會』」。

這是「六四」屠殺後，逃亡國外的民運人士，倡議籌組的第一個民運組織，並獲得陳一諮、李祿（學運領袖，南京大學學生）萬潤南（前北京四通公司總裁），和已在美的北京著名學者蘇紹智（社科院馬列研究所前所長）與劉賓雁（中國作家協會前副主席）支持，於七月二十日聯名發起創建「民主中國陣線」（簡稱「民陣」），由陳一諮任籌委會主席，呼籲一切有良知的中國人，不分黨派、團體、信仰、職業、地域，在「自由、民主、法治、人權」的旗幟下，團結一致，推動中國的民主化進程。

九月二十二日至二十四日，「民陣」在法國巴黎召開第一次代表大會，出席代表有一百六十七人（另有二百多名觀察員），正式宣布成立組織，並選舉嚴家其為主席，吾爾開希為副主席，萬潤南任秘書長。「民陣」在成立宣言中提出：「（民陣）的綱領是保障基本人權，維護社會公正，發展民營經濟，結束一黨專政」和「和平、理性、非暴力」的行動原則。「民陣」成立後，陸續在世界數十個國家建立了分部，成員據說發展到二至三千人。

「民陣」的成立。具有兩大意義：一、中國境內與境外民主運動的大集結；二、嚴家其、陳一諮、蘇紹智等著名知識份子都是中共體制內的開明改革派，他們參與組建民運組織，代表著中共體制內外民運力量的大結合。因此，「民陣」的成立，使海外民運聲勢大振，「民陣」領袖巡迴世界各國演講，或接受採訪，均受到當地政府、民意機構、華僑、陸生（含學者）廣泛的歡迎，許多華人、陸生紛紛加入民陣。一九九〇年四月下旬，「民陣」曾與東德《新論壇》等組織成功地在東柏林召開「走向民主的東歐與中國——過去、現在和未來」的國際性會議。討論議題是：在「蘇東波」的民主浪潮的衝擊下，各國民主運動的工作經驗。

但是，「民陣」第一次「代表大會」就埋下了「內鬥」因子。起因是陳一諮擔任「民陣籌備組」召集人，自信會當選首任主席，結果落選，懷疑是被萬潤南的「四通公司」運作所致。終於在一九九〇年「民陣二大」時爆發開來，相互攻訐。並在會後形成一股「反萬」勢力，運用香港媒體批評萬潤南。

海外民運組織在「六四」之前，原只有「中國民聯」一家。但在一九八九年初，「民聯」發生內訌，於四月間分裂，「擁王派」成立了「中國民主黨」。北京「八九民運」就在此時爆發，由於「民聯」的分裂，難免會削弱了海外民運組織投入全力支援北京學運力度。

王炳章不願錯失支援北京學生民主運動時機，曾於「五四運動」紀念日當天，與民運同志湯光中搭機從紐約飛往北京，企圖闖關入境直接參與學運。但在東京轉機時，因中共施壓，日本政府禁止二人登上飛北京班機，被迫折返美國。王炳章具有旺盛企圖心，和說服力，中共早視為芒刺，即使他能在東京順利搭上班機闖關，抵北京後不是被捕，就是原機遣返。王炳章在出發前，已有被捕入獄心理準備，所以甘冒危險，毅然闖關，雖未成功，不過已為爾後許多民運領袖為返大陸闖關，開了先例。

「六四」之後，一些海外陸生對中共政權徹底失望，企圖擺脫中共駐外使領館的控制，另行成立獨立自主的學生組織，其中有部分陸生甚至希望能建立一個比「民聯」和「民陣」更具積極性的民運組織，推動大陸政治民主化運動。所以在「民陣」成立之前和之後，大陸留學生又分別在美國組建了兩個民運組織，即「全美中國學生、學者自治聯合會」和「中國自由民主黨」。

中共自開放留學後，前往國外留學或進修的學生學者，以美國最多，到一九八九年已有約四萬多人。中共特地在各大學成立了「中國學生學者聯誼會」，以有別於臺灣留學生所組織的「中國同學會」，並藉此監視陸生、學者，和傳達北京政治指示。但因這些中國大陸菁英分子在海外，長期接觸西方民主思想，對中共壓制民主，一黨獨裁的政治，早已不滿。所以，在「八九民運」驚心動魄期間，許多陸生和學者，紛紛公開地站出來，積極聲援國內的學運。尤其隨著「六四」屠殺的震撼，促使他們對中共政權喪失信心，並擔心「海歸」後遭受中共的「秋後算帳」，因此決心擺脫中共控制，自行成立獨立的組織。

一九八九年七月二十八日，來自美國一百零五所大學三百五十多名代表，在芝加哥舉行第一次代表大會，正式成立「全美中國學生、學者自治聯合會」（簡稱「學自聯」），宣佈與中共官方的「學生學者聯誼會」和中共使領事館脫離關係，並選舉史丹佛大學的劉永川（曾在學運期間回到北京參加民運）和耶魯大學的韓聯潮為正副主席。劉永川說：經「六四」慘案後，中共官方的「學聯」已不具備任何合法性，「學自聯」將成為大陸留學生的合法代表。

「學自聯」宣稱「崇尚科學理性，尊重保護人權，致力於社會文明進步，追求和平、自由與民主的社會政治制度」。「學自聯」的成立，迅即遭到中共「新華社」八月一日猛烈批判，指「學自聯」是在「美、臺、港反動勢力的庇護和支持下」成立的組織。

「學自聯」的政治訴求，固然同樣在促進中國的民主化，一方面認為「民聯」與「民陣」的主張不夠積極。另方面又側重尋求解決大陸留美學生、學者在美國的居留身分問題。在「學自聯」努力下，一九九〇年成功推動美國老布希總統簽署保護中國來美人員的行政命令，和一九九二年促成美國國會通過《中國學生保護法案》，使得八萬多留美人員取得美國「綠卡」（永久居留權卡）。

「中國自由民主黨」成立的原因，須追溯到「八九民運」爆發之前的半個月。「中國民聯」因胡平和王炳章二人的分裂，「擁王派」於三月底自行召開「民聯四大」，因不具合法性，於四月二日臨時變更會議名稱為「中國民主黨成立大會」，倉促宣布成立「中國民主黨」，黨員實際都是「民聯」成員。所以「六四」之後，「民聯」於六月二十三日至二十六日在洛杉磯正式召開「四大」，通過議案，將「民主黨」和「民聯」從組織上確實分割，凡具有「盟、黨」雙重身分者，需在三個月內，決定自己退「黨」或脫「盟」。

王炳章參加了「四大」，他在議案通過後發言表示：作為「民聯」創辦人，對「民聯」的分裂，充滿痛惜之情，對「民聯」和「民主黨」完全分開的決議，表示遺憾。民聯直到一九九一年六月「五大」時，才推翻了此案，承認「罷王事件」重創了民運形象，歡迎「四大」後脫盟人員回盟。

事實上，王炳章個人早在一九八七年之前，即有「組黨」企圖，但未獲盟員支持。一九八九年四月「民主黨」的成立，實際就是王炳章的意思。但王炳章並未加入「民主黨」，丁楚在《大夢誰先覺》一書中說：「（王）他自己沒有參加民主黨，恐怕就是為了今後在民聯復辟留下後路。」所以「民聯」四大的「黨盟分家」決議，讓「擁王派」力量被排擠出盟，促使王炳章必須另謀出路。

一九八九年十二月，王炳章與「學自聯」結盟，邀集百多名海外民運人士，在美國維吉尼亞州黑堡秘密召開「中國自由民主黨」（簡稱自民黨）籌建會議，通過建黨政治主張：「廢除一黨專制，建立民主政體；發展自由經濟；維護基本人權，維護社會公正」，並「在多黨競爭基礎上，通過自由公正的選舉，在中國建立並實行分權制衡的民主政體」。還特別強調「在專制暴政剝奪人民基本人權的情況下，人民有選擇廢除暴政的各種方式的權利；在人民受到專制壓迫的情況下，人民有反抗專制及自衛的權利」。

一九九〇年七月，「自民黨」第一次代表大會在美國俄亥俄州哥倫堡市舉行，選舉美國伊利諾大學陸生陳厚琦為首屆黨主席。王炳章後出任第二屆主席，原「民聯」西班牙分部創建人王策博士當選為第三屆主席。

「自民黨」的政治主張，的確比「民聯」和「民陣」激進，企圖發展成為能夠制衡中國共產黨的反對黨，或於必要時採取革命手段，推翻中共政權。可惜「自民黨」在一九九二年一月也發生內鬥，分裂成為兩個同名的黨，分裂出來的「自民黨」由倪育賢自任為主席，被稱為「倪育賢自民黨」。倪育賢即劉賓雁所著《第二種忠誠》一書中的主角，他在美就依靠這個知名度從事民運，不過因個人因素，在民運界中具有爭議，未能打開局面。

「民聯」和「民陣」這兩個海外最主要的民運組織，於一九九〇年一月二十九日和三十日在美國華府舉行「海外民運團體聯席會議」。出席的團體還包括有全美「學自聯」、全加（加拿大）「學自聯」、「自民黨籌備處」（時尚未正式建黨）、「中國民主黨」、「中國民主通訊委員會」（原名為「退黨委員會」）、「六四之聲廣播電臺」（「六四」後陸生在芝加哥創辦之對大陸廣播電臺，維持了兩年）、「新聞自由導報」（曹長青）、「民主中國」（加拿大）、「六四基金會」、「解放軍民主正義協會」，和「美中人才交流基金會」等十餘個民運組織。

這次會議是海外民運團體首次團結大會，會議達成決議：一、年內組團考察東歐，擷取東歐結束共黨專政，建立民主社會的經驗；二、共同籌辦一九九〇年「六四」周年紀念，並推動定訂六月四日為「世界民主紀念日」；三、協同進行有計劃的理論研究；四、共組「中國人權民主基金會」，統一籌措和分配民運捐款；五、成立常設協調小組，負責與各民運團體的聯絡協調。

「民聯」和「民陣」同時在會上發表聯合聲明：作為海外民運兩隻主要力量，應當在積極合作的基礎上，共同為結束共產黨在中國大陸的一黨專政之目標努力奮鬥，並應在條件成熟時向組織上的合併努力，和推動有意願的其他民運團體一起合併。預定四月下旬，藉參加在東柏林舉行國際會議結束後的時機，召開兩盟聯席會議，具體研究組織合併問題。

一九九〇年四月二十六、七日，「民聯」與「民陣」重要領導幹部三十七人繼在東柏林召開完「走向民主的東歐和中國——過去、現在和未來」國際性會議後機會，就地舉行「聯席會議」，雙方認為「應不失時機地行動起來，廣泛合作，促進聯合，推動合併，倡議組黨，用聯合行動對中共政權施加壓力」。會議通過：兩盟在美國或歐洲聯合辦公、聯合運作，鼓勵雙方盟員，互相加盟；倡議成立「反對黨籌委會」，即日起至五月三十日止，徵集簽名；並起草黨綱、黨章等有關文件，於六月四日公布籌備報告；於適當時機，召開聯合代表大會，逐步推進合併。

自一九九〇年四月，中國海外民運組織與東歐各國民運組織會議後，東歐共黨國家遂即發生劇烈變化，在兩年內全部走向民主化，蘇聯也隨之瓦解。

蘇聯的崩解和東歐共黨各國的民主化，一般稱為「蘇東遽變」或「蘇東波」運動。首先發生於波蘭，一九八九年六月四日，在北京爆發「六四」血腥鎮壓民主運動後當天（註：華沙比北京慢七個小時），波蘭舉行國會大選，「團結工會」在參、眾兩院均獲勝，選出首位非共黨之總理。十二月二十九日，更改國號為「波蘭共和國」（取消「人民」兩字）。次（一九九〇）年一月，波共宣告停止活動，同年華勒沙當選首任民選總統。遠在亞洲的「蒙古」國，也在一月發生民主革命，進行政治民主化。

波蘭的民主運動，迅速影響到其他東歐國家。一九八九年十一月九日，東德人民舉行大規模示威抗議，政府被迫開放柏林圍牆，允許人民訪問西德與西柏林。人們欣喜之餘，把圍牆推倒。西德立即提出「德國統一十年計劃」，但一年不到，德國即於一九九〇年十月三日完成統一，結束四十餘年的分裂。

一九九〇年三月十一日，立陶宛宣布恢復獨立；愛沙尼亞、拉脫維亞隨後分別宣告「開始恢復獨立進程」；六月，俄羅斯宣布主權獨立，烏克蘭、白俄羅斯、土庫曼、塔吉克、哈薩克、吉爾吉斯等國跟進，先後提出主權獨立宣言。進入一九九一年後，這些國家自四月起，紛紛正式宣布獨立。同年宣布獨立的還有喬治亞、摩爾多瓦、亞塞拜然、烏茲別克、亞美尼亞等國。

一九九一年八月十九日，蘇共保守派發動政變，軟禁戈巴契夫。但政變僅維持三日，即告失敗收場。戈巴契夫在政變後雖然恢復總書記職務，但已無法控制各東歐和加盟共和國的分離勢力。而屋漏偏逢連夜雨，俄羅斯總統葉爾欽又下令宣布蘇聯共產黨為非法組織，並限制活動。十二月二十五日，戈巴契夫辭去總書記職務，並建議蘇共中央委員會自行解散，蘇共正式瓦解，建國六十九年的蘇聯宣告解體。

東西方外國學者很少將「蘇東波」運動，和北京學生「八九民運」結合一起研究，但從一九五六年「匈牙利事件」，爆發之布達佩斯的大學生反蘇和反共之民主運動，曾引起中共的極度恐慌，深恐大陸知識份子和大學生效法學習。所以中共強烈批評「那是一場西方反動勢力挑起的反革命事件」，並成功說服蘇聯「鎮壓平息了這一起反革命暴亂」。除此之外，其他任何東歐國家的民主運動，無不引起中共恐慌。這些均足以說明共產世界裏的任一重大政治事件，都相互影響。而「八九民運」早在一九八九年四月就已爆發，中共「六四」血腥鎮壓的消息，又與歐洲有七個小時之時差，在波蘭國會大選時，早已傳遍全球，舉世憤怒，紛紛強烈指責，很難想像不會影響波蘭國會選舉的結果，並且進而擴展到東歐其他各國。

特別是在「民陣」與東歐民運組織在一九九〇年四月開會後，東歐各國去共化，宣布脫離蘇聯（共）的控制，成為獨立自主的民主國家的速度，顯著加快。所以，可以肯定「八九民運」對「蘇東波」運動，確確實實產生了催化作用。

相對，東歐的民主化也給予海外中國民運極大鼓舞，特別是東歐巨變牽動蘇共和各附庸國共產陣營的瓦解，更衝擊中共政權的安危。因此，中共為徹底鎮壓國內民運力量，在「六四」和東歐民運爆發之後，大肆搜捕民運份子，對少數具國際知名度的知識份子，迫於國際壓力，則採取「流放」國外。中共認為：這些流亡海外民運人士，雖然出境初期之言行，會對中共國際形象造成一些傷害，但不會影響到國內安全，時間久後，他們已與國內政局脫節，便如同失去土壤的浮萍，再也難發揮大效應了。

一九九一年六月，「民聯」在拿大多倫多市召開「五大」，改選正副主席，由于大海、伍凡二人當選。于大海生於一九六一年，北京大學物理系畢業。八二年赴美入賓州大學攻讀物理博士；八三年轉入普林斯頓大學，改攻經濟學博士，曾任「中國留美同學經濟學會」首任會長。他是「民聯」最重要骨幹之一，迄今依然。

這次會議同時邀請「民陣」新任主席萬潤南、副主席吾爾開希與會。萬、吾二人表示他們是特地為推動「民聯」和「民陣」合併而來，希望不要錯過民主運動聯合的機會。獲得「民聯」熱烈響應，並通過「關於和民陣合併的決議」。

一九九二年八月五日，被中共指為「資產階級自由化」祖師爺，著名異議作家王若望偕妻馮素英（羊子）抵達美國。王若望是老牌民運份子，也是老牌共產黨員；一九五七年即因主張文藝自由化，被打成右派；六八年，因「惡毒攻擊毛主席」罪，入獄四年，刑滿又以「現行反革命罪」接受勞改；八六年「反對資產階級自由化」運動時，與劉賓雁、方勵之一起被開除共產黨黨籍，並受到媒體「大批判」；八九年，北京民運掀起高潮，他積極參與運動，並發表《致鄧小平的公開信》；「六四」後，藏匿農村，九月返回上海家中時被捕；九〇年底，獲准「取保候審」，秘密出版民刊；九二年，取消「取保候審」，中共通知他：「可以申請出國了」。王若望即以哥倫比亞大學訪問學者身份赴美，「被迫流亡」國外。

王若望抵美後，不顧勞累，風塵僕僕考察「海外民運」，先後訪問了加拿大、法國、德國、英國、香港、澳大利亞，和臺灣。一九九二年十月，王若望在《中國之春》發表《民運的三條最低綱領》一文，提出建議「民運三條當務之急的最低綱領是：一、結束一黨專政；二、開放新聞自由；三、給『六四』平反，釋放一切政治犯。」他還針對海外民運呼籲：「以平等精神尊重他人；不搞山頭主義；排除小團體習氣；不患得患失，服從整體利益，顧全大局。」一語道破「六四」後，海外民運組織山頭林立的缺失。王若望並公開表示：他將競選「民聯」與「民陣」合併後新組織的主席。實際上這是海外民運組織的共識。

一九九三年一月二十九日至三十一日，「民

聯、民陣聯合代表大會」在美國華盛頓特區召開。來自十七個國家和地區的代表一百五十名（民聯、民陣各一半），連同獲邀與會貴賓共二百四十人參加了大會。前一晚（二十八日）「民聯」主席于大海和「民陣」主席萬潤南分別主持了兩個組織的最後一次代表會議。「民聯」有一項重要決議：「《中國之春》雜誌將繼續保持原來的編輯方針，堅守自由、民主、法治、人權的陣地，為促進中國大陸民主運動的發展作出貢獻。」

大會決議通過新組織的名稱為：「中國民主聯合陣線」，簡稱「民聯陣」。確定組織綱領為：「保障基本人權、保護私有財產、維護社會公正、實行多黨政治、推進中國大陸的民主化和建立一個自由、民主、統一、富強的中國」。

但在會議最後一日選舉時，原同意與王若望搭檔選舉正副主席的徐邦泰，突然反悔，決定參選主席。王若望認為這是嚴重的道德問題，搞陰謀詭計，破壞民運的團結和聯合，憤而宣布退選。

「民聯」前主席胡平原計劃參選主席，但他對王若望的退選理由，深有同感，批評不應該在海外民運中「玩小手段」，也宣布退選。之後，原有意參選正副主席的岳武、萬潤南等人，紛紛退出競選，並有部分（約四十名）代表退出大會，而且因有少數人的代表資格，不具「合法性」（人頭代表），發生爭議。會場頓時陷於混亂，「有人抗議、有人哭泣、有人捶胸頓足、有人奔走呼號」。

在混亂中，只有不足八十位代表投票，由徐邦泰當選主席，楊建利、張伯笠人當選副主席。歐、亞地區合法代表，不滿選舉出現舞弊現象，決定擱置理、監事的選舉，因而無法成立理、監事會，自是使「民聯陣」的合法性，始終令人存疑。

「民聯」與「民陣」的合併，原本在促進海外民運力量的大團結。果真實現，勢將對中共政權構成極大的威脅，但結果卻是完全相反，只因為一個人的野心與詭詐，枉顧大局，所產生的嚴重後果，造成海外民運力量空前的大分裂。「民聯」至少有六個分部（紐約、肯塔基、密西根、南加州、日本、澳洲），拒絕加入「民聯陣」。許多「民陣」分部也宣布不承認「民聯陣」的合法性。

自王炳章在一九七二年創刊《中國之春》後，《中春》便成了海外宣傳民主運動最主要的刊物，不但發行全球，而且透過隱密管道，或個人攜帶方式，已深入大陸，在各個大學和民運組織中秘密傳閱。「民運」後來又發行《中春簡訊》，以單頁濃縮摘寫《中春》內容，用郵寄、夾帶等多種管道，秘密的廣泛在大陸散佈。據《中國民主團結聯盟十年簡史》說：「每月送入大陸的《中國之春》雜誌有八、九百本左右。」吾爾開希也說：「參加『八九民運』的很多學生都知道《中國之春》，一說到《中國之春》，他們就會振奮和激動。」

一九九一年八月一日，王炳章在紐約舉行記者會，宣布「自民黨」北京支部發行《中國之春報》之地下民刊，並解釋使用此報名，係因《中國之春》雜誌在中國大陸已具知名度，北京支部黨員又多是「民聯」盟員。雖然後因「民聯」表示異議，王炳章同意不堅持使用《中春》作為報名，但已足以證明《中國之春》雜誌在大陸內部影響之大。

《中國之春》作為「民聯」的機關刊物，休戚與共，于大海就說過：「《中國之春》雜誌對於『民聯』的生存和發展來說，無疑是至關重要的」。在「民聯陣」成立的前夕，「民聯」代表會議對《中國之春》雜誌爾後的定位，已有明確決議，即維持原有編輯方向不變，亦即《中春》不併入「民聯陣」。但徐邦泰仍以「民聯」已併入「民聯陣」的理由，要求《中國之春》一併撥交，並擅自提走《中春》全部經費（後銀行承認錯誤，將被盜領款額，全數追回）。徐邦泰一計不成，又生一計，自行任命為社長，企圖率眾強行接管雜誌社，仍未能成功。徐邦泰爭取《中國之春》所有權的目的，是要掌握雜誌社的財源，和民運宣傳輿論陣地一九九三年四月二十七日，徐邦泰以「民聯陣」名義，向美國法院控告《中國之春》雜誌社社長于大海、經理薛偉、主筆胡平等人。引起許多拒絕加入「民聯陣」之「民聯」、「民陣」成員，和《中國之春》忠實讀者憤慨，慷慨解囊，資助「民聯」，向美國法院控告「民聯陣」的非法性，以挽救《中國之春》。但于、胡、薛三人認為官司耗時費事，不但消費民運資源，損害中國民主運動形象，並可能促使海外民運力量更嚴重的分崩離析。於是「主動妥協」，與「民聯陣」達成庭外和解，放棄《中國之春》主辦權。遺憾的是，徐邦泰取得《中國之春》後，反而用於攻訐其他民運人士。

為了持續推動中國民主運動，于大海等三人在同年六月，在紐約復刊前北京西單民主牆時期著名民刊《北京之春》。于大海在創刊號為文沉痛的說：「這些年來，民運、尤其是海外民運遭遇到許多挫折……民運隊伍中拉幫結派、崇拜『實利』和『實力』之風盛行，內鬥的『鬥志』十分旺盛。其結果，是民運的道德感召力空前低落。」「許多人整天把民主掛在嘴上……在行動中也不懂得尊重別人的權利。這樣下去，民主運動會慢慢由一個崇高、響亮的口號，異化成一個令人反感的空洞的名詞。」

海外中國民運從團結走向分裂，不過「一日」之間的劇變，深深令人感到親痛仇快。孫中山先生在《三民主義》民族主義第一講中說：「雖有四萬萬人結合成一個中國，實在是一片散沙。」孫先生在一九一一年辛亥革命成功，中國歷經八十餘年動亂，國人仍如一盤散沙，真叫人感慨萬千，不勝唏噓。

海外民運經過這一次嚴重的挫折，有不少人從此離開民運，不再參與活動；許多原對民運大聯合懷抱期望的僑界、學者，同感失望。但仍有一批充滿熱情的民運志士，不甘海外民運就此沒落，為了「迅速扭轉海外民運偏離的方向」，在王若望、劉賓雁、方勵之三位最著名，德高望重的知識份子，在民運分裂後二十天（二月二十日），登高呼籲召開「人權和民運聯席會議」重新團結海外民運力量，立即獲得「民聯陣」以外之各民運組織和個人的熱烈響應。

五月七日至九日，「全球中國人權與民運聯席會議」順利在美國洛杉磯市舉行，共有來自世界各地之民運人士五十餘人出席，並邀請中外貴賓四十多人參與開幕式。王若望發言指出：華盛頓會議未能達到整合團結民運力量的目的，所以倡議召開「聯席會議」，以補救民運分裂的危機。由於有很多人不承認「民聯陣」的合法性，只得「另起爐灶」，給民運人士「第二個選擇」。他對「民聯陣」的態度，則是「聽其發展，和平競賽，在大陸工作上可以攜手合作，對於內鬥，則相應不理。」劉賓雁更語重心長說：「大陸文化中斷而造成的道德、教育、法律、宗教的破壞，在海外民運一些人身上也可以看見。」因此，反思海外民運存在的許多問題，便成了會議第二個重要議題。

會議決議成立「中國民運團體協調會」，並通過章程，確立「協調會」是「中國大陸各民運團體和持不同政見者的聯繫、協調、合作機構」，宗旨為「推動中國大陸民主化和改善人權狀況，倡導清廉、公正、誠信、寬容的風氣，進行多元合作。」

「協調會」設「協調委員會」，推選王若望為總召集人，項小吉為秘書長。並發表《公告》：「歡迎所有中國大陸民運團體本著共同推進中國民主化進程的目標參加『協調會』，並在各組織之間建並平等、多元的協調合作關係。」

「民聯」與「民陣」在「民團協調會」成立會上，發表聲明：兩會仍繼續存在，指導所屬分支部，推動大陸民主運動。同年十一月，「民陣」與「民聯」分別在澳洲墨爾本和雪梨召開「代表大會」，正式宣告兩組織恢復活動，並改選領導人，新任主席「民陣」為萬潤南，「民聯」為吳方城。

十二月一日，「民聯」與「民陣」在澳洲一艘遊艇上簽署《聯合宣言》，定位兩組織間關係為「獨立存在，密切合作」，並因作為「中國民運團體協調會」的成員，將積極促進所有民運團體，包括和兩組織有重大分歧的「民聯陣」在內的各組織之間的和解與協調，以開創民運組織的多元併存、寬容合作的新局面。還決定：今後將把工作重點從海外轉向中國大陸，促進中國大陸向民主方向轉變，以戰鬥的姿態，迎接「後鄧小平時代」的來臨。

為了療癒民運組織在年初的分裂，共有三十九位海外民運有識之士，在「民聯」與「民陣」發表《聯合宣言》之前十日，即十一月二十一日，選在中共總書記江澤民訪美，與美國柯林頓總統會晤之際，發表《西雅圖宣言》，表示為彌合對華盛頓「民聯、民陣聯合大會」後民運組織的分歧，「民聯」、「民陣」與「民聯陣」雙方達成一項「不得互相攻擊、求同存異」的協議。

這本是一件好事，但不久之後，就被已簽字同意此一協議的「民聯陣」負責人片面否決。「民聯陣」還發表一份《嚴正聲明》，拒絕承認「民聯」與「民陣」的合法性，並保留法律追訴權。同時將參與籌備「民聯」、「民陣」大會的「民聯陣」成員，視同自動脫離「民聯陣」，切斷組織關係。

「民聯陣」這種作法，不啻是將中共文革式鬥爭手段，搬到海外實施，令人痛心。也因此，確定了海外中國民運組織的分裂，無法團結一致。

「中國民運團體協調會」的成立，和「民聯陣」否定與「民聯」、「民陣」的和解關係後，「民聯陣」也尋求另成立一個與「民團協調會」抗衡的組織。

一九九五年五月二十八日，「民聯陣」第二次代表大會在美國舊金山召開，邀請「自民黨」派代表與會。雙方達成協議，共同組建一個新的組織——「中國民主聯合陣線——中國自由民主黨」，由雙方領導人王策和徐邦泰分別代表「自民黨」和「民聯陣」在《聲明書》上簽字。

但這個「新」組織直到一九九七年十一月三十日，才在紐約舉行正式大會成立，通過聯盟宗旨為「在中國結束一黨專政，建立民主政體，保護私有產權，發展市場經濟，保障基本人權，維護社會正義。落實社會福利制度」，原「民聯陣」發行之《中國之春》雜誌作為機關刊物。並選舉王策為主席，伍凡、陳燕珠、鄭源三人為副主席，徐邦泰則為名譽主席兼任理事。

不幸，「民聯陣」與「自民黨」之間，又因《中國之春》的經營權（其核心就是「錢」）等問題，發生爭議，僵持不下。終於在一九九八年五月澳門會議之後發生分裂，「民聯陣」宣布退出「中國民聯陣——自民黨」。《中國之春》後來也因爆發貪污醜聞，社長徐邦泰辭職，並於二〇〇二年七月停刊。

這本由王炳章在一九八二年創刊，發行長達二十年，曾發表許多重量級的民運理論和實務之文章，對中國民主運動發揮了巨大催化作用，深深影響民運發展的極重要的刊物，又因個人因素，遭到摧毀停刊，真叫人不捨。

由於海外民運組織的分裂和內鬥不止，大大削弱了民運力量，使許多民運人士和支持者，感到痛心疾首。因而有不少有志之士，意圖力挽狂瀾，重新整合海外民運組織，再振聲勢。但努力結果，仍然力有未逮，改而寄望陸續獲釋來美的大陸著名異議或民運人士，能夠起調和鼎鼐之力，重振海外民運旗幟。

一九九七年二月十九日鄧小平去世，中共少了一個太上皇，在海外民運組織持續利用國際輿論呼籲，其至透過外國元首，特別是美國總統柯林頓訪問北京機會，要求中共釋放被關押的民運份子的運作下。中共在這年十一月，釋放了魏京生，流放赴美。

魏京生曾任西單民主牆時的民刊《探索》的主編，發表了《第五個現代化——政治民主化》專文，轟動一時，被中共判處重刑囚禁，在獄中仍不改其志，堅持民主理念，獲連續三年提名候選諾貝爾和平獎。到美後，並蒙柯林頓總統在白宮接見，在海外民運界中具有崇高聲望，更成為民運人士期待的新領袖，於是多個民運團體提出《支持魏京生整合與領導中國民主運動倡議書》。

一九九八年十一月，由魏京生擔任召集人的「中國民主運動海外聯席會議」在加拿大多倫多市成立。此後幾年，「聯席會議」尚能勉強運作，也稍淡化了一九九三年「民聯、民陣聯合代表大會」分裂帶給民運的負面因素。

然而，魏京生的號召力，已隨來美日久而削弱，或許他還沉醉在過去的「光彩」之中，認為既然推崇他是民運領袖，大家就得聽從他。這種作法，在海外的民主氣息下，甚難滿足他的要求。二〇〇〇年，王炳章與楊建利在中越邊界被中共逮捕，魏京生拒絕為二人奔走營救，理由是王炳章出發前沒向他報備請示。大家原期望魏京生整合海外民運組織，顯然又是緣木求魚，再次失望。

王丹是另一位海外民運組織寄望具有整合能力者。王丹於一九九八年四月十九日獲釋赴美，成為中共在柯林頓總統訪問北京前夕的一份大禮。王丹抵美後，保持相當低調，他於七月入波士頓哈佛大學就讀，先後獲得東亞研究碩士，和歷史暨東亞語言學博士。因王丹在海外民運組織中並不活躍，也未能發揮整合之功。在美國他曾擔任《北京之春》雜誌社社長、「一九八九基金會」理事長、「中國憲政協進會」主席。多次要求中共允許回國，遭到拒絕。後應聘到臺灣清華大學任教，直到二〇一四年止。

在「八九民運」之前，海外民運組織基本上是由「中國民聯」獨領風潮；在「六四」屠殺之後，大陸民運領袖紛紛外逃，或被「流放」赴美，使海外民運組織頓時色彩繽紛，熱鬧滾滾。尤其「六四」之後，西方國家一致譴責中共暴行，並對中共實施經濟制裁，以及隨之而來的「蘇東波」劇變，蘇聯和東歐共黨政權的瓦解。當年，美國老布希總統還發布了保護在美留學的大陸學生之行政命令，一九九三年柯林頓總統在延長給予中共最惠國待遇的命令中，附帶加入了人權條件。在這種國內外形勢大好的環境下，實質上為中國民主運動提供了空前的有利條件，有識之士莫不寄望海外民運自此能夠迅速茁壯發展，推動中國之民主化。

可惜這種期待，都只是曇花一現，僅僅維持了三年多，即陷入泡沫化。特別是自一九九八年起之後的十餘年間，流亡到美的數十位大陸著名異議和民運人士，儘管大聲疾呼民運組織要團結，共同行動，一致對外，竟然不能發揮振衰起蔽的作用，十分令人遺憾。

這些知名人士有：《李一哲大字報》作者之一的王希哲（一九九六年十月抵美，曾簽署劉曉波的《雙十宣言》活動）；從四五運動到西單民主牆的民運人士有：魏京生、劉青、王軍濤（《北京之春》主編，中共指控為「八九民運」黑手，一九九四年四月抵美）、徐文立（《四五論壇》主編，一九九八年參與大陸「中國民主黨」建黨，二〇〇二年十二月抵美）、任畹町（《中國人權宣言》作者，二〇〇七年四月抵美）；「八九學運」領袖：王丹、吾爾開希、柴玲、劉剛、封從德、周鋒鎖、梁敬墩、王超華、王有才、張伯笠、李祿、熊焱等人；民營企業負責人：萬潤南；七、八十年代「思想解放運動」時的著名學者、異議人士和學運支持者：如方勵之、蘇紹智、嚴家其、郭羅基、陳一諮、劉賓雁、王若望、金堯如（香港《文匯報》前總統輯）、于浩成（公安部『群眾出版社』社長）等人。可惜，都未能改變海外民運組織分裂內訌局面。

隨著不少民運人士的淡出，或是凋零，自進入二十一世紀後，海外民運更是「捉襟見肘」。首先面臨的是捐款來源減少，各組織的財務無不陷入困境，甚至年度「代表大會」不是無力召開，就是草草了事。即使是每年一度大事，舉辦的「六四」紀念活動，參與者也是意興闌珊，規模一年不如一年，不少天安門屠殺倖存的學運領袖，甚至避不出席。也有少數人重回中共懷抱，遠離民主運動了。

「民陣」在歐洲總部，在二〇〇八年分裂

為兩個總部，彼此攻訐；「中國民聯」二〇一三年改選，新任主席薛偉，尚能堅守組織，由於民運低潮，也是欲振乏力。他曾公開表示：期望王炳章早日獲釋再次領導「民聯」，海外民主運動才有重生希望。「民聯陣」也因伍凡與汪岷的分裂，盟員已大幅縮減。

一九九八年一月，王炳章潛返中國，推動組織政黨。十一月民運人士徐文立、王有才等人在北京宣布成立「中國民主黨」，迅即遭到中共鎮壓，為首之數人，均被判處重刑。徐、王二人後分別於二〇〇二和〇四年，被釋流亡美國。海外「中國民主黨」也陷於分崩離析，且有好幾個。

事實上，「內鬥」已成為海外民運組織的常態，這是「文革」的遺毒所致。而內鬥的核心，又往往是為了奪取領導權和掌握金源。至於民運理念之爭，反而沒那麼重要。「內鬥」破壞力之大，劉賓雁就曾感慨的說：「（其結果）驅使更多的中國人嫌惡政治，驅使越來越多的海外有志華人脫離民運，切斷民運的財源。」

儘管如此，海外民運組織仍維持著一些基本的運作：

二〇〇六年五月十四日至十九日，「民陣」在柏林召開第一屆「全球支持中國和亞洲民主化大會」論壇，有二十多個國家和地區的民運團體、學者專家、新聞媒體等二〇〇多人與會。二〇〇七年舉辦第二屆論壇時，除「民聯」積極協辦外，「民聯陣」、「自民黨」也都拋棄嫌隙，參與活動。爾後之歷屆論壇，曾先後選擇在不同的國家召開，如比利時布魯塞爾、日本東京、斯特拉斯堡、匈牙利布達佩斯等國家城市。

在美國成立的另一民運組織「中國社會民主黨」，自二〇〇六年起，陸續訪問並與瑞典、荷蘭、法國、比利時、丹麥的社會黨或社會民主黨建立起政黨聯繫；主持美國「中國公民力量」的楊建利（哈佛大學政經學博士），在二〇〇九年二月國國會發表《零八憲章：喚醒美國與中國》的演講，他是目前較多海外民運人士認為具有整合民運力量的領袖人選；同年三月，歐巴馬總統提名曾經贊同中共鎮壓「八九天安門運動」和西藏示威活動的美國政客傅立民，出任情報委員會主席。魏京生等數十名在美中國民運人士聯袂致函歐巴馬總統反對，傅立民被迫自動退出提名。

此外，海外民運組織為鼓勵傑出民運人士，能夠持續推動中國民主運動，設置了獎勵制度。如：一九八七年即已成立的「中國民主教育基金會」，每年評選《傑出民主人士》，並舉行頒獎儀式，歷年得獎者，均為著名的中國民運或維權人士；二〇〇四年十二月，「魏京生基金會」成立「魏京生中國民主鬥士獎」；二〇〇七年九月，《北京之春》雜誌社設立「自由先鋒獎」。

在香港，民運人士盧四清在港成立「中國民運人權信息中心」，透過秘密取得大陸民運信息，迅速傳播海外，成為國外媒體的重大消息來源。

二〇〇八年十月，「民聯」、「民陣」和「民聯陣」在洛杉磯舉行「世界代表大會」。會前在籌備期間，曾發布消息說：「籌備會也認真討論了三個團體合併為一個新團體的可能性」。這次會議出席的民運組織和領袖確實不少，但在兩天會議中，未曾能夠就此一議題進行研討。但大會卻發表了《活動報導》說：「中國民運二〇〇八年洛杉磯大會開成了一個團結的大會，勝利的大會。民運人士決心各自回到自己所在的地方繼續推進中國的民主化運動。」

不論如何，這終究是一個好的開始。二〇〇九年七月，「民聯」、「民陣」和「民聯陣」在舊金山舉行「務虛會議」，同意「尋求這三家傳統民運組織之間的組織聯合、協同運作的可行性，以及各方意向。」二〇一〇年三月九日，這三個組織領導人在印度達蘭薩拉舉行「專門會議」，達成共識：「民聯、民陣、民聯陣成立聯合工作機構，整合，協同運作；我們之間的聯合只是這個過程的開端，而非這個過程的終結。因此，我們敞開門戶，歡迎任何其他民運組織的參與，我們『虛位以待大有為之人』加盟並且掌握民運發展的大政方略。」「我們一致同意採納前民陣主席萬潤南先生的建議，採取歐盟輪值方式進行『三合一』組織運作，民聯、民陣、民聯陣三家傳統民運組織，一年一輪，依次為民聯、民陣、民聯陣。」並成立「聯合工作委員會」，由民聯主席莫逢杰擔任首輪主席。

達蘭薩拉會議仍未能達成民運組織的「合併」，其原因顯然就在「虛位以待大有為之人」這句話上，期待真正有號召力、組織力和領袖魅力的民運領導者。這位領導者，指的是王炳章。

09 讚天安門母親——控中共非法綁架王炳章

「六四」屠殺後，大陸內部民運雖被暫時打壓下去，但是民運之火未熄。由於中共在天安門廣場和附近地區，不分青紅皀白，同時也殺害了許多未直接參與學運的無辜學生和市民。這些被害者在「失蹤」後，家屬幾近瘋狂的尋找親人，幸運者還能找到死者遺體，其他未尋獲親人遺骸者，追訴無門，只得無語問蒼天。至今，沒有人知道北京究竟被屠殺了多少人？即使中共也未必清楚正確死傷數字，以及受害者的姓名、年籍等資料。因此，就有人不畏強權與威脅，要為受害親人申冤，並查清「六四」被殺害者的具體資料，向世人控訴中共的暴行。

這位偉者是一位女性高級知識份子，人們尊稱她為「天安門母親」的丁子霖。丁子霖為北京中國人民大學哲學系教授，她未成年的兒子蔣捷連，時年才十七歲，在當晚背著父母跳窗前往天安門廣場，在北京復興門外大街一處長花壇後躲藏處，被中共鎮壓部隊槍擊喪生。丁子霖極其悲痛，在忍無可忍的情況下，決心尋找並聯合其他被害人家屬，搜集「六四」死難者名單，公諸於世，尋求公理。

一九九一年五月十五日和六月三日，丁子霖打破沉默，先後接受美英兩國記者採訪，揭露中共「六四」屠殺事實，結果遭致中共的迫害，開除共黨黨籍，停止其研究生指導教授資格。乃夫蔣培坤也因接受境外媒體採訪，於一九九三年十月，被免去中國人民大學美學研究所所長職務。

從一九九三年六月起，丁子霖開始將搜集到的「六四」死難者名單，陸續向國際公布。一九九九年四月，有八位「難屬」接受「自由亞洲電臺」的「目擊者說」節目採訪錄音，控訴中共「六四」暴行。

「六四」受難者家屬除向國際聲訴冤情外，也在中國境內採取陳情和法律行動：一九九五年五月二十六日，丁子霖與其他受難者家屬共二十七人聯署致函中共人大，要求成立「六四事件調查委員會」，對此一事件進行獨立公正的調查，並公布真相及死難者名單與人數，政府應向死難者家屬作出「個案交代」；一九九八年二月，有五十六位「難屬」致函人大，要求撤銷國務院總理李鵬的「人大代表」資格；一九九九年五月，一〇八位「難屬」和傷殘聯名向最高人民檢察院控告李鵬（已轉任人大委員長），追究李鵬在「六四」屠殺事件中的法律責任。

此後，「天安門母親」每年在兩會（人大、政協會議）召開前夕，都會發表公開信。參與簽署的受難者和傷殘者家屬，年年增加，至二〇一四年已達一六三人，如果包括過去曾簽署，但還來不及等到真相，先後往生的三十五人，實際有一九八人。

中共對蔣培坤、丁子霖夫婦揭發「六四」屠殺真相，恨之入骨。一九九五年八月十八日至九月三十日，以「監視居住」名義，秘密關押在江蘇無錫一個招待所內，以阻止丁子霖與正在北京舉行的世界婦女大會的各國代表接觸，並調查海外「六四人道救助」的捐款流向和使用情形。同時強迫丁子霖於當年提前退休，蔣培坤於次年三月離退。事實上，二人均還有四年才屆滿退齡，被逼提前離職，是中共的懲罰性的報復。

蔣培坤不能教書，反而有更多時間思考與寫作。一九九八年九月二十八日，他完成《自由與公民權利宣言》和《社會公正與公民權利宣言》兩篇文章，並以中、英、法等多國文字發表。丁子霖在接受《紐約時報》採訪時說：「我們在起草過程中詳細研究了《七七憲章》的經驗，可以說出發點是基本相同的，都是為了爭取和維護公民權利，都是一種自由表達活動。所不同的是，我們的宣言更帶有啟蒙的性質，因為中國缺乏崇尚自由、民主的傳統。」

《七七憲章》是在一九六八年蘇聯入侵捷克，撲滅捷克人民追求自由民主的「布拉格之春」運動後，共黨對人民言行的箝制，更趨嚴苛。因此，捷克一批知名知識份子再次覺醒，於一九七七年發表的一篇反共黨體制運動的重要文件。主要內容是要求捷共遵守一九七六年《赫爾新基協約》，保障基本人權、和公民自由，其影響深遠，直至一九九〇年捷共瓦解，仍持續有人簽署支持這份文件。

中共在蔣文發表十天後，即採取了報復行動。十月八日，中共國安部凍結了留學德國陸生匯給丁子霖「六四」人道救助捐款一萬一千六百餘馬克。此舉激起死難者家屬的不滿，即有五十一位「難屬」聯名發出《抗議書》。

這些「六四」受難者家屬，經過多年的抗爭和努力，中共雖置之不理，但卻在國際受到關注。一九九四年，丁子霖獲頒美國民主教育基金會的「傑出民主人士獎」；一九九九年十二月，海外民運組織計劃發起一項「母親運動」聲援行動，經過與丁子霖的研究，決定以「天安門母親」作為此一運動的稱謂；二〇〇〇年十一月，第二屆「世界民主運動」代表大會在巴西舉行，將「民主勇氣獎」頒授「天安門母親」；二〇〇二年八月，「亞洲反失蹤聯盟」將「天安門母親」列為聯盟成員；二〇〇六年十一月，丁子霖當選為美國《時代》雜誌亞洲版「六十年來六十位亞洲英雄」之一，頒獎詞為「一位心碎的母親為揭露天安門屠殺的真相而戰鬥」。

中共自然不能忍受「天安門母親」日益「猖獗」的行動。在二〇〇四年三月二十八日，中共以「參與了外國勢力支持的非法活動」的罪名，將丁子霖與另兩位「天安門母親」張先玲（其十九歲的兒子王楠被殺）、黃金平（其三十歲的丈夫楊燕聲被殺）羈押。但在國內外輿論壓力下，中共釋放了三人。

俗語說：「為母則強」，「天安門母親」並未為中共的迫害而被嚇倒。五月十六日，約四十位「母親」在張先玲家中聚會，舉行隆重追思儀式，提出今後努力目標：「說出真相，拒絕遺忘；尋求正義，呼喚良知」；月底（五月三十日），「天安門母親」以中、英文發表《告海內外同胞書》，呼籲同胞們「一起來推動時代的變革，民族的新生吧！不要做怨天尤人的旁觀者，更不要做舊制度的維護者。」其中「變革」兩字，是海外民運組織常作為改變中共體制的用辭，證明「天安門母親」運動，已承續「八九民運」被打壓，民運重心轉移至海外後，中國境內另一種新型式的民主運動，並且讓中共恨之入骨而又束手無策。

但是，中共對「天安門母親」的迫害，仍然持續不斷。比較活躍的成員長期受到監視、跟蹤，甚至騷擾。每逢敏感時間，如三月「兩會」會期、天安門事件周年日前後，和「京奧」期間，都被嚴密管制監控，禁止與其他「難屬」、外媒或人權組織有任何聯繫或接觸。

二〇〇五年五月，丁子霖所著《尋訪四六受難者》一書在香港出版。她在《卷首語》中說：「過去的十五年漫長歲月裡，在我們這塊多災多難的土地上，出現了一個被稱之為『天安門母親』的受難者群體，她們改變了中國母親在世人眼中的形象，也改變了『天安門』這個詞語在人們心目中的象徵性涵義。出版這本書，就是想讓人們知道她們怎樣從血泊和淚水中站起來的，又是怎樣帶著沉重的鐐銬艱難地邁開腳步向著幾乎沒有盡頭的路走去的。」這本書在中國大陸被列為禁書。

書被查禁，但仍無法阻止這群大無畏的母親們發聲。她們在二〇〇八年五月，開闢了《天安門母親》網站。《發刊詞》說：「只要我們還活著，我們為死者尋求正義、為生者爭取權利的抗爭就不會停止。天安門母親網站的開通，正是這一抗爭的延續。」

丁子霖始終未屈服於中共的打壓，她堅持搜集「六四」死難者名單的工作。她說：「搜集和公布遇難者名單的工作，本來是應由中國政府來做的，而且政府的幾位領導人曾就此事向來華訪問的有關人士作過承諾，海外媒體也曾作過多次報導。然而，諾言至今沒有兌現。有鑒於此，我作為受難者群體的一員，作為一個失去兒子的母親，決定以我綿薄之力，做好搜集、整理『六四』死難者及傷殘者名單的工作。」。

「天安門母親」先後公布的死難者的名單，到二〇一四年初，已有二〇二人，傷殘者近八十人。這兩個數字只是冰山之一角，因為許多家屬，迄今仍生活在恐懼中，不敢聲張，甚至在六四後不敢尋屍或認領遺骸，自然也不敢與「天安門母親」有所聯繫。最可憐的是，一些受難者死時面目全非，無法辨識，或屍骨無存（被焚），更無親屬可尋。

儘管中共對「天安門母親」的聲音，置若罔聞，但是這些母親從未氣餒灰心。二十多年來，她們未曾放棄過奮戰目標，始終堅持五條訴求：（一）當年在鄧小平主持下對六四事件所作的定性必須徹底推翻，並給予重新評價；（二）證據表明在那場大屠殺中遇難、失蹤、受傷的學生、市民及其他人員，都是那場慘案的無辜受害者。他們的名譽應受到法律的維護，死難者、失蹤者親屬及傷殘者有權向事件責任者提起訴訟。政府當局必須就那次血腥屠殺事件向受害人和受害親屬賠禮道歉，給予賠償；（三）應通過公開、公正、合理解決六四問題來化解仇恨，達成朝野之間乃至全民族的和解；（四）應在解決六四問題過程中，重新審視民族傳統文化，吸納合乎世界潮流的現代文明準則及普世價值，以達成國人精神文化價值之重建；（五）一個靠謊言和欺騙來維持的制度是應該詛咒的，這需要一種持久的勇氣和理性，要有越來越多人站出來，敢於『說出真相，拒絕遺忘；尋求正義，呼喚良知』。

由於鄧小平在中共黨內的影響力，未因去世而減弱，而且「六四」屠夫李鵬和因「六四」得利上臺的江澤民等人，仍均在世，冀望中共為「六四」平反，無異緣木求魚。目前，已有不少「天安門母親」含恨往生，在世的許多「難屬」都是白髮蒼蒼的老人。「天安門母親」丁子霖生於一九三六年，已年逾八十，還能領導此一運動多久？中共或許以為拖過這一代，問題就可解決。

丁子霖說：「喪子之痛仍然不時折磨著我。那種生不如死的感覺，從來沒有在我身上消失過。」「我在失去兒子的震撼當中，在共產黨對我的迫害當中，在尋訪其他死難者家庭，在他們的遭遇裡邊，使我認清了共產黨的真面目，使我認清了這個制度的罪惡。」「從我要索回的公道來看，對共產黨來說，是不可容忍的，但是我不會放棄。」

事實上，要求調查天安門事件真相，為「六四」受害者平反，以及追求中國的自由民主和人權，已不單單是「天安門母親」和所有「民運人士」奮鬥的目標，而是大多數中國知識份子共同的願望。中共是不可能以拖待變，用「時間」來解決的。總有一日，中共逃無可逃，必須面對解決，相信這一天不會太遠。

「六四」後國內民運之火未熄，並轉入地下活動。一九九一年，北京民運人胡石根、康玉春、李海、安寧、王天成、王國齊、劉京生、陳青林、陳衛等人在北京秘密成立「中國自由民主黨」，不幸為中共破獲。一九九四年十二月十六日，北京市中級人民法院以「組織領導反革命集團罪」和「反革命宣傳煽動罪」，判處胡石根有期徒刑二十年。

一九八九年「五四」紀念日當天，王炳章與湯光中兩人擬闖關回北京，參加天安門民運，被阻於東京，原機遣返紐約。雖未成功，但已為海外民運團體開闢了一個新的工作途徑，也驚醒了海外民運人士，醒悟民運戰場應在國內，不是海外，因此以闖關或偷渡方式入境，聯繫大陸民運人士，便成了選項。

首先成行的是「民聯」盟員兼「自民黨」黨員寧勤勤（王炳章妻）、楊錚、徐如雪和柳期陽等四位女性民運人士，於一九九一年八月，持外國護照和遊簽證抵達北京，計劃探視慰問被中共關押的民運鬥士魏京生、王軍濤、陳子明、任畹盯、徐文立等人，因行動公開，被中共拘捕強制遣返美國。

第二批由「自民黨」於一九九一年底派副主席岳武（八九民運期間任「工自聯」副總指揮，「六四」後逃亡巴黎）、倪育賢二人秘密回國。岳武從中越邊界偷渡進入大陸，曾到北京、山西等地調查民運情況。倪育賢則滯留越南境內，不敢入陸，並隱瞞事實。岳武返美後在黨內提案，彈劾倪育賢。倪育賢於是脫黨，於一九九二年一月，自組同名的倪記「自民黨」。倪賢可能為證明其勇氣，於四月十五日搭機抵達上海，試圖闖關不成返美。

此後，零星闖關回國的民運人士還有：一九九三年六月十三日，「民聯」成員呂京花（女，前北京「工自聯」常委），在香港獲得中共入境簽證，飛抵北京後，即被扣押強制遣返香港；一九九八年有張林、魏泉寶二人闖關回國，被判處勞動教養三年。

在「闖關」案例中最著名的還是王炳章。他自一九八九年後，就有「海外民運應該走『闖關』回國」想法。到一九九七年，進一步認為在海外組黨，難以發揮推動大陸境內政治民主化之功能，必須與國內民運人士一起組織反對黨，與中共抗衡，促使中共放棄四堅持，結束一黨獨裁專政。

一九九八年一月二十三日，王炳章闖關成功入境大陸，但他是持用他人護照，冒名頂替，利用春節期間返鄉人潮掩護，自廣東珠海進入中國大陸，先後到達廣州、南京、上海、杭州、安徽蚌埠等地，與大陸民運人士多人接觸，鼓吹組黨。不幸他在南京拜訪民運人士時，被中共查覺。二月六日，他到蚌埠會見民運人士時，被中共逮捕，拘留審訊三天，於二月九日送往上海虹橋機場，遣送返美。

王炳章回抵美國後，即於二月二十日，在紐約宣布成立「中國民主正義黨」，號稱為中國大陸唯一的全國性反對黨，自任為發言人。由於王炳章潛返大陸期間是以化名與民運人士會面，未曾透露本名，這些民運人士後來也多數被捕，根本來不及在大陸組黨。因此，「正義黨」仍只能算是海外的民運組織。

三月十七日，王炳章再次持偽造護照進入香港，次日轉赴澳門，二十日回港時，被海關阻止入境，遣返澳門。王炳章只得返美。香港在前一年（一九九七）七月一日，主權已「回歸」中共，所以王炳章是第一位被香港特區政府拒絕入境的民運人士。

王炳章期望在大陸內部組黨的願望，終於在這（一九九八）年六月實現，大陸民運人士趁美國柯林頓總統訪問北京時機，發起籌組「中國民主黨」行動。最早是由浙江民運人士王有才、王東海、林輝等人成立「浙江省籌委會」，並於六月二十五日向浙江省民政廳申請註冊。之後，北京、上海、山東、湖北、遼寧、四川等地也分別成立「籌委會」，分向當地政府申請登記。王炳章也在美國成立「中國民主黨海外籌備委員會」和「工作委員會」。二〇〇二年二月，改為「中國民主黨海外總部」，王擔任顧問。

中共等到柯林頓總統離開中國後，立即鎮壓組黨運動。江澤民說：「國內外的敵對分子相互勾結，策劃所謂『合法組黨』，或者打著什麼別的旗號，搞組黨的政治圖謀，實際上是想在中國搞出一個與共產黨分庭抗禮的反對黨，最終推翻共產黨的領導和社會主義制度。但是他們太簡單，太年輕。對他們的這種政治野心，我們要保持高度警惕，一有風吹草動，必須立即制止在萌芽狀態，必須堅決徹底地粉碎他們的這種企圖，切不可心慈手軟。」

北京民運人士徐文立、高洪明、查建國、劉世遵和張暉等人，為了抗拒中共的打壓，於十一月六日突然宣布成立「中國民主黨全國代表大會籌備組」。九日，又宣告正式組建「中國民主黨京津地區黨部」，由徐文立任主席，查建國、高洪明、呂洪來等三人為副主席。由於徐文立的舉動，未曾事前與各地組黨人士協商，因此遭到反彈。呂洪來首先反對，顯然他出任「京津地區黨部」副主席，是被冒名「安置」，在他給各地同志信件表明態度說：「不主張在現階段進行實質性的全國組黨活動，不主張以反對黨取代政治反對派，不主張以政黨運動取代民主運動。」

一九九八年十二月下旬，「中國民主黨」主要成員徐文立、王有才、秦永敏分別在北京、杭州、武漢被判處有期徒刑十三、十一、十二年。其他被捕的組黨人士約有百來人，也分別被判五到十五年不同的刑期。但是「中國民主黨」並未被消滅，在大陸轉入地下活動，仍持續有民運人士入黨，並被逮補判刑。如：二〇〇七年八月，黨員陳樹慶被判刑四年；二〇〇八年二月，黨員呂耿松被判刑四年；二〇〇九年一月，黨員王榮清被判刑六年（三人均為浙江黨部成員）；九月，湖南黨員謝長發被重判十三年；二〇一〇年二月，廣東黨員薛明凱判刑一年六個月；二〇一一年三月，四川黨員劉賢斌判刑十年。其中，徐文立、王有才二人，則分別於二〇〇二年十二月和二〇〇四年三月提前獲釋，流亡美國。

被中共鎮壓的「中國民主黨」，應該出於王炳章的建議或支持所成立。因為「中國民聯陣──自民黨」主席王策（本名王左峰，公費留美，獲夏威夷大學政治學博士後，移居西班牙）在其副主席岳武協助之下，於一九九八年十月十七日，經中越邊界偷渡進入國內活動。十一月二日，王策在杭州與「中國民主黨」創始人王有才會面。而王炳章前在二月時已在杭州與王有才見過面，六月中國民主黨才成立。王策在見面時曾資助了一千美元。

當天王策準備自杭州機場飛往北京，向中共上書《三十年不變民主改革方案》，但在登機前被捕，被中共以「偷越國境罪」和「資助危害國家安全犯罪活動」等罪名判刑四年，後於二〇〇二年一月二十二日獲釋，返回西班牙。王策後來在二〇〇五年，在法國組建「中國共和黨」。

王炳章自被中共驅逐出境後，就把工作重心放在東南亞和中國大陸內部，曾在二〇〇一年兩次赴泰國活動。同年七月，中共指控王炳章涉及一項「密謀策劃爆炸」中共駐曼谷大使館，和

「圖謀在泰國北部建立武裝訓練基地」，向泰國政府施壓，被泰警逮捕驅逐出境（後經泰國警方調查確定無罪，同時被捕的有王的秘書朱利峰，被遣送回中國大陸，判處勞教三年）。

不過，王炳章確實有在大陸內部發動武裝起義的構想。二〇〇二年六月十六日，他與同居女友張琪，和旅法民運人士岳武共三人從柬埔寨金邊飛到越南河內，準備與來自中國大陸的工運領袖和一位反正的中共公安系統高級特工會面。但在六月二十七日，三人到中越邊境芒街（位於越南東北角，隔北倫河與廣西東興市接壤）旅行時，失去聯絡。

直到半年後，中共官媒「新華社」十二月二十日報導：王炳章等三人於六月二十七日在越南廣寧省被歹徒綁架勒索一千萬美元，付不出贖金，被矇眼移轉至廣西防城港市北郊一座寺廟「伯虎廟」內藏匿。廣西公安機關於七月三日接報後，迅速拯救了三人，在調查中瞭解了三人姓名和身分。隨後，中共指控王炳章從事間諜和策劃恐怖活動，從一九九九年五月就被廣東省公安機關通緝，故於十二月五日「依法逮捕」；岳武和張琪二人經查證沒有涉及有關罪行，解除對他們的監視居住。

岳武獲釋後曾撰寫《王炳章越南蒙難記》一文，記述經過情形。摘要如下：

「二〇〇二年四月，炳章（從美國）來電話（法國）說要去一趟越南，見一些國內工運朋友，希望我陪他去。五月中旬，又說他的越南簽證沒拿到，須先到柬埔寨，再想法去越南。六月十四日與炳章、張琪（第一次見面）飛抵金邊，辦妥三人越南簽證，十六日飛到河內。

「第二天原計劃去老街（與雲南河口接壤），炳章發現同登（與廣西友誼關接壤）離河內較近，臨時改道，晚上到同登。十七日到離同登十公里的中越邊界處一個越南小開發區。炳章注意到開發區一家賭場，是一位港商開設。炳章分析：賭場老板大都有黑社會的背景，此人一定是在中、港、越吃的開的人物，如能拉上關係，對今後建立地下通道，將大有幫助。第二天下午，我們到賭場由岳武以豪賭引出了賭場老板，炳章上前用英文與老板聊起來。

「十八日下午，炳章接到國內朋友電話說：友誼關和憑祥一帶邊境檢查不太正常，軍警加強戒備，無法通過邊檢站進入越南。晚上國內一位朋友在電話中跟炳章解釋說：邊境之所以緊張，是因為最近北韓人經常闖外國使館申請政治避難，為防止越南人效仿，才加強邊境的管制。我和炳章研究，如果中共知道我們的計劃，為什麼不放長線釣大魚，而採取『堵』的辦法？。既然為了防止越南人，為什麼停辦中國人到邊境旅遊？這裡邊一定有文章。

「賓館內原只住我們三人，突然人多了，出來進去的全是中國人。十九日早晨，炳章和張琪在賓館外散步，感覺有人跟蹤。回來商量決定：炳章和張琪當日下午火車回河內，我留在諒山、同登與一位越南海關人員和一位當地旅行人員見面，商談建立地下通道的事。

「二十一日晚，接炳章電話說：明天下午四點在開發區內有國內朋友到，要我前去接洽，並告知聯絡辦法。二十二日，我與國內朋友見了面，他掏出身分證，讓我驗明正身，並說因為邊境檢查太嚴，其他朋友來不了啦。我自稱是美國來的『吳先生』，這時發現有兩個人悄悄坐在我們身邊。我感到不妙，趕緊領著他到另一家茶攤。牆角又拐過兩個人來，向我們張望。這人反而安慰我說：不要管它，沒有事。我完全清楚了，他是有『備』而來，我說炳章不可能來了，趕緊告辭。二十三日回到河內，炳章也認為大有問題。

「二十五日下午，炳章說：還得去一趟芒街，有一個非重要的朋友要見面。二十六日早上，從河內包車動身，中午在下龍灣吃飯。炳章要接一個電話，把我的手機借去（註：民運組織後來調查：王炳章個人手機六月十八日以後沒再用過）。下午六點多到芒街，在面臨大街的一家小旅店住下來（註：越南政府在八月時調查，王等三人沒有住宿紀錄）。按越南政府規定，外國人住店必須把護照交旅店保管，以便公安檢查。晚餐在一家川菜館吃飯，炳章和張琪今天把我的手機丟了，所以飯後到街上打電話。

「二十七日，炳章說：十點有位朋友來，就在那家川菜館門前接頭。經由張琪把那位朋友領到一家茶館內與炳章見面後，出來與我在附近轉了兩圈，沒發現什麼異常。張琪說她把手機丟了，要給我再買一個。附近正好有家中國人開的電信行，便進去買手機。這時有兩個越南人，要拉我們去海邊旅遊，當時沒在意，以為是黑導遊拉生意。

「炳章和那位朋友分手後，我們到一家『中國飯店』的樓上準備吃飯，上來七、八個年輕人圍著我們轉，一個越南老頭用不流利的中國話說：趕快走吧，有人找你們。於是我們從後門跑出來，立刻坐車回到旅店，付了房錢，拿回護照。正準備上樓取行李的時候，衝進來八、九人，自稱是越南公安，要我們到公安局去一趟，並拒絕出示證件。領頭的是一位二十七、八歲的越南人說：到了公安局什麼都可以看。幾個人拽住王炳章往外走，我們進行了反抗。

「當時一點多鐘，大街上人來人往，旅店門口還有不少擺小攤的商販。中共警方絕不敢越過邊境，到旅店大廳抓人。我認為他們就是越南公安人員，無非受中共警方的委托來警告我們，趕我們走而已。炳章和張琪的想法和我一樣，也以為去一趟（公安局）無所謂。我們三人隨這夥人出了旅店，過了馬路，上了一輛中型麵包車。上車後，領頭越南人拿走了我們的護照。

「車開到郊區，一看荒山野嶺，才知道壞了。約二十分鐘後，車停在北倫河的一個小渡口，炳章被拽到河邊，臉上有血跡。船停在岸邊，反抗已無濟於事，我先上船，炳章第二個。當時這八、九個人只顧我們倆人，我大喊：張琪快跑！回旅店叫咱們的人！但張琪義無反顧地跳上船，她死活都要和炳章在一起。

「船到對岸的一間小草棚裡，炳章怒斥這幫

人跨國犯罪，公開綁架。領頭越南人說：這裡不是中國，還是越南。我看河邊停著的幾條小船，都噴有『防東魚…號』，這裡就是中國、廣西、防城、東興。

「綁匪『老大』來了，命令用塑料袋套在我們頭上，押著我們上車。車開一個多小時，停在一個非常偏僻路邊。約晚上十一、二點，車又開動，個多小時突然停下來。下車後聞到強烈海腥氣和水草味，不是海邊就是河岸。有兩人架我到間屋裡，踢翻在地，上來幾人把我胳膊和腿緊緊捆起來，人就暈過去了。

「醒來時，人已躺在床上，頭上塑料袋已解開，房裡擺設像旅館房間，另床上坐著兩個看守的大漢。一會，『老大』帶四、五人進來，把我拽下床暴打。北京翻譯說：『老大說拿一千萬美金來，放你們仨走，拿不出來就扔到南海裡餵鯊魚。』我說：『拿不出來，在國外除流浪漢外，沒有比我們更窮的人了。』『你不是在同登賭博玩很大嗎？』

「二十八、九日又連打再問兩晚。三十日晚上十二點多，幾個匪徒衝進來，把我五花大綁，嘴用膠帶封住，黑布矇眼，架出房間，推上汽車。炳章和張琪隨後也被推上車，汽車向黑暗駛去。行駛個多小時，到了另一家旅店裡。炳章說：『這會咱們跟他們死磕了，喊打倒共產黨！』

「七月一日晚，『老大』只帶翻譯進來，拿著兩張紙條給我，是炳章寫給我和張琪：『這位老大也是反共的，我已經和他談妥，老大會想辦法放我們走。你一切都要聽從老大的安排。』『老大』說：『綁你們想發筆大財，沒想到只搜出三、四千美金，鬧的我臉上無光，公開放了你們，怕弟兄不幹。找個機會我讓你們走了，就算了。』

「七月三日晚上十二點多，土匪把我拽醒，又結實捆起來，封嘴、矇眼、上車。炳章、張琪也被推上車，在荒山草叢中急駛。天氣又悶又熱，我們被扔在地上時，什麼都不知道了。等土匪掀開矇布，撕開膠帶，我們已被綁架到一所古廟的大殿裡，陰森恐怖，三、五個土匪像餓鬼夜叉。

「『砰！』一聲，大殿被人踹開，『站住！不准動！』一群巡警衝進來，幾個土匪從後門倉皇逃走，我們被解救了。（張琪則說：「當中國公安人員到破廟中解救他們的時候，綁匪居然事先獲得風聲，前腳離開，後腳帶著警犬的公安人員就到了，而且也沒有去搜捕綁匪。」）

另據「中國工黨」主席方圓在《芒街遇險話英豪——紀念王炳章博士蒙難十周年》一文中說：他曾採訪張琪，並徵得同意全程錄音，然後比對岳武的報告，「感到在到達芒街前的一段，岳武和張琪敘述的情節大致吻合」。但是，方圓發現的有幾個重要情節，岳武未提及：

一、綁匪把王炳章三人押上船後，在船上有兩個說中文的人問：「誰是王炳章？」王義無反顧地回答：「我就是！」其中一人拿著王炳章的照片進行比對，一邊問張琪：「是不是他？是不是他？」這時王炳章用眼神示意：「我們落在中共手中了。」張琪說：「岳武這個聰明人哪有不知的道理？」

二、從旅店綁架開始，綁匪一直全程錄影。到了對岸，幾輛高級轎車一字排開，十多個便衣特警早就架好錄像機等待他們。張琪說：「天下哪有這樣綁匪啊？」

三、張琪上車後，雖被矇眼，從空隙裡可看到路的兩旁是熱鬧的街市。下車後，住進的是一家星級不低的「廣西金海岸大酒店」。

四、在芒街所見「國內朋友」，張琪說：此人姓張，岳武也在芒街見到。在美國時常見王炳章與這個人通電話，也常寄信。到越南前，王炳章曾寄一份生意樣本給此人。王炳章告訴她：這人不僅是生意上的朋友，在政治上也很靠得住，二人已有十多年的交情。那位「重要朋友」，就是這位張姓朋友要介紹給王炳章的。

方圓還提到，張琪回憶六月二十六日，中

午使用岳武手機後，她放置在行李中，一路沒有使用。在赴芒街的車上，雖有另外一個乘客，但「大家一舉一動都看得清清楚楚，不可能有人下手打開別人的行李偷東西不被發現的」。他們到芒街租下旅店後，三人上街逛逛，回到旅店，王炳章要與方圓通電話，才發現手機「丟」了。張琪說，手機應當是他們離開旅店，出去逛街那短短的時間內「丟掉」的。

方圓回憶說：「（六月二十七日）清晨七點許，我接到兩通這個手機號碼打來的不發聲的奇怪電話，岳武的太太在六月二十七日炳章一行三人被綁架後的若干天內，也一直打通這個電話，但無人接聽。這說明，這電話『丟』了後，一直被『綁匪』也即是中共特工所掌控。但最為重要是，在他們被綁架前，這個電話就莫名其妙地『丟』到了中共特工手中。」民運組織調查這個手機訊號到七月十八日後才消失。

方圓認為「綁架炳章的中共特工，應當是國安。軍方、公安最多是配合」。不過，有人認為是共軍「總參」二部所為。另據民運人士李克新調查：東興市北郊有座「伯虎廟」，在中越戰爭期間就已經歸部隊管轄至今，外人不得接近。而且這座「廟的駐軍是解放軍的情報機關，隸屬於總參謀部。」

王炳章三人在被綁架後之過程，岳武和張琪二人說法不同，使案情變得撲朔迷離。而二人也都有誇大或不實之處，如張琪說在渡口之中國境內「幾輛高級轎車一字排開」，依常理分析，似無可能；六月三十日晚間，三人被矇眼封嘴轉移時，岳武竟然說王炳章告訴他：「這會咱們跟他們死磕了，喊打倒共產黨！」。儘管如此，仍可從二人說法的細節中判斷王炳章被綁架之可能實際情形。

中共要綁架的對象其實只有王炳章一人，而且並非臨時起意，中共實際早已監控王炳章與國內異議人士間國際通話及通訊。王炳章在芒街所見的張姓「國內朋友」，實質上應是中共特工，藉支持民運與王炳章建立通聯關係，否則不可能二人能維持十餘年通信（話），而未被中共發現。中共利用王炳章對張某的信任，以介紹「國內工運領袖和一位反正的高級特工」見面，引誘王炳章赴中越邊界城市，進行逮捕。

中共要誘捕王炳章的原因，據民運人士鄭錚的《與世人共析閻慶新的共特身分》，和李克新的《從王炳章失蹤後的一年，看海外民運圈內圈外諜影幢幢》、《關於王炳章的階段調查報告》等三文透露：

（一）、王炳章和他的秘書朱利峰在二〇〇一年在曼谷被泰國警方逮捕時，泰警總部向朱利峰出示一份《關於中國反政府份子在泰國活動情況》的文件，排名第一的即王炳章，證實王炳章在海外的一切活動，根本都被中共掌控。據海外「中國民主正義黨」調查：「自一九九九年起，多次證實『總參』單位安插特工在我黨內部，多次發現『總參』單位向中共中央發出我黨活動的通報，王炳章個人的活動和行蹤一直是『總參』單位密切注意的目標。」

（二）、因中共在二〇〇二年十月，即將召開「十六大」權力交接。王炳章策劃在「十六大」之前，在中國大陸沿海選擇一個縣城搞武裝起義，在縣委大樓頂插上臨時政府大旗，同時通過衛星直播向全世界宣布成立臨時政府和就任臨時大總統，以造成連鎖反應，衝擊中共政權。王炳章起義行動的資金，估計需要三十萬美金。他手裡沒這麼多錢，不得不四面化緣，走漏消息也就在所難免。李克新說：「王炳章至少向四人講過這個計劃」，這四人中之一是閻慶新，也是王炳章尋求金援的對象。王炳章前在泰國秘書朱利鋒在接受臺北中央電臺楊憲宏主持的節目電話訪問時，也證明王炳章主張起義，對中共「十六大」造成衝擊，期在大陸形成骨牌效應。

大多數海外民運人士，都認為閻慶新（女，畢業於共軍軍事學院無線電偵察專業，曾任總參三部特工十四年。因出任被中共打壓為「邪教」組織的「中功」二把手，逃亡至關島，獲美國政治庇護，她從『中功』盜走巨額美金捐款，而被起訴）是共諜。二〇〇五年六月她向「中功」創辦人張宏寶承認：「那不是特務！那是我工作！」閻慶新是張琪親姊姊（後者隨母姓），張琪剛由大陸「逃」到曼谷時，王炳章正在泰國，閻隔洋介紹二人認識，當天即同居一起。張琪自此以王炳章「未婚妻」自居，在王炳章被泰國驅逐返美後，張琪憑王的關係赴美，獲得政治庇護。

因二〇〇二年十月，中共將召開「十六大」，改組領導班子，由胡錦濤接任江澤民的總書記職務，會前絕不允許有任何政治動亂影響權力移轉。所以中共不會去分析王炳章有無發動「武裝起義」之條件和能力，而寧可信其有，也絕不給予王炳章任何一絲機會製造動亂，誘捕王炳章便成了重要的選項。

岳武因曾經兩度從越南偷渡進入大陸，熟悉中越邊境環境，本身又是北京前「工自聯」工運領袖之一，在海外是「中國工黨」副主席。此所以王炳章會找他陪同赴越，擔任嚮導，並一同會見國內工運領袖。張琪同行，民運人士認為是因為閻慶新資助了王炳章旅費五萬美元，安排張女隨行以監視王之言行。而且，張琪在被「綁架」後的六月二十九日，這對姊妹花還通電話一小時零五分鐘。岳武手機被張琪「遺失」，可能是她故意留置旅店內，方便中共特工「竊取」，以掌握王、岳二人與國內通聯對象。

從上述資料，可以判斷中共自始即完全掌握王炳章三人在越南的行止。二十二日，「國內朋友」到越南小開發區與岳武見面時，中共已計劃綁架，因王炳章未出現而放棄。一計未成，中共又再誘騙王炳章於二十六日赴芒街，即於二十七日綁架三人。

越南綁匪敢於在光天化日下，公然綁架，不懼旅館或目擊者報警，綁匪顯然是有恃無恐，實際他們就是越南公安人員，被中共收買。岳武在文中雖沒有交代，進入中國境內後的綁匪是否仍是在芒街綁架的那夥歹徒。但從渡河後，未再提及「領頭越南人」，以及張琪所說中共特工就在渡口辨識王炳章，應該是在此時由越方將人轉交給中共。可疑的是，岳武和張琪在回到海外後，均堅稱「是綁架，然後被中國警方解救的。」不但張琪自我打臉；而且岳武在獲釋後，曾被接到北京停留兩日，到第三天，中共才安排其自北京飛返巴黎，未直接自廣州遣送出境，顯然不合常情，因此也被質疑他與北京的關係。

然而，王炳章前妻寧勤勤卻相信了王炳章被越南歹徒綁架之說法，這或許是王炳章女兒王天安在海外，積極尋求國際力量營救乃父，不願得罪中共的不得已作法。

王炳章三人被綁進入中國境內後，突然出現的「老大」，及爾後數日的毆打勒索，都在「旅館」裡進行，以中共對社會控制之嚴密，不可能瞞得過當地公安人員。更何況中越關係歷來緊張，鄰近中越邊境的城市，均是中共各軍警情治系統佈署重點，怎會放任綁匪為所欲為？因此，綁架勒索實是一場「連續劇」，專門演給王炳章三人「觀賞」，以備爾後事件公開後，向國際證明，王等三人係遭匪徒在越南綁架，移轉至中國境內藏匿，被中共警方營救獲釋。中共在十二月五日「依法逮捕」王炳章後，以岳武、張琪「未涉有關罪行」而釋放，允許二人出境，分返法、美，就在傳播此一假象。尤其岳武多次偷渡進出大陸，從事民運，中共竟然未「依法究辦」，更違常情。海外中國民運人士多為高級知識份子，不是容易被騙得過去，反被揭露了事實，並暴露了中共打入民運組織的特工人員。

二〇〇三年二月十日，廣東省深圳市中級人民法院以王炳章「犯間諜罪，判處無期徒刑，剝奪政治權利終身；犯組織、領導恐怖組織罪，判處有期徒刑十年，剝奪政治權利三年。數罪併罰，決定執行無期徒刑，剝奪政治權利終身。」

王炳章應屬「政治犯」，但中共對他的判

決，顯然故意以刑事罪名來重懲異議人士，規避「政治罪名」。著名異議人士，後獲頒諾貝爾和平獎得主劉曉波在被捕之前，於二〇〇三年二月十六日在北京發表《竊國強盜的敲詐》一文，就說：「王炳章被判終生監禁，可以作為流氓治國的典型象徵：政府肆意踐踏道義準則和法治精神，以越境綁架政治人質的黑道方式打擊異見人士，並用壟斷的言論權為綁架辯護；先是以拯救被綁架人質的巧言令色，來美化放走綁匪和逮捕人質的強盜行為；繼而又以順應世界大勢的反恐姿態，來美化其『國家恐怖主義』的野蠻行為。」

在中共證實王炳章被捕後，海外民運人士即成立「各地營救王炳章大聯盟」，此一營救行動迄今仍在進行。二〇〇四年五月，美國眾議院通過議案，認為中國囚禁和審判王炳章的方式違反了聯合國人權宣言，敦促美國政府向中國施加壓力，要求立刻釋放王炳章。

王炳章為海外民運最重要的領袖之一，他從發起「中國之春」民主運動，不論創刊《中國之春》月刊，組織「中國民聯」和「中國自民黨」，無不以推動中國民主化運動為其努力目標，從不懈怠。即使在經歷一九八九年「罷王風波」嚴重的打擊下，他仍在「八九民運」期間，試圖闖關回北京參加學運。雖未能成功，但在「六四屠殺」後，海外民運組織山頭林立，紛紛擾擾，獨有王炳章一人率風氣之先，清楚瞭解空說把民運推向大陸內部，不若起而行之。一九九八年一月，他甘冒風險，潛返大陸，推動籌組反對黨，終於有成，這年六月，「中國民主黨」在杭州宣布成立。

二〇〇〇年十二月，王炳章發表《中國民主革命之路》一書，將他過去「徹底『變革』中國社會制度」的主張，昇華為「民主革命」。他說：「我個人主張，民運應當有兩手準備，即合法鬥爭與非法鬥爭相結合。」他又解釋說：「所謂『非法』鬥爭的說法，乃針對前面所講的合法鬥爭而言，只是為了表達的方便。我們從來不認為，我們的所作所為是非法的。」「革命本來就是人的天賦人權，推翻暴虐的政府，本來就是人民的天賦人權。」雖然他不反對「武裝鬥爭」，但是傾向於「工運」和「軍運」，乃至「農運」，號召工人、農民和策動軍隊起義，這本就是海外各民運組織的主張，歸屬於「全民民主運動」，絕非恐怖主義，更不可說民運組織是「恐怖組織」。王炳章只有「言論」主張，未具有實力可為。

此外，海外民運組織收集以瞭解中共政治、經濟、社會，乃至軍事等各方面情況，是推動中國大陸民主運動重要工作之一，如果指責為間諜行為，而以間諜罪判刑，實際是對民運人士和民運組織的誣衊。

中共跨境綁架王炳章，並未能嚇阻海外民運人士繼續闖關回國。二〇〇二年四月十八日，曾任「民聯陣」副主席的楊建利，為實踐「海外民運不能等待」之倡言，持用友人護照飛抵北京，前往撫順、瀋陽、遼陽、大慶、哈爾濱等地，實地考察東北下崗工人大規模工潮情況。四月二十七日在雲南昆明準備搭機飛往大理時被捕，中共以「非法入境罪」和「間諜罪」起訴。二〇〇四年五月十三日，被判處五年有期徒刑。

在美國政府、國際輿論強大壓力下，中共曾於二〇〇六年九月三日，將楊建利押解北京機場，準備遣送出境。他因父親甫於去年十二月過世，未能見到最後一面，因此拒絕登機，堅持要先回山東祭拜亡父。中共於是將他押返監獄，繼續服刑。

二〇〇七年四月二十七日，楊建利刑滿獲釋，中共以他被剝奪政治權利為由，拒發護照。於是他申請在北京落戶，並購買電腦設備，準備長期抗爭。中共反而害怕他在北京成為「不安定因素」，只得發給十年有效的護照，他於八月十八日得以返美。

楊建利回美後接受訪問時說：「我以為他們頂多指控我反革命宣傳煽動罪或顛覆罪」，但卻被起訴為「間諜罪」，則是始料未及。後來他觀察到：海外回國被捕的民運人士，幾乎都被指控為「間諜罪」；在大陸內部從事民運的異議人士，則被指控「陰謀推翻、顛覆國家政權罪」。而海外民運人士被指控為「間諜」，是因為他們多曾到臺灣訪問，或曾接受臺灣民間團體捐款。

楊建利，祖籍山東，一九六三年生，「根正苗紅」出身中共老紅軍家庭，北京師範大學數學系畢業，一九八六年公費赴美留學，先後獲得柏克萊加州大學政治經濟學博士和哈佛大學數學博士學位。一九八九年五月，曾代表柏克萊加大「中國學生學者聯誼會」，攜捐款返北京聲援天安門廣場學生民主運動，親身目睹「六四」血腥屠殺（坦克輾斃十一名學生）一幕。返美後積極投身海外民主運動，加入「民聯陣」，並創立「二十一世紀中國基金會」。楊建利主張中國民主運動要走「回國運動」和「和平、理性非暴力運動」，以溫和方式推動中國民主化，為中共禁止入境的四十九人黑名單中之一員，原持有之中共（留學）護照被註銷，他在美雖有永久居留權，但不肯入籍。

楊建利在民運界中具有極佳聲望，不論在民運理論與實務，都有豐富智慧和經驗，特別在海外民運低潮時，仍保持熱情不墜，其實是繼王炳章後絕佳的民運領袖人物。

二〇一四年為「六四」事件二十五周年，海外民運組織發起「六四重回天安門」行動。前天安門廣場學生領袖之一的周鋒鎖，於六月二日持美國護照，以旅遊身分飛抵北京。三日上午前往「北京第一看守所」，擬探視被囚民運人士浦志強、徐友漁、胡石根、郝建、劉狄，和高瑜（記者，曾因報導「八九學運」和「洩密罪」兩度坐牢，二〇一四年四月再次被以「為境外非法提供國家秘密罪」遭拘捕）等人，但被禁止入所。下午，他前往木樨地憑弔（「六四」時，此地死難人數最多）。晚上，他去到天安門廣場，發現「氣氛非常緊張，三步一崗，五步一哨，到處都是警察，警察超過了行人的數量。」周峰鎖回憶說：「不少行人穿著黑衣，顯然這些人是有意識來表達抗議和追思的。」他準備六月四日再前往安門廣場，正式悼念二十五年前死難的英烈，然後去探望「天安門母親」丁子霖。但在六月三日晚上二十三時，周鋒鎖在下榻旅館被捕。四日下午，被強制遣送飛返美國。他說：「在北京能夠看到的是政府如驚弓之鳥。但我碰到一修自行車的師傅，我對他說：二十五前的事件，你還記得嗎？他說：那個事一輩子都忘不了。」

10 官逼反法輪功

海外出現多個臨時政府

「八九民運」被鎮壓後，中國大陸民運轉入地下，實力顯著減弱，對中共政權已不足以構成威脅。但是「八九民運」蔓衍全國，獲得上至黨政機構和高層知識份子，下至普羅大眾的支持，爭取民主、自由和人權的意識，已深入民心。這股爭民主力量，如同暫停噴發的活火山，始終是壓在中共領導階層頭上，揮之不去的陰影。因此，中共面對任何群眾運動，都感覺芒刺在背，必欲去之而快。

氣功本是中國自古以來強身修心的法門，中共在文革結束，進行改革開放後，對人民思想行動的箝制，略為寬鬆，氣功因而開始盛行。中共甚至在一九八五年成立「氣功科學研究協會」，管理全國各地的氣功團體。

一九九二年五月，東北一位氣功師李洪志在吉林省長春市開始傳授自創的「法輪功」（又稱法輪大法、法輪佛法）。「法輪功」是融合佛教和道教精神的一種氣功，它以打坐和舒緩的氣功動作，增強人體內的能量，達到身心靈的改善與昇華。所以「法輪功」的圖騰，由佛教「卍」字元作為內圈，外圈由道家陰陽太極圖四個及四個「卍」字相隔組成，內外兩個同心圓，代表法輪常轉。

「法輪功」與其他氣功不同之處，在於練功時、地不受限制，亦無意念引導，動作柔和，簡單易學，效果顯著，而且是義務教學，不收費用，來去自由，因此廣收歡迎，迅速擴展到全國。中共「國家體委」在一九九九年時，估計在國內有六千萬至七千萬法輪功學員。從一九九五年起，李洪志轉赴國外，先後在歐、美、澳、亞洲各國講法和教授氣功，海外學員據稱也有三、四千萬。一九九六年，李洪志一家移民美國。

李洪志在一九九五年出版的《轉法輪》一書中說：「宇宙中最根本的特性真、善、忍」，「道家修鍊真、善、忍，重點修真。所以道家講修真養性……重點落在真上去修。佛家重點落在真、善、忍的善上去修，因為修善可以修出大慈悲心」，「忍是提高心性的關鍵」。所以「法輪大法這一法門是按照宇宙的最高標準——真、善、忍同修。」

「法輪功」在一九九二年成為「中國氣功科研會」的直屬功派，取得合法地位。其後又受到中共「國家體委」、「公共健康部」等機構的肯定，在一九九二到九四年的三年間，經「中國氣功科研會」和「中國氣功協會」的協助，李洪志在全國各地舉辦了五十六期「法輪功」培訓班，因而能夠在中國大陸快速發展。「法輪功」當時被中共認證為「一種有效減少醫療支出，推廣中國傳統文化的功法」。並起到「推廣中國人見義勇為的美德，維持社會秩序和安定的作用」。

中共自一九八〇年代起，即在社會上大力推廣氣功。但隨著中共的改革開放，經濟得以發展，逐漸產生貪腐、分配不均、貧富差距、失業率攀升等嚴重的社會問題。尤其「六四」屠殺事件後，社會出現的「三信危機」，普遍瀰漫著對中共絕望的思潮，人民內心空虛。「法輪功」適時出現，將氣功與宗教結合，提倡「真、善、忍」教義，勸人為善，修習心性，又練功強身，切中人們身心所需，因此發展之勢銳不可當。

但是中共一向排斥宗教，雖在改革開放後，放寬了人民對宗教的信仰，也只承認天主、基督、佛、道及伊斯蘭等五個宗教合法，其他教派皆為非法，而且限制必須滿十八歲以上者，才享有信仰自由。因此，「法輪功」結合氣功和自創宗教教義，同步傳播方式，已抵觸中共箝制宗教的紅線，而種下了被鎮壓的禍根。

「法輪功」的快速成長，獨特教義，終於引起了中共的警惕。一九九五年，中共要求「法輪功」與「國家體委」、「公共健康部」和「氣功科研會」聯合成立「法輪功協會」，被李洪志拒絕；同年，中共指示要在「法輪功」成立「中國共產黨支部」，再次遭到拒絕；一九九六年三月，「法輪功」又拒絕了「氣功協會」指示在氣功團體內部收取會費要求。而「法輪功」也因這些因素，決定擺脫官方的箝制，主動申請退出「氣功協會」和「氣功科研會」。並申請成為「非宗教法輪功學術團體」，被中央統戰部批駁，更提升了中共的關注。

清末自雅片戰爭之後，民間反清秘密結社漸次活躍起來。當時，廣東一位秀才洪秀全，參加舉試，一再落榜，於一八四三年（道光二十三年）下定決心：「不考清朝試，不穿清朝服，要自己來開科取士。」於是創立「拜上帝會」，稱上帝為「天父」，耶穌為「天兄」，在兩廣地區傳教，發展組織，醞釀武裝起義。一八五〇年（道光三十年）陰曆十二月初十，洪秀全在廣西金田村誓師反清，號稱「太平軍」。一八五三年（咸豐三年）三月，建立「太平天國」，定都「天京」（南京）。一八六四年（同治三年）四月二十七日，洪秀全去世，六月清軍攻破「天京」。「太平軍」殘部奮戰至一八六八年，被徹底殲滅，「大平天國」滅亡。洪秀全藉宗教之名起義，不數年間就取得了滿清半壁江山，與清庭鬥爭長達十八年之久，若非曾國藩、李鴻章的湘、淮軍的清剿和西方列強的協助，滿清頗有可能覆亡。

因此，中共對李洪志的「法輪功」結合宗教與氣功，在短短數年間，信徒在國內已達六、七千萬人，不僅在民間盛行，也廣受中共黨政官員和軍人歡迎。李洪志自一九九五年起，不但三度拒絕執行中共的指示，甚至脫離官方氣功組織的控制，故而懷疑他有二心。更何況李洪志將生日改為與釋迦牟尼佛同日（農曆四月初八），而且他名字中即有「洪」字，又接一個「志」字，怎不令中共生畏，恐懼李洪志效法洪秀全「金田起義」，也來一場「宗教革命」，威脅中共政權呢？

「法輪功」在一九九六年三月退出中共官方氣功組織後三個月，《光明日報》首先發難，發表《反對偽科學要警鐘長鳴——法輪功一書引出的話題》，公開批判了法輪功，指法輪功為宗教迷信。各官方媒體接著跟進，大肆批評「法輪功」。七月二十四日，中宣部宣布查禁所有「法輪功」的書籍；「中國佛教協會」也要求佛教徒不要修習「法輪功」。

「法輪功」學員不甘受辱，有數千人寫信給「氣功科研會」和《光明日報》抗議指責不公，違背了前總書記胡耀邦的「三不」政策（「不爭論、不宣傳、不批評」人體科學和氣功研究）。也有學員直接到媒體和當地政府辦公室前和平抗議，要求撤回不公正的報導。

一九九七年，中共「公安部」曾對「法輪功」內部進行調查，結果認為無證據證明「法輪功」為「邪教」。中共中央不滿調查結果，一九九八年下令公安部，再收集證據以證實「法輪功」為邪教。於是有「法輪功」學員被抄家、監聽，和破壞「法輪功」練功點等情事發生。天津教育學院一位教授何祚庥，在北京電視臺點名批判「法輪功」為邪教，引發「法輪功」學員多次包圍北京電視臺抗議。北京電視臺於是將採訪記者解職，並製播一輯認同「法輪功」的節目作為回應。

中共開始打壓「法輪功」後，仍有官方機構和一些高級幹部表態支持「法輪功」，如「國家體總」在一九九八年九月，訪談了一萬二千五百餘名「法輪功」學員，作出結論：「確信修鍊法輪功的效果是卓越的，法輪功對中國社會的穩定和道德作出了非凡的貢獻」；前人大委員長喬石同年也組織調查小組，獨立進行調查，獲得同樣結論：「法輪功於國於民，有百利而無一害」；同年，近百名修鍊「法輪功」的退休中共黨政軍高幹聯名上書江澤民，要求允許「法輪功」註冊為正式團體；中共「體育總局」局長伍紹祖在一九九九年初，中共鎮壓「法輪功」之半年前，也說：「（修鍊）法輪功和其他氣功，每人每年可節省醫藥開支一千元。如一億人在修鍊法輪功和其他氣功，每年可節省一千億元。」還說：「朱鎔基總理對此非常高興，政府可立即使用這筆錢。」

據「法輪功」調查和西方學者研究，作出要打壓「法輪功」決定的是江澤民，原因是出於對李洪志廣受愛戴，和「法輪功」發展速度的「妒忌和憤怒」。認為「法輪功」的有神論與中共無神論思想不相容，決心要以馬列毛思想和「法輪功」進行意識形態的鬥爭。

江澤民將此項任務交由中央「政法委」書記羅干（兼國務委員）負責執行，羅干礙於中共中央對人民練氣功的「三不」政策，無從下手。但羅干急於表現，於是學習毛澤東利用王洪文撰文抨擊《海瑞罷官》的「反動」性質，引爆「文革」殘酷鬥爭的方式，再次指示其連襟天津教育學院教授何祚庥，於一九九九年四月十一日在學院科技期刊《青少年博覽》上發表一篇《我不贊成青少年練氣功》文章，指控「法輪功」是「偽科學」、「封建迷信」，練習者會得精神病，特別對青少年有害。羅干目的，顯然希望藉此「挑起事端，激化矛盾」。

「法輪功」學員果然上當，連續三日到雜誌社抗議，要求撤回該文。四月二十三日，被天津公安局強制驅離。「法輪功」學員於是轉赴天津市府抗議，再被公安警力強力鎮壓，逮捕了四十五人，並告訴示威者：要釋放被捕人員，應到北京上訪才能解決。

四月二十五日，來自全國各地的「法輪功」學員一萬多人到北京上訪，群聚府右街和西長安街中共國務院「信訪辦」附近，靜坐示威，而這個地方正是中共領導中心「中南海」外圍街道。據「維基百科」《法輪功》一文說：「一萬多法輪功學員在中南海周圍人行道上安靜坐著或看書，舉行了一整天的和平請願，要求當局給予他們合法練功的權利。時任國務院總理朱鎔基會見法輪功代表，妥善處理天津公安局涉嫌非法抓捕一案，並釋放被捕的逾四十名法輪功學員。」「法輪功代表得到中國政府高級官員的保證，稱中國政府支持群眾健身運動，並沒有把『法輪功』視作反政府組織。」

但是，「法輪功」驚人的快速動員能力，和「包圍」中南海的行動，確實震驚了中共中央。江澤民為之震怒，因為這是「八九民運」之後十年來，最大規模的群眾運動。江澤民不滿朱鎔基的態度軟弱，決心不顧其他中央常委的反對，堅持要對「法輪功」進行強勢鎮壓。

六月十日，中共成立「中央處理法輪功問題領導小組」，先後由李嵐清（國務院第一副總理、中央常委）、羅干、周永康（時任四川省委書記，後接公安部長，二〇一四年反貪腐行動中，被列為巨貪的前中央常委）負責。下設「六一〇辦公室」作為常設執行機構，協調各機關鎮壓「法輪功」。二〇〇三年後，任務更擴張到包括對其他被視為危及中共政權的宗教、氣功團體的鎮壓。

「六一〇辦公室」屬於中共黨的系統，由黨來鎮壓「法輪功」，完全無視於國務院的存在。所以，到二〇〇一年二月二十七日，才針對法輪功問題，在國務院成立了「防範和處理邪教問題辦公室」，實權仍在中共中央。大陸維權律師高智晟、北大學者焦國標在二〇〇五年發表致胡錦濤、溫家寶的公開信中，就指責「六一〇辦公室」是「國家政權內且高於政權力量的黑社會組織，它是可以操縱、調控一切政權資源的黑社會組織。一個國家憲法及國家權力結構安排規範中沒有的組織，卻『行使』著本只能由國家機關才能行使的權力，及許多國家機關都根本不能行使的『權力』。」

一九九九年七月二十日，中共開始逮捕全國各地「法輪功」負責人，並發布《民政部關於取締法輪大法研究會的決定》，認定「法輪大法研究會」及「法輪功」組織為非法。「公安部」亦公布《關於法輪大法的通告》，提出「六禁止」（禁止懸掛張貼各類標識；禁止散發相關材料；

禁止弘法活動；禁止靜坐、上訪、集會、遊行示威；禁止煽動擾亂社會秩序；禁止對政府決定的抗議）。

七月二十九日，發布國際通緝令，要求國際刑警組織協助緝捕流亡國外的李洪志，遭到拒絕。同時，中共大肆搜捕「法輪功」學員，有高達五千人以上被捕和抄家；其中具黨政幹部身分者，有一千二百餘人被拘留或被迫宣布脫離「法輪功」，接受「學習」改造；被沒收焚毀的「法輪功」相關書籍、影帶、光碟達一萬五千餘份。

十月三十日，「人大」常委會通過「關於取締邪教組織防範和懲治邪教活動的決定」。二○○○年四月，中共教育部向各大學發出通知，凡參加過法輪功等「邪教」組織的考生，一律不准參加考試。

自此之後，在大陸內部的「法輪功」學員即長期遭受鎮壓，許多學員被判刑，或關押勞教（美國學者估計「法輪功」學員約佔中共勞教人數的十五到二十％），強迫放棄對「法輪功」的信仰和練功，甚至遭受酷刑。一些抵死不從的學員，在獄中被迫害至死。更恐怖的是有不少被囚禁的學員，被殘酷的「活摘器官」出售牟利。

令人驚訝的是「法輪功」學員並未因中共的鎮壓屈服，仍有許多成員秘密聚會和修鍊「法輪氣功」。有些學員不畏被關被打，紛紛向各地方人民政府，或省府乃至直接到北京上訪。凡到北京上訪的學員，均馬上被捕關押，甚者遭受刑求。一位留學愛爾蘭的學生趙明，在一九九九年底回國時，到國務院「信訪辦」聲援「法輪功」，立即被捕，扣留護照。次年初，趙明又到天安門廣場示威，再次被捕，判勞教兩年。

另有一些「法輪功」學員試圖向國際發聲。一九九九年十月二十八日，約三十位成員與七位外國記者在北京郊區秘密會面，控訴中共鎮壓「法輪功」，帶給他們的種種苦難，呼籲國際社會施壓中共，停止殘酷迫害。新聞在國際見報後，其中五位記者（包括紐約時報、路透社、美聯社的記者）被中共公安約談，扣留他們的工作證和居留證，並逼簽「認罪書」。記者會主持人之一的石家莊人民電臺主任谷林娜，被捕判刑四年。

因上訪無效，「法輪功」學員開始進行大規模示威請願，每天有數百人分自全國各地到達天安門廣場抗議，甚至農曆春節當天也不例外，示威者中不乏有來自國外的學員。他們在廣場上或公開練功，或高舉標語和橫幅為「法輪功」辯護。中共則是全力掃蕩，逮捕拘留。

二〇〇〇年四月二十五日是萬人北京上訪周年紀念，有大批「法輪功」學員到天安門廣場和平示威，其中有數十名老弱婦孺，被公安撲倒逮捕。十月一日中共「國慶日」，早上八時十五分，二十萬遊客湧到天安門廣場觀看升旗儀式之際，有一組「法輪功」學員五十人突然現身廣場中央，拉開「法正乾坤」的橫額，就地練功。大批公安、武警迅即湧上，強行拖走，押上早已備妥的巴士準備送走。但在第一批示威者被帶走同時，第二批學員五十人已湧入廣場，與公安人員展開追逐，另有一批學員則衝向巴士搶救被捕人員。如是循環，一批又一批的「法輪功」學員被帶上巴士，再一批又一批前往救人。公安和武警人數雖多，一時也奈何不了「法輪功」學員化整為零的作法。後來採取封閉一半廣場方式，始控制局面，但仍持續至中午才結束。

西方記者現場目擊說：示威的「法輪功」學員，八成以上是女性，被公安毫無顧忌的毆打，甚至一個懷抱嬰兒的母親也未倖免，數名兒童被捕。中共至少備有十五輛大巴士和二十輛中巴，每車塞進五十或二十五名人後，開往市郊的體育館，集中管理，再通知示威者所屬單位或地方政府前來領人。情節較重者，則送往「勞教所」勞動教育。據知，中共在東北和西北修建兩座專供收容「法輪功」信眾的「集中營」，各可容納五萬人。「法輪功」學員在「勞教所」受到虐打，在過去一年，傳出有數十宗被迫害至死的事件。

十月二十六日，「法輪功」被指控為邪教組織的周年日，來自全國各地「法輪功」學員秘密湧進天安門廣場，進行示威，有一百多名人被捕；次日清晨，「法輪功」學員再分成小組潛入廣場，趁大批遊客注目觀看升旗儀式時，大聲呼喊：「法輪功好」口號，並展開示威橫幅，快步穿越廣場，女姓學員將摺成紙飛機的傳單，擲向天空散發，被公安逮捕了數十人。

二〇〇一年元旦，示威學員有七百人被捕。據統計，在千禧年的一年間，有超過三萬名「法輪功」學員被捕。另據「法輪功」網站「明慧網」引據中共官方內部在二〇〇一年十月底的統計，全國至少有六千名學員被判刑、數千人被強迫送入精神病院遭受破壞中樞神經的摧殘、無數學員被綁架到各地的「洗腦班」、被捕學員死亡人數高達一千六百人，無辜受牽連者不計其數。

「法輪功」學員這些示威請願行動，固然震撼了中共中央，相應也提高了中共對「法輪功」的恐懼。「法輪功」自被鎮壓後，學員表現的無畏無懼精神，和動輒集結數十到數千人，公然向中共示威抗議，爭取宗教信仰自由，和練功強身權利。雖然他們沒提出政治民主化的訴求，但是所爭信仰自由與人權的主張，實際是另一型態的民主運動。而且表現出的勇氣、韌性和耐力，均遠勝於「八九民運」的學生們。尤其難能可貴是：參與抗爭示威的「法輪」學員，無分男女老少，不分階級年齡，從中共各級幹部、知識份子到工人農民，都義無反顧投入無休無止的反抗行列，抗爭行動遍及全國，並深入城鄉，絕非中共事前所能預料得到。所以，中共自鎮壓伊始，便已勢成騎虎，為防止「法輪功」學員進一步變成「義民」，揭竿而起，只得繼續殘酷鎮壓，即使江澤民下臺後，其後兩位接任者也不敢停止整肅行動。

由於中共利用媒體鋪天蓋地的攻訐「法輪功」，確實使大陸許多民眾對「法輪功」觀感動搖，產生誤解。特別是二〇〇一年一月二十三日農曆年除夕當天，發生在天安門廣場「法輪功學員自焚案」，震驚國際。據「新華社」報導，下午二時四十一分，在天安門廣場，有五名「法輪功」學員自焚。當中劉春玲一人當場死亡，她的十二歲女兒劉思影數周後在醫院過世，其餘三人包括主謀王進東和一對母女獲救，另有二人自焚未遂。中共媒體大幅宣傳，這些人都是「法輪功」學員，為了「圓滿昇天」自焚。「法輪功」海外信息中心根據中共中央電視臺播出的「自焚」案錄影，進行慢鏡頭分析，發現疑點重重，指責是中共設計導演的一個「自焚」事件，作為嫁禍並徹底鎮壓「法輪功」的口實。但在中共集中火力大事宣傳後，引起社會對「法輪功」開始有負面看法。

此外促使中共更加「仇視」「法輪功」的原因是：二〇〇一年十一月二十日，來自歐、美、澳洲十二個國家的外籍「法輪功」學員共三十五人，於下午二時在天安門廣場展開一幅寫有「真、善、忍」的橫幅，閉目打坐練功，被公安人員暴力押走；二〇〇二年二月十四日春節時，又有來自國外的外籍學員在廣場上樹起「法輪大法好」的橫幅示威，有四十人被捕。稍後，這些外籍人士都被強制遣送出境。

因外籍「法輪功」學員的介入，中共將「法輪功」事件，視為是外國敵對勢力對中共「和平演變」的策略的一環，更加肯定對「法輪功」的取締正確，鎮壓手段自此更趨於嚴厲殘酷。

因此，到了二〇〇二年，「法輪功」改變作法，減少到天安門廣場的示威抗爭，轉而面對社會，直接向民間「講真相」。開始印製傳單和磁碟片等材料，反駁中共的污蔑栽贓。同時廣設秘密「資料點」，負責挨家挨戶發送「材料」。估計到二〇〇九年時，在中國大陸已有逾二十萬個「資料點」，數量並持續增加中。即使在國外，許多大城市的「中國城」（唐人街），或華人聚集區域，都可以看到在街邊擺設的「資料點」，向路過人士發送資料。

二〇〇二年三月五日，在「法輪功」創辦人李洪志的家鄉吉林省，有六位「法輪功」信徒利用插播技術，在長春市有線電視臺晚間黃金檔時段的八個頻道，成功插播《法輪大法弘傳世界》，和《是自焚還是騙局》兩部電視片，長達五十分鐘，約有十萬電視觀眾看到影片。部分長春市民甚至以為鎮壓行動已經結束，聚集在市府廣場慶祝。中共在此後三天，大肆搜捕全市「法輪功」學員，有五千多人被捕，拘捕過程中七人被打死。之後有十五人被判重刑，其中負責插播技術的劉成軍、雷明、梁振興等人在監獄相繼被酷刑折磨致死。《江澤民傳》中也承認：「由於是黃金時間，大家都看到了『法輪功』的節目，整個城市鬧得沸沸揚揚。」

類似的電視插播，在其他城市的有線電視台也相繼發生。自二〇〇二年三月到二〇〇三年十月間，「法輪功」學員在河北、甘肅、青海、重慶、鞍山、哈爾濱、萊陽、煙臺等地的二十多個城市的電視台，都成功插播「法輪功」影片。

中共有幾個省級電視臺租用的亞洲衛星電視信號，也發生了被覆蓋的現象。二〇〇五年三月十四日九時三十四分，「法輪功」學員將衛星六個波段轉播的節目覆蓋，播出「法輪功」影片。

在海外的「法輪功」組織，隨著中共鎮壓力度的加強，對中共的立場，也從抗議轉化為反共，並主張推翻中共政權。採取的手段，與海外民運組織也不同：

一、二〇〇三年一月二十日成立「追查迫害法輪功國際組織」，循法律途徑，向外國政府控告參與迫害「法輪功」的中共官員：二〇〇三年在美國控告江澤民「種族滅絕罪」；二〇〇七年，澳洲法院以薄熙來犯「酷刑罪」起訴；二〇〇九年，西班牙國家法庭以群體滅絕罪及酷刑罪，起訴江澤民、羅干、薄熙來、賈慶林和吳官正等五名中共官員；同年十二月，阿根廷法院裁決：江澤民、羅干因迫害「法輪功」，犯下群體滅絕罪和酷刑罪，下令阿根廷聯邦警察局國際刑警部逮捕。在海外挨告的中共官員，總計有江澤民、李嵐清、薄熙來、羅干、周永康、劉淇、夏得仁、吳官正和曾慶紅等九人。

二、發行《大紀元時報》。二〇〇〇年五月在紐約創刊發行，編輯總部位於華盛頓。該報有兩種版本：一是網路版，以二十一種文字上網；另一種是紙本版，每日以中、英、法、德、韓、俄等十多種語文，在全球約在三十五個國家發行，並在世界各重大旅遊城市的公共場所、學校和旅遊景點免費發放。另成立有網站「明慧網」、紐約「新唐人電視臺」、「希望之聲廣播電臺」等從事海外宣傳活動。英國ＢＢＣ節目曾在《法輪功的威脅》專稿中說：「法輪功的電腦網際網路網絡廣泛，網站詳細列明世界各主要城市內，法輪功學習中心的活動。法輪功組織善用互連網傳播信息，這也是中國政府擔心的原因。」

三、二〇〇四年十一月十日起，由《大紀元時報》發表特別系列社論《九評共產黨》。在中共過去歷史中出現過兩次「九評」，第一次是一九六三年九月起至一九六四年七月止，毛澤東與赫魯雪夫決裂，連續發表九篇批評蘇共「修正主義」的文章，號召全世界共產黨人跟赫魯雪夫劃清界限，這九篇文章當時簡稱「九評」，從此中蘇共關係陷於低潮；第二次是一九九五年，中華民國前總統李登輝於六月七日訪美六天，中共認為李登輝是向美推銷「一中一臺」或「兩個中國」，實質是「臺獨」的變種。因此自六月六日起至八月二十三日止，先後發表九篇文章，抨擊李登輝的臺獨思想和言行，兩岸關係自此越行越遠，直到二〇〇八年馬英九出任總統才改善。「法輪功」仿效中共作法，以九篇專文批判中共，代表與中共徹底決裂。《大紀元時報》在發表《九評》時的《社論》說：「現今苟延殘喘的共產政權已經日暮途窮，它們的崩潰指日可待。在其徹底滅亡之前，我們有必要全面反思和揭露這個集古今中外邪惡之大全的最大邪教組織，讓仍舊被共產政權欺騙的人們認清它十惡俱全的本質，從精神上肅清共產黨的流毒，從心理上擺脫共產邪靈的控制，跳出恐懼的枷鎖，放棄對共產黨的一切幻想。」這九篇系列文章的標題是：《評共產黨是什麼》、《評中國共產黨是怎樣起家的》、《評中國共產黨的暴政》、《評共產黨是反宇宙的力量》、《評江澤民與中共相互利用迫害法輪功》、《評中國共產黨破壞民族文化》、《評中國共產黨的殺人歷史》、《評中國共產黨的邪教本質》和《評中國共產黨的流氓本性》。

四、二〇〇五年一月十二日，推出「退黨」運動，號召中共黨員退出「中國共產黨」、「中國共產主義青年團」和「中國少年先鋒隊」（又稱「三退」）。二月，成立「全球退黨服務中心」，作為聲明「三退」的平臺。「三退」的方式可以是公開的，也可以是秘密的，目的在表示從內心和中共劃清界限，不幫助、不支持共產黨。並在中國大陸發生大變動時，以瓦解中共形式來改變中國的社會狀況和政權性質。此一活動獲得海外各民運組織的積極響應和參與。「退黨」活動，到四月下旬，宣布「三退」者已超過一百萬人。據「退黨中心」網站二〇一四年十一月統計，「三退」人數已超過一億八仟萬人，包括有海外黨員、大陸一般黨團員、退休幹部、軍人、學生和知識份子等。其中大陸知名人士有「作家協會」黨委書記孟偉哉、維權律師高智晟和耿和夫婦、維權人士胡佳，以及二十多個省市的知名民主和維權人士近三十人等。

五、二〇〇五年六月，發行三十萬字的《江澤民其人》一書。延安時期，王明被毛澤東排擠，逃亡到莫斯科後，曾撰寫《毛澤東其人》一本小冊子，嚴厲批判毛澤東；一九九五年《九評李登輝》的第九評即《李登輝其人》，進行人身攻擊。讀者諸君從這兩篇《其人》用詞，就已能瞭解《江澤民其人》一書出版的性質。

六、二〇〇六年九月十日，《大紀元時報》又發表系列社論《解體黨文化》，並集結成書。從中國共產黨的黨文化的形成歷史、表現、危害，以及中華正統文化的角度出發批判中共黨的文化，以求通過道德與文化的重建，平順過渡到一個自由而昌盛的新紀元。《大紀元》稱《解體黨文化》是繼《九評共產黨》之後的又一重要社論。

根據「法輪功」的「退黨中心」統計，「三退」人數超過一億八仟萬，數字驚人。由於「三退」包括了中共黨、團和「少先隊」，李洪志曾說：「當年的單位，必須都是黨團員，為此，年輕時也被動的被入過團，雖然從來沒當回事，也超齡了幾十年，早已不是團員了，還是聲明一下退出好。」照這種說法，「三退」的一億多人中，多數應該都是曾經具有「少先隊」和黨團員等三重身分的。因此，「三退」實際人數，可能只有六千萬人上下。但是在同一時間，中共在二〇一四年六月三十日建黨九十三年慶前夕公布的黨員總數為八六〇〇萬六千人（比前一年增一五六萬人），為建黨以來最多黨員數。如果在二〇〇五年後的十年間，退黨人數有六千萬人，中共黨員人數不可能達到歷史新高。因此，所謂「三退」人數的統計的方式和實際數字，還有待瞭解。

除「法輪功」被中共以邪教之名加以鎮壓外，大陸另有一個類似的氣功團體「中華養生益智功」（簡稱「中功」），鼎盛時期，擁有三千八百萬學員，成員遍布中國各地，在中共黨政軍和情治部門內都有「中功」學員，因此被中共視為威脅其共產政權的另一個「法輪功」。

「中功」係於一九八七年八月由張宏堡創建，以教授養生氣功和他自創的「麒麟哲學」（並著作有《導讀》一書，又稱「麒麟文化」）以「祈願人間都是仙」而廣受歡迎，並得到各地公安和司法機關的支持，得以迅速發展。張宏堡在傳授氣功的同時，同時推銷「養生產品」。到一九九五年，「中功」已在全國十萬個鄉鎮建立練功點，創利數億人民幣。於是申請成立「麒麟集團」，為集體所有制企業。

一九九九年七月，中共開始鎮壓「法輪功」。張宏堡驚覺到「中功」也勢將被取締，遂將部分資產轉移國外。九月，中共宣布「中功」為非法邪教組織，進行鎮壓，沒收「中功」和「麒麟集團」在大陸的資產，查禁著作，關閉三千多個練功點，逮捕了六百餘名主要成員。張宏堡在二〇〇〇年逃亡美國，中共雖發布國際通緝令，已奈何不了他。

「法輪功」被鎮壓後，中共「國家宗教事務局」就把「法輪功」定性為邪教，官方媒體也始終稱「法輪功」為邪教。但中共在二〇〇〇年和二〇〇五年發布及修訂的《公安部關於認定和取締邪教組織的若干問題的通知》中，公布的十四個邪教組織中，竟然沒有「法輪功」，而有「中功」。其原因可能是因為全世界各國均能接納「法輪功」，美國國會決議案亦認同「法輪功」是一種「真、善、忍」的心靈運動，中共可能不願再遭受國際更多指責，忍痛不公開列入邪教名單內。「中功」在海外沒有如「法輪功」一樣龐大的組織和力量，而且張宏堡逃亡美國，因係非法入境、持用假護照並涉及暴力（毆打女管家）案件，遭美國法院起訴，中共自然不會有任何國際壓力之顧忌，將「中功」列為邪教。

張宏堡在美，與民運組織曾有接觸，但民運人士重視的是他的經濟條件，據傳他三度婉拒民運人士鼓勵他組織「臨時政府」。但在二〇〇三年八月，他突然在美國舊金山灣區宣布成立「中國影子政府」，自任「總統」。有人懷疑是因為次日洛杉磯高等法院將開庭審理他所犯暴力案件，為防一旦被判刑，而不致被驅逐出境，因而使出這一招，以利申請政治庇護。二〇〇五年四月，張宏堡仍被判決罪名成立，後以罰鍰結案，未遭遣返。二〇〇六年七月三十一日，他在阿利桑那州因車禍死亡。「中功」組織自此分裂，陷入癱瘓。

在張宏堡組織「中國臨時政府」前後數年間，海外民運分子一度熱衷成立反中共的「政府」。王炳章則是這股熱潮始作俑者，他在二〇〇二年時就計劃在大陸內部起義，籌建「中國民主臨時政府」。但王炳章的「民主臨時政府」只是他個人的一個理想，僅有少數人能夠耳聞，不知其詳。王炳章也未曾付諸實施，只能說是他企圖開風氣之先，將海外民主運動，推向內陸，建立一股與中共對抗的力量，走的類似孫中山先生早年革命模式，所以曾有人揶揄他想當孫中「四」。當然，這只是一句玩笑話，但不難看出王炳章從發起「中國之春」民主運動 建立「中國民聯」、創立「中國民主黨」、首先闖關回大陸、鼓勵內陸民運人士組黨，和主張建立反共政府，他的思想言行，無不走在其他民運人士和組織之前，而後有人效法跟進。像他這種民運人才，雖然有少許個人特質上的小瑕疵，甚至受到海外一些民運分子非議，但瑕不掩瑜，在今天海外民運工作陷於低潮之際，反而有許多人懷念起王炳章，認為只有他才具有整合統一領導海外民運組織的聲望、條件和能力，但他已身陷中共囹圄。

二〇〇三年二月十二日，由彭明（大陸外逃赴美民運人士，二〇〇四年五月因攜帶大量人民幣假鈔，在緬甸被捕，遣送大陸，被中共判處無期徒刑）與閻慶新（「中功」二把手，主管財務。因與張宏堡不合，攜二〇〇多萬美元脫離「中功」。張宏堡揚言提告，閻慶新藉口係政治捐款並與彭明合作，逃避追討）在美國舊金山成立「中國聯邦臨時政府籌備委員會」。但雙方關係只維持兩個多月即決裂，「籌委會」解散。彭明改名稱為「中國聯邦民主政府執行委員會」，決定於五月十三日在北京召開「特別執委會」，選舉總理及內閣成員，正式宣告成立「中國聯邦民主政府」（彭明有無此條件和能力？令人存疑），行動代號為「日月觀光」，派黨員高約翰、藍於鵬（臺籍）和孫鋼等三人分赴北京，與國內的「聯邦委員」會合開會，並計劃於十三日清晨，在天安門廣場和首都國際機場施放兩枚大型遙控氣球，外側塗寫「中國聯邦民主政府替天行道推翻中共」的大幅宣傳標語，球內各放置一千份《告全國同胞書—中國聯邦民主政府正式成立，中共政權徹底崩潰指日可待》的傳單。當氣球升空適當高度後，引爆球內微型雷管，飄灑傳單。但因事機不密，五月十二日夜，被中共全數逮捕。

陳泱潮（本名陳爾晉，一九四五年生，雲南人，因著作《特權論》被捕。西單民主牆時，改以《論無產階級民主革命》之名發表，提出「第二次武裝奪權」再被捕。一九八一年因成立「民主愛國護法請願團」被判刑十年。獲釋後於千禧年外逃東南亞）二〇〇五年五月發表《中華合眾國籌建宣言》，並起草《中華合眾國憲法》。但所列「籌委會」的委員九人中，有多人否認參與，可能屬於「獨立國」（一人組織）。

賈甲（一九五一年生，天津人，原在大陸以自由學者身份兼職教授，後任全國網路中心主任，二〇〇六年藉到臺灣旅遊，申請政治庇護未果，轉赴紐西蘭獲得居留權。因擄出七百多人中共幹部和學者專家退黨名單，證實大陸出現退黨潮，受到「法輪功」重視）二〇〇六年十一月一日在香港發起成立「中華民主聯邦共和國政府」；二〇〇七年又在馬來西亞發起成立「中國民主核心黨」。二〇〇九年十月二十二日闖關回大陸，被捕判刑八年，關押山西。

二〇〇八年一月一日，民運人士伍凡等人宣布成立「中國過渡政府」。由伍凡（本名吳乾璠，一九三八年生，原任教安徽大學，在美曾任「中國民主黨聯盟」主席）任「總統」，賈甲任「副總統」，袁紅冰（原名紅兵，一九五二年生，蒙古人，北大法律系畢業，留系任教，「八九學運」期間，組織「北大教師後援團」，並參與絕食。一九九四年組建「中國勞動者權益保障同盟」，被流放貴州監管，在貴州大學任教授。二〇〇四年獲澳洲政府政治庇護）任「議長」，李大勇（一九六四年生，湖南人，重慶大學電機系畢業，中國電力科研院博士，美國密西根大學博士後研究。後任「法輪功」所屬「全球退黨服務中心」執行主任，擔任「法輪功」與民運組織間溝通管道。二〇一四年三月因病去世）任「新聞發言人」。伍凡提出參加「過渡政府」者，必須具備三個條件（退黨、撰寫讀《九評》感想、宣誓反共），正是法輪功的主張。因此被質疑幕後受到「法輪功」的操縱，但伍凡後來與「法輪功」鬧翻，互相攻訐。

其他幾個在海外成立的流亡「政府」，差不多都是少數幾個人組建起來，缺乏「群眾」力量，甚至可能只是「一人黨」，自然難予寄望發揮功能。不過，像彭明、賈甲二君甘冒風險，敢於闖關，雖陷牢獄，仍令人敬佩，是真正的民運志士，足以歷史留芳。

11 發表零八憲章——劉曉波獲諾貝爾和平獎

一九六八年，前蘇聯軍隊入侵捷克，鎮壓了捷克人民追求民主、自由的「布拉格之春」民主運動。自此，捷克人民的一切政治權利和言論自由，被徹底剝削。但人們面對嚴酷的政治環境，開始從挫敗中逐漸恢復鬥志，認為與其期待執政者恩賜民主自由，不如由人民自行主動爭取。這種心聲逐漸在民間發酵，特別是一九七六年捷克參與《赫爾新基協約》的簽署，而該協約中又有明確的關於保障人權和自由的條款。當時美國正推行「人權外交」政策，力圖把共產國家的人權問題，作為國際會議談判的一個重要議題。

由於這些國內外的因素，大大激勵了捷克的知識份子。一九七七年一月，捷克有二百四十一位的知識份子和各界人士，共同簽署了一份宣言，稱為《七七憲章》，要求政府遵守《赫爾新基協約》中的人權條款，維護公民權和人權尊嚴，「促進每個捷克公民作為自由人生活和工作的可能性的實現」。此後十年間，參與簽署者逐漸增加，達到一千三百多人。

《七七憲章》提出後，即遭受捷克共黨政府鎮壓，參與者被逮捕，迫使運動轉入地下活動，發行「地下刊物」，不斷傳播自由、人權意識，並對政府各類政經文化政策進行批判，和提出可行性提議或者代擬政策。因此，受到社會大眾廣泛的關注，產生了很大的影響，逐步在捷克社會扮演著非官方發言人角色。此一運動，一直持續到一九八九年捷克共黨政權隨著「蘇東波」浪潮崩潰才結束。

《七七憲章》運動結束前，正是「六四」中共以武力血腥鎮壓天安門廣場「八九民運」之際，讓東西方共產社會形成了強烈對比。「八九民運」促進了蘇聯和東歐共產國家的「蘇東波」運動的發展，同樣《七七憲章》也促成了中國民運人士先後發表了《和平憲章》和《零八憲章》，後者更讓發起人劉曉波獲得了二〇一〇年諾貝爾和平獎。

　《和平憲章》係由大陸老牌民運志士秦永敏所發起，他說：「《和平憲章》在很多方面都與捷克人權團體《七七憲章》相同」。秦永敏原是武漢鋼鐵廠工人，一九七〇年代末，在武漢主編民運刊物《鐘聲》，一九八〇年參與籌建「中國民主黨」工作，次年被捕入獄，一九八九年獲釋。於一九九三年十月下旬，他在民運人士李海、周國強和劉念春協助下，開始起草《和平憲章》。

　十一月十四日，他與李海等八位民運人士（另五位為宋書元、沙裕光、陳旅、錢玉民、楊周）在北京公布《和平憲章》。據秦永敏回憶說：「《和平憲章》的歷史作用主要是打破『六四』血腥恐怖，為中國民主運動的再掀高潮鋪路。同時作為中國大陸本土的第一個綱領性民運文獻，為當代中國民主運動指明了方向。」

　《和平憲章》（草案）開宗明義先解釋起草的憲章原因，它說：「十幾年來，大陸上的經濟體制發生了巨大變化……市場經濟的迅猛發展必然要求實行多元化的民主政治。鑒於當前世界結束冷戰，走向新秩序；鑒於所有中國人都關注中國未來的和平發展，我們特提出本憲章。」

　《憲章》本文中則強調：「浩浩蕩蕩的世界潮流，國際上空前強大的民主力量，不僅使中國的和平變革成為眾望所歸。」「今天的國際國內形勢，無論從那方面說，絕不容許『六四』那樣的慘案重演。」因此呼籲「（全國朝野上下）以『全民的利益高於一切』為原則……共商國是，實現中華民族大和解，以求在平和穩妥的方式下，一起來完成中國大陸的政治制度轉型，以及臺灣海峽兩岸的和平統一大業！」

　《和平憲章》提出的十條「全民和解程

序」，要點為：一、中共應遵守聯合國有關人權問題的一切決議，立刻制定符合民主的相關法規，並廢除「反革命罪」；二、從速制定並實施從一元化到多元化的民主政治；三、呼籲全民在中共承諾以上兩條前題下，與中共合作，推動和解進程；四、平反『六四』事件，釋放一切政治犯，發放遇難者撫恤金；五、解除對政治流亡者的法律禁令，允許流亡海外者回國；六、制定與實施結社法，開放黨禁；七、兩岸立刻開始直接對等談判，中共放棄武力犯臺，民進黨放棄臺獨主張；八、充分尊重港澳回歸後，當地人民的自治權利；九、尊重各少數民族自決權，放棄以暴力維持大一統的封建觀念；十、召開包括大陸、臺灣、港澳、各少數民族和海內外朝野人士的圓桌會議，共商中國下階段和平變革與兩岸和平統一問題。

從秦永敏草擬《和平憲章》的起因，和全文內容，明顯是受到西方「和平演變」中共策略，和「蘇東波」運動，前蘇聯暨東歐各共產國家和平變革轉化為民主國家，以及東西德的統一的影響，希望在中國大陸推動類似運動，冀望中共放棄一黨專政，能夠實施民主政治，和政黨政治，並完成中國的統一。

《和平憲章》醞釀期間，秦永敏說他曾「拜訪了幾十位著名的專家、學者，由於對當局的恐懼，這些人大多數都談虎色變，根本不願與聞其事，只有個別學者表示了興趣，但在當局發現蛛絲馬跡並加以施壓的情況下，還是被迫放棄了從文字上加以修改的初衷。」而這些學者專家中，有一部分人在十五年後簽署了《零八憲章》。秦永敏甚至拜訪了當時尚未赴美的著名民運領袖魏京生、王丹二人，尋求支持，也都遭到拒絕。

而且這時，中共已在搜捕秦永敏，無法再為《和平憲章》擴大徵求簽名支持者，秦永敏於是聯繫「美聯社」記者，交給他一份《憲章》草稿。並於十一月十四日，選擇在「西單民主牆」時老民運鬥士陳旅「他家那個即將拆遷的房屋裡」舉行「落實會議」，出席者就是前述八位簽名支持者，連同秦永敏一共九人。另有何德普（民主牆時主辦《北京青年》民刊）一人在外圍警戒，以防中共突襲逮捕所有人時，他能將消息傳播出去，所以也不讓他在文件上簽署。

會議逐條討論《憲章》條文，經修刪後於中午完成，決定以《和平憲章》（草案）公諸於世。散會後，由周國強將全文傳真香港和美國朋友。下午五時，在劉念春「空置在三里屯的住所」，設立「臨時總部」，由錢玉民電話邀請駐京各國際大媒體前來採訪，直至晚上九點結束。

秦永敏在公布《和平憲章》的當天深夜被捕，押回武漢，被控「擾亂社會治安罪」，判處勞動教養兩年，一九九五年十一月十四日獲釋。（其後，秦永敏在一九九七年發表致江澤民公開信，要求政治體制改革，實現民主憲政；又在一九九八年成立中國民主黨湖北省黨部，被判刑十二年。他是自鄧小平時代以來，中共政權下坐牢最久的政治犯之一，共被關二十二年。秦永敏於二〇一〇年出獄，拒絕出國，他說中國不民主就絕不出國。）

一九九五年五月十二日，秦永敏（還在勞教中）的同志修改了《和平憲章》，稱為《第二版本》，仍維持原版本的「以公開、非暴力為原則，理性地開展各種和平行動，促進社會變革。」對十條「和解程序」內容，作了一些修改，如增加廢除《勞動教養條例》（二〇一四年，中共已廢止）；追究「六四」慘劇的法律責任；允許大陸和臺灣政黨均可在兩岸發展；敦促兩岸開展政府之間、政府與人民之間對話，加速和平變革和民主統一的進程；呼籲全民以和平方法開展長期的民主運動。並在香港、美國開設聯繫點，徵求各方意見。

《和平憲章》出爐時，正是中共在「六四」後持續高壓打擊異己之際，全國知識份子、異議人士和民運分子都陷於極度恐懼之中，因此無法廣泛尋求支持。尤其當時網路不發達，個人絕少擁有電腦，手機和互聯網也還沒有出現，電話亦不普及，以致甚難將《和平憲章》向社會大眾散播宣傳。雖在國際間已有新聞報導，但隨著秦永敏的被捕，與中共的鎮壓，未能如二〇〇八年的《零八憲章》般地造成轟動。

秦永敏在二〇一三年，《和平憲章》發表二十周年時，承認「由於特定的艱難條件，《和平憲章》並沒有起到形成共識、凝聚力量、開創局面的作用。」「《零八憲章》在觀念體系的完備上比《和平憲章》要做得好得多。」

中共鎮壓《和平憲章》，並未能擊潰大陸民運人士的鬥志，在沈潛近十五年後，終於由劉曉波帶頭發起了《零八憲章》民主運動，而且不同於《和平憲章》，《零八憲章》的撰擬是經過執筆者和修飾者多個高級知識份子深思熟慮，一再修飾後，提出的主張。

香港《開放》雜誌主編金鐘說：「一九八九年學潮，從北京學生反『官倒』、重新評價胡耀邦開始，發展到要求新聞自由，要求鄧小平下臺的一個聲勢浩大的影響全國、震撼世界的民主運動，雖被鎮壓，意義重大。但是，那場運動自始至終，都沒有提出一個全面的、從根本上改造極權主義體制的綱領性主張。天安門廣場上的主導人物始終是政治上思想上尚未成熟的學生。《零八憲章》卻是一個相當完整的改造中國的民主化綱領，凝聚了百年來中國無數志士仁人的心血與夢想。因此，從訴求的層面看，《零八憲章》顯然比八九學潮要高很多，成熟很多。」

《零八憲章》的產生，是藉紀念《世界人權宣言》發表六十周年、「西單民主牆」誕生三十周年，中共簽署《公民權利和政治權利國際公約》十周年，由張祖樺（一九五五年生，江蘇人。南充師範學院政治系畢業。曾任共青團中央常委、中央國家機關團委書記。「六四」後離職，入政法大學研究生院修西方國家憲法，受聘四川師範學院政治法律系任客座教授。主要從事政治現代化、憲政民主理論與實踐、中國政治改革等方面的研究工作）執筆起草。劉曉波則為《憲章》的修飾付出極大的心血，並為它廣泛徵求意見和簽名者，經過數月的努力，和獲得了三〇三位各界人士簽署後，才公開發表的一份宣言。

據《我無罪——劉曉波傳》一書說：「《零八憲章》是劉曉波和朋友們在『六四』之後二十年思想成果的『點睛之筆』，是此前他參與起草和簽名的三十多份公開信和聲明的總匯集，也是老、中、青三代獨立知識份子和有社會責任感的公民寫給這個時代最誠摯的備忘錄。」這一份《八九憲章》隨著劉曉波的被捕重判而發酵，更因劉曉波的榮獲諾貝爾和平獎，而成為劃時代的文件。

《零八憲章》此一標題，也是仿效《七七憲章》的名稱而命名，以示對《七七憲章》的敬意和傳承性，而且選擇在十二月十日「世界人權日」發表，使這篇人權宣言文章，更彰顯其意義和重要性。

《零八憲章》分成四大部分：

一、「前言」：「今年是中國立憲百年（註：一九〇八年光緒三十四年，清廷曾頒布《欽定憲法大綱》）……在經歷了長期的人權災難和艱難曲折的抗爭歷程後，覺醒的中國公民日漸清楚地認識到，自由、平等、人權是人類共同的普世價值；民主、共和、憲政是現代政治的基本制度架構。抽離了這些普世價值和基本政制架構的『現代化』，是剝奪人的權利、腐蝕人性、摧毀人的尊嚴的災難過程。」「一九四九年建立的『新中國』，名義上是『人民共和國』，實質上是『黨天下』。執政黨壟斷了所有政治、經濟和社會資源，製造了反右、大躍進、文革、六四、打壓民間宗教活動，和維權運動等一系列人權災難，致使數千萬人失去生命，國民和國家都付出了極為慘重的代價。」「二十世紀後期的『改革開放』使……公民社會開始生長，民間對人權和政治自由的呼聲日益高漲。」「中國政府於一九九七年、一九九八年分別簽署了兩個重要的國際人權公約，全國人大於二〇〇四年通過修憲把『尊重和保障人權』寫進憲法，今年又承諾制訂和推行

《國家人權行動計劃》。但是，這些政治進步迄今為止大多停留在紙面上；有法律而無法治，有憲法而無憲政，仍然是有目共睹的政治現實。執政集團繼續堅持維繫威權統治，排拒政治變革，由此導致官場腐敗，法治難立，公民的自由、財產和追求幸福的權利得不到制度化的保障，各種社會矛盾不斷積累，不滿情緒持續高漲，特別是官民對立激化和群體事件激增，正在顯示著災難性的失控趨勢，現行體制的落伍已經到了非改不可的地步。」

二、「我們的基本理念」，共有六項，重點為：

（一）自由：言論、出版、信仰、集會、結社、遷徙、罷工和遊行示威等權利都是自由的具體體現。自由不昌，則無現代文明可言。

（二）人權：人權不是國家的賜予，而是每個人與生俱來就享有的權利。中國的歷次政治災難都與執政當局對人權的無視密切相關。人是國家的主體，國家服務於人民，政府為人民而存在。

（三）平等：每一個個體的人，都是平等的。必須落實法律面前人人平等的原則，落實公民的社會、經濟、文化、政治權利平等的原則。

（四）共和：就是「大家共治，和平共生」，在平等參與、公平競爭、共同議政的基礎上，以和平的方式處理公共事務。

（五）民主：涵義是主權在民和民選政府。一句話，民主使政府成為「民有、民治、民享」的現代公器。

（六）憲政：通過法律規定和法治來保障憲政確定的公民基本自由和權利的原則，限制並劃定政府權力和行為的邊界，並提供相應制度設施。

三、「我們的基本主張」，共有十九項：修改憲法、分權制衡、立法民主、司法獨立、公器公用、人權保障、公職選舉、城鄉公平、結社自由、集會自由、言論自由、宗教自由、公民教育、財產保護、財稅改革、社會保障、環境保護、聯邦共和，和轉型正義等項目，並分別有說明和具體訴求。

四、「結語」：令人遺憾的是，在當今世界的所有大國裡，唯獨中國還處在威權主義政治生態中，並由此造成連綿不斷的人權災難和社會危機，束縛了中華民族的自身發展，制約了人類文明的進步——這種局面必須改變！政治民主化變革不能再拖延下去。公布《零八憲章》，希望所有中國公民，不分朝野，不論身分，求同存異，積極參與到公民運動中來，共同推動中國社會的偉大變革，早日建成一個自由、民主、憲政的國家。

當年參與《七七憲章》運動主要發起人瓦茨拉夫・哈維爾在《零八憲章》發表後撰文說：「一群中國公民以我們卑微的努力為楷模，做出了對人權，對良好的政府，以及尊重公民監督政府的責任的類似訴求——來確保他們的國家按照一個現代的開放社會的規則行事。他們發表的這份文件令人印象深刻。」「《零八憲章》的連署人明智地呼籲更好的環境保護，消除城鄉差異，要求更健全的社會保障制度，以及對過去侵犯人權的行為，做出和解的嚴肅努力。」

哈維爾在《七七憲章》公布後被捕，坐牢四年。捷克共產政權瓦解後，哈維爾曾出任捷克共和國首屆總統。劉曉波也有被捕坐牢的心理準備，在《零八憲章》發表的前兩天，也就是十二月八日晚上，公安人員闖入他家中，強行逮捕。張祖樺也被逮捕，但於隔天獲釋。其他參與聯署的人，都被當地公安部門傳訊、跟蹤、或限制行動自由。中共同時加緊對各大網站監控，凡轉載《零八憲章》的網站，均被封鎖。

趙紫陽智囊鮑彤在十二月十一日發表《零八憲章何罪？不得不說的話》一文，他說：「《憲章》基本理念是自由、人權、平等、共和、民主、憲政。請公僕讓十三億主人明白：自由何罪！人權何罪！平等何罪！民主何罪！憲政何罪！《零八憲章》提出了十九條主張。這些主張，沒有一條是我們這些人發明出來的，都是現代文明國家所已經實行了，並且已經起了好作用的好制度。」「我，既做過中共中央政治體制改革研究室主任，又當過被前總理李鵬非法誣陷而坐牢的刑事犯，根據我的知識和閱歷，我願意明明白白告訴當局：《零八憲章》沒有罪。他的理念、主張和呼籲都沒有罪。我們的國家不是中華帝國、中華官國，也不是中華黨國。他叫中華人民共和國……一切權力屬於人民的共和國。」

劉曉波被拘捕後，哈維爾於二〇〇九年三月十一日，親自將「人與人」人權獎頒發給劉曉波和《零八憲章》簽署群體，由簽署人徐友漁（哲學家）、崔衛平（學者）和莫少平（律師）代表接受獎項。

美國《時代周刊》舉辦「二〇〇九年世界最具影響力百人」的網路選舉，劉曉波和《零八憲章》簽署人群體，榮膺當選，排名第七十七，比羅馬天主教教皇本篤十六世（排名七十八）還高一名，與胡錦濤、達賴喇嘛和馬英九，同列名「時代百人」。

中共非法羈押劉曉波，直到半年之後，於二〇〇九年六月二十四日才透過「新華社」公布：「近年來，劉曉波以造謠、誹謗等方式煽動顛覆國家政權、推翻社會主義制度，違反中華人民共和國刑法，涉嫌煽動顛覆國家政權罪。」

《零八憲章》簽署者在得知劉曉波即將被起訴和求刑之後，有三二八名簽署者選在《憲章》公布周年的二〇〇九年十二月十日，在互聯網上發表《我們願與劉曉波共同承擔責任》的聲明說：「對劉曉波的起訴就是將我們每一個人都置於審判席上；如果判處劉曉波先生有罪，也等於判決我們每一個人都有罪。我們只有和劉曉波先生共擔刑罰。」並說：「中國的發展與進步，必須以人權得到全面保障、正義得到充分實現和法治趨於完善、體制走向民主為基礎。」

這份聲明簽名的第一人，是中國著名法學專家于浩成。他說：「起訴劉曉波在法律上是站不住腳的」，所以他要對這種侵犯人權的行為表示抗議。著名經濟學家茅于軾也是簽署人之一，他說：「胡錦濤講：『不要瞎折騰』，你抓劉曉波就是瞎折騰。發個《零八憲章》有什麼了不起的，又不會動搖你的統治。你抓劉曉波是不符合憲法的，老百姓有言論自由嘛，以言治罪完全是沒有道理的。」簽署人名作家昝愛宗說：「中國如果不按照天賦人權的普世價值來做的話，那他時刻都在擔心，時刻認為他們是人民的敵人。他們就拚命去壓制，但是任何壓制是推動不了社會進步的，而且到最後是自己壓制自己。」

二〇〇九年十二月二十五日，劉曉波被判處有期徒刑十一年，剝奪政治權利二年。《劉曉波傳》作者余杰說：「一篇《零八憲章》不過區區四千零二十四個字，除以十一，每年三百六十五字。換句話說，等於一個字換來一天的刑期，這是一個巧合嗎？」

劉曉波不服，提起上訴。二〇一〇年二月九日，北京市高院駁回上訴，維持原判。庭審法官宣讀駁回裁定書後，劉曉波大聲說：「我無罪！」

哈維爾不滿中共判處劉曉波重刑，與另兩位前捷克異議人士聯名，於二〇一〇年一月六日發表致中共國家主席胡錦濤一封公開信表達異議，並前往中共駐布拉格大使館遞交公開信。但中共使館緊閉大門，亦不派人出來接信（哈維爾可是捷克卸任總統，請他吃閉門羹，不禮貌吧！）。哈維爾再聯繫兩位諾貝爾和平獎得主非洲大主教圖圖和達賴喇嘛，以及其他國際知名人士，聯署呼籲當年的諾貝爾和平獎頒給劉曉波。隨後，美國筆會會長、普林斯頓大學哲學教授克瓦米•安東尼•阿皮亞聯合另幾名著名作家，提名劉曉波角逐諾貝爾和平獎。

二〇一〇年十月八日，挪威「諾貝爾委員會」不畏中共抗議和恫嚇，毅然宣布：頒發劉曉波諾貝爾和平獎。頒獎新聞稿說：「挪威諾貝爾委員會已鄭重決定將二〇一〇年諾貝爾和平獎頒發給劉曉波，以表彰他以非暴力的方式對中國基本人權的保障所做出的不懈奮鬥。」「二十年以來，劉曉波一直是基本人權在中國實踐的代言人，他曾參加了一九八九年的天安門抗議和身為中國人權宣言的《零八憲章》的執筆人，劉曉波被以『煽動顛覆國家政權』之名判處有期徒刑十一年，並被剝奪政治權利兩年。劉先生一直明確表示，此審判既違反了中國憲法，也侵犯了基本人權。此項旨在確立普世人權的中國實踐的運動，得到了海內外眾多中國人的支持與響應。縱然身陷刑罰，劉曉波已經成為了方興未艾的中國人權奮鬥的標誌與豐碑。」

同日，中共外交部抗議：「諾貝爾委員會把二〇一〇年的諾貝爾和平獎授予劉曉波，完全違背該獎項的宗旨，也是對和平獎的褻瀆。」此後，中國官方各大媒體和網站，先後刊登大批文章批判劉曉波、西方國家和諾貝爾委員會，與中國官方關係密切的國外人士和媒體也相繼批判本次諾貝爾和平獎。

中共外交部在頒獎前數日，更集中火力攻訐和杯葛頒獎典禮。十二月二日，批評「挪威諾貝爾委員會」將和平獎頒發「違反中共法律正在服刑的罪犯，是在公開支持中國境內違法犯罪行為，是對中國司法制度的公開挑戰和對中國內政的粗暴干涉。」十二月九日，批評美國眾議院通過的「祝賀劉曉波獲得諾貝爾和平獎」決議案，是「罔顧事實、顛倒黑白」，粗暴干涉中國內政。十二月十日的頒獎典禮，在中共直接或間接的干擾下，駐挪威首都奧斯陸各國大使，共有十九國未參加典禮。

中共一味指責諾貝爾和平獎頒發劉曉波「是對中國司法主權的侵犯」，「無異於在中國境內鼓勵違法犯罪」。而未想想中共的司法本是「一黨之法」，且在「人治」大於「法治」架構下，根本無視法的存在，司法只是為「黨」，和「政治」而服務的工具，並非為保護人民而立的法。劉曉波與《零八憲章》鼓吹的政治改革，爭取民主、自由和人權，絕非犯罪行為，如果認為頒獎是「鼓勵違法犯罪」，不正證實中共本身就是獨裁專制政權。

為了阻止外國記者採訪，中共軟禁了劉曉波妻子劉霞。將對劉曉波的人權迫害延伸到劉妻子身上；違背了中共自二〇〇七年起同意外國媒體和記者在中國境內自由採訪的國際承諾。

《零八憲章》自二〇〇八年歲末傳播開來，儘管中共逮捕了劉曉波，並約談警告原始簽署者退出簽名，但扼殺不了《零八憲章》的威力，國內響應支持的人，仍持續不斷的參與簽署活動。海外的民運人士、華人和學者也紛紛共襄盛舉。到二〇一一年六月止，海內外已經有一萬三千多名自由人士簽名，其中許多人是知名的學者、教授、律師和各行業的專家。還有大批默默無聞的草根人民，如工人、農人、商人、軍人、學生、自由業者等等，甚至有人把職業寫為「零八憲章簽署人」。此一簽名活動，據知至今未曾中斷。

《和平憲章》與《零八憲章》都延續了《七七憲章》對人權、民主，對政府體制，以及人民對政府監督等多方面的政治訴求，均超越了「西單民主牆」和「八九民運」單純的民主運動範疇，已進入改造政府，建立現代民主政治的境界。秦永敏可說是開風氣之先，但為何《和平憲章》知之者少，影響範圍也小。而《零八憲章》不但廣受海內外重視，更造就了一位諾貝爾和平獎，原因何在？大致有下列幾點：

一、時機不同：《和平憲章》完成於一九九三年，中國大陸仍陷於「六四」後的恐怖氣氛中，大多數知識份子和民運份子，都噤若寒蟬，一般人士更是不敢碰觸政治敏感問題，《和平憲章》自然難以引起共鳴；《零八憲章》草擬於二〇〇八年，大陸經濟逐漸起飛，政治氣氛已不似「六四」後數年那樣緊繃，加以「維權運動」的崛起，人們對政治議題也不再那樣害怕，敢於討論。而且《零八憲章》選在中國立憲百年、「世界人權宣言」六十周年、「西單民主牆」三十周年等具有重大紀念意義之年分公布，因而獲得廣泛的支持與傳播。

二、素質不同：《和平憲章》起草人秦永敏，自稱「只有小學文憑」，從十四歲起關注政治，他的政治知識和寫作能力，均係自我培養鍛鍊出來，《和平憲章》幾乎是他獨力完成，在發表當天，亦僅用數小時與八位同志討論修改後，倉促公布。簽署人總共九個人，學歷最高者李海，仍只是北大哲學系研究生，其他的人亦乏高等學資，主要是民主牆時期民刊成員，熱衷民運，知名度亦有限；《零八憲章》的發起人張祖樺、劉曉波等人均具有博士學位，草擬和修飾時間較長，並曾廣泛徵求意見，內容較為完善充實。簽署人多達三百餘人，遍及全國，而且絕大多數為高級知識份了，具有高知名度。因此，《零八憲章》一經公布，立即引起海內外知識份子關注，紛紛上網簽署。

三、迫害不同：秦永敏被捕後僅判勞教兩年，比較「六四」後民運領袖動輒重刑，算是輕判，未能引起社會關注，和國際聲援；但是劉曉波卻被判長達十一年重刑，比當年魏京生、王丹等者名民運人士更重，引起國內外政學界、輿論界、民運界，和各界知識份子之嘩然，強力聲援，並推薦角逐和獲頒諾貝爾和平獎。兩者聲勢，有如天壤。

四、傳播不同：一九九三年時，大陸資訊傳播，主要靠媒體和郵寄，但這些傳播工具，都控制在中共手中。《和平憲章》能夠依賴的一是民運地下管道，緩慢而不敢張揚；一是依靠國外媒體，此所以《和平憲章》在國際上尚有人知曉，而國內傳播不廣；《零八憲章》發表時，網際網路已很發達，因而傳播迅速而廣泛，獲得之回響，大大不一樣。

五、內容差異：《和平憲章》基本上仍延續民主運動思維，為「六四」平反，進而以和平方式，追求中共政治制度的改革轉型，和完成兩岸的和平統一，基本上深受「蘇東波」運動和兩德統一的影響。內容簡潔，以「民族大和解」和「國是會議」商決中國前途和統一問題，立論較窄；《零八憲章》則跳脫民運較狹隘的訴求，強調追求普世的共同價值（自由、平等、人權），和現代政治體制基本架構（民主、共和、憲政）。並從百年來中國的歷史，暴露的專制制度之腐朽，談到中共的「黨天下」，造成國計民生慘重的損失，從而針對中國未來，提出政治改革的基本理念，和具體主張，遠景是建立「中華聯邦共和國」。從整體內容來看，較具有邏輯性，和說服力。

不論《和平憲章》和《零八憲章》，或是王炳章、秦永敏等人的組黨活動，都代表著中國大陸民主運動轉入一個新的境界，不是單純只追求民主、自由和人權，已經進而訴諸政治改革，要求修改憲法，開放黨禁，結束一黨專政，實施政黨政治，重新建立一個新中國。雖然隨著秦永敏、王炳章、劉曉波的相繼入獄，此一轉型運動，看似停滯不前。實際上，因組黨行動在大陸內部確實落實進行，儘管中共加強打壓，無以為繼，但是不能否認的事實是大陸民運份子已感受到成立反對黨的必要性。尤其《零八憲章》的簽署人，大多數為大陸著名的知識份子和社會各階層菁英，代表《零八憲章》的精神，即從修憲，督促中共放棄「黨天下」，實施真正民主政治，到重建新中國為聯邦制的共和國等理念，已廣泛為人們接受。只要王炳章、劉曉波在未獲釋前，勢必仍是國際關注的對象，他們代表的「新民運」思潮，更將深植人心。劉曉波一旦獲釋出獄，挾著諾貝爾和平獎得主頭銜，推展他的政治理想，將中國民主運動帶進一個新時代，指日可待。即使王炳章因判無期徒刑，獲釋機會渺茫，但他在民運界的精神領袖地位，仍將持續領導民主運動向前發展邁進。

12 中國維權運動

接續八九民運蓬勃發展

中國大陸民間「維權運動」，起初並非由民主運動轉化而成，但最後卻發展成為民主運動的一種新形式。

「維權運動」緣起一九九五年三月，北京市民王海依據中共前一年頒發的《消費者權益保護法》規定，以「購假索賠」方式，向出售偽劣仿假商品的商家索賠，在短短五十天左右，獲賠人民幣八千元。同年十一月，王海參加一項關於「加倍賠償」座談會，揭發了多宗假劣商品，引起社會和媒體對消費者權益保障的熱烈討論。一時「王海現象」話題充斥社會，「打假」、「索賠」成了流行名詞。此後，社會各地出現了許多職業「打假者」，這是最早的維權活動。

一九九八年十月，成都市民黃琦創辦了一個「天網尋人事務所」。十二月四日，有農民王長興夫婦因女兒被拐騙至某歌舞廳，強逼賣淫，無法脫逃，前來「天網」，請求營救。當夜，黃琦率同兩名記者冒險前往該歌舞廳，成功解救出王長興女兒和其他六名被拐騙的農村少女。《人民日報》稱讚「天網」：「鏈接了千萬人的情感」，「天網」因而被譽為「中國第一家維權組織」。

「天網」在一九九九年底，又披露：有二十多萬到海外務勞的農民，出境前被強制切除「闌尾」事件，以減輕這些勞務人員在國外因「闌尾炎」手術增加的負荷。消息見報後，震驚全國，也驚動了中南海，中共總理朱鎔基親自干預，禁止再有類似事件，因而維護了後續百萬輸出勞工（多係農民）的權益。此一事件被認為是「中國世紀末最大的民間維權案例」。

「天網」也揭露許多其他的維權案件，如指控山東臨沂計劃生育部門處理絕育和墮胎等問題時，侵犯人權等等，從此民間為爭取基本權利為主的活動，開始歸類為「維權運動」。黃琦也因在全國進行大規模的民間「維權」活動，而在二〇〇〇年六月四日被捕，遭中共以「煽動顛覆國家政權罪」判處有期徒刑五年。二〇〇五年六月，黃琦刑滿獲釋，仍不改初衷，繼續揭發侵害人權事件。二〇〇九年又因參與調查四川「汶川地震」官員腐敗情形被捕，遭陷以「非法持有國家機密文件罪」判刑三年。

「維權運動」這個名詞，也就從二〇〇〇年開始被逐漸接受採用。並廣泛受到學者和律師的重視，參與諮詢，甚至協助進行法律訴訟等等。

「維基百科」為「維權運動」下了定義：「在中國大陸的一群未有經過組織的律師及學者，為維護人權和公民自由權等各種權利所進行的一系列法律和社會行動。此運動主要的訴求是在中國現行法律下要求人民的法定權利得到保障和反抗政府對各種權利的侵犯。」但也說：「相比六四事件，維權運動的政治成分較弱。」

但是「維權運動」隨著「維權」案例的增加，其內涵也漸次擴充，如爭取司法的獨立、為政治異議者行使辯護的司法訴訟權等。便有人把它和民主運動掛上了鉤，認為「維權運動」是大陸人民自發性，為爭取在既有法律下，獲得法定權利的保障。相對，也是維護法律尊嚴，促進社會公平正義的一種新興的公民社會運動。他們並比照「具有中國特色的社會主義」說法，稱為「中國式的民主運動」。

「維權運動」的興起，大致有下列幾點原因：

（一）、隨著「文化大革命」的結束，中共重建被砸爛的「公、檢、法」體制，並公開審判林彪「集團」和「四人幫」。雖然這是一次「人治」的「未審先判」的政治審判，但中共還是為每一位被告都選派了辯護律師。這種表象式的法律恢復，和選派律師的作法，仍然給予了

「維權運動」得以發展的法律依據。

（二）、從千禧年起，隨著經濟的發展，貧富差距擴大，加深了社會不公，尤其日益加劇的幹部貪污腐化情形，使侵犯公民權利的事件，層出不窮，導致民怨沸騰，抗爭事件不斷增加，大多都涉及了法律和人權受害的問題，「維權運動」因勢而起。

（三）、市場經濟取代了鳥籠經濟，經濟的發展也促使交通建設快速的擴張，而且伴隨網際網路與通訊工具的發達，因而增加了人們的視野，和活動的空間，民智隨之漸開，人民為維護個人或群體利益，不再像以往忍氣吞聲，而會循法律途徑，或走群體抗爭方式，爭取應有的權益。

「維權運動」到二〇〇三年，已經蔚為風氣，這一年連續發生了幾件涉及人權的重大事件，震驚全國，並因法律界與知識界人士的積極參與介入，「維權運動」得以遍地開花的展開。因此這一年被稱為「公民維權年」或「新民權運動元年」。

第一件是廣州「孫志剛事件」。孫志剛，湖北黃岡人，武漢科技學院藝術系畢業。二〇〇三年二月二十四日受聘到廣州一家服裝公司工作，在還未辦妥暫住證情形下，他於三月十七日晚上外出，又疏忽忘帶身分證件，因而被警察臨檢查到後，當作「三無人員」（無正常住所、無合法工作、無合法身分證件）送往「收容所」待命遣返原籍。孫志剛撥打電話請朋友將他的身分證明送來，但在朋友到達前，他已被收容所人員毆打致死，時年僅二十七歲。

開始，官方辯稱孫志剛是因病死亡，但無人相信，經《南方都市報》記者明查暗訪，證實是被毒打致死。官方只得承認是虐死，並法辦施暴之十餘人：一人被判死刑，一人判死緩，其餘各人分別判刑三年至無期徒刑不等。另有相關幹部六名以瀆職罪，分別判刑一至三年。

孫志剛案經媒體大幅報導後，掀起社會上對收容遣返制度的大辯論。五月，有兩批知名法學家共八人，先後上書全國「人大」，指出《城市流浪乞討人員收容遣送辦法》中，限制公民人身自由的規定，違憲違法，應予修改或撤消，並就孫志剛案啟動特別調查程序。六月，國務院廢除《收容遣送辦法》，另頒《城市生活無著的流浪乞討人員救助管理辦法》，取代原規定。但據媒體披露，地方執法機關對流浪乞討人員暴力行為，仍未能遏止。

第二件是中共退役少將軍醫蔣彥永披露「非典」（非典型肺炎，即ＳＡＲＳ）疫情真相事件。「非典」於二〇〇二年十一月十六日在廣東佛山暴發，到十二月底，廣東已盛傳有致命怪病傳染，死亡率高。但中共不但禁止媒體報導，還封鎖網路傳播。次年二月十日，因疫情持續擴大，已難隱瞞，中共才通報世界衛生組織，並且只提供廣東省的疫情。到四月，「非典」已蔓衍出境，在世界各地都出現病例後，中共衛生部仍堅持已有效控制「非典」，對北京疫情只承認有少數病例，強調在中國旅遊很安全。

蔣彥永（原任三〇一軍醫院院長）發現衛生部未說實話，會誤導公眾和各級衛生部門的預防工作，是不負責任的行為。他先後向中共主管單位、中央電視臺和香港凰鳳電視臺反映，仍不受重視。於是，他在四月八日接受美國《時代雜誌》駐北京記者訪問時，披露北京疫情嚴重。《時代雜誌》記者次日在網路發表《北京遭到ＳＡＲＳ襲擊》報導，全世界才知道中共隱匿疫情，世界衛生組織和世界各國紛紛指責中共。中共也發現沒有能力控制疫情蔓衍，才接受「世衛」的介入與協助，並將「非典」列入法定傳染病管理（中共原向「世衛」辯稱：「非典」非法定傳染病，不屬通報範圍）。

第三件為河北「孫大午事件」：孫大午，河北徐水人，復員軍人，一九八五年創辦「大午農牧集團有限公司」，任董事長。「大午」經過十多年的努力，成為大陸五百大私營企業之一，孫大午事業有成後，還當上保定市人大代表，並開辦「大午學校」擔任校長。孫大午雖然致富，但家人生活仍舊簡樸。

二〇〇〇年，孫大午為拓展農園和辦校需要資金，向當地信用社申請貸款，但因拒絕賄賂，遭到刁難拒絕。於是，孫大午以類似儲蓄，和高於銀行兩倍利息方式，向親友和附近村莊農民融資借款，由於信用良好，因而有儲戶五二三人，存款人民幣一四三八萬元。孫大午還怕此舉違法，曾聘請律師研究這種集資方式是否合法？律師研究結論：只要把集資範圍局限在職工和鄰近幾個村莊就不屬違法。

二〇〇三年五月二十七日，孫大午被官方誘騙離家，在馬路上逮捕，以「非法吸收公眾存款」罪名收押。孫大午認為，所謂「存款」是一個金融概念，對應的是「貸款」，「大午集團」並沒有放貸行為，不屬於刑法規定的「非法吸收公眾存款或變相吸收公眾存款」的範疇。

孫大午獲得三位維權律師協助辯護，他們認為：「大午集團」的集資，沒有非法占有、沒有揮霍浪費，主要用在建設學校，造福鄉里；而且借貸行為限於與公司有相互信賴關係的職工和鄉親，具有特定範圍，並非一般社會大眾，應屬合法的民間借貸行為。但中共認為：「老百姓總是看不到風險。像銀行出現了呆賬壞賬，有東西來補這個漏洞；如果企業一旦出了毛病，老百姓去找誰？」

十月，法院判處孫大午三年徒刑，緩刑四年，罰款十萬（另判處「大午集團」三十萬罰金）。孫大午放棄上訴，但不表示他承認違法，他在二〇一一年接受鳳凰衛視採訪時說：「中國有『非法集資』，卻沒有『合法集資』」，「根據我的發現，這很好解釋——這個國家，人所有的權利必須『官賜』。民未經官恩賜而行使權利，就是非法。」

孫大午案在北京引起了相當的波瀾。經濟學家茅於軾說：「過去制訂的一些與市場經濟原則不相適應的法律法規急待修正或廢止，如果違反了這樣的法，未必是一件壞事。孫大午錯就錯在幹了一件『違法』的『好事』。」另有多位法界和經濟學者，先後兩次向全國「人大」常委會提出修改此類僵化的法律的書面建議。

另一件與孫大午類似案件，發生在二〇〇九年四月，浙江一位青年女富商吳英，也因「非法集資」七億七仟萬人民幣，被法院以「給國家、人民造成特別嚴重損失」，判處死刑。

知名維權律師滕彪在二〇一二年撰文說：「吳英作為民間企業家，向朋友借款從事實業經營，既沒有使用欺詐手段，也沒有非法佔有的企圖，這只能算是民事糾紛，與公權力何干？受害者沒有站出來(十一個債權人都否認被騙)，公檢法何以如此迫不及待地抓人殺人？」「吳英非但不存在『集資詐騙罪』，歷史地看，她還是眾多推動金融體制變革、打破金融壟斷的行動者之一。」

浙江商會一位副會長也說：「非常佩服吳英的投資眼光，她所投資的物業至今都升了五、六倍。我也佩服吳英的眼光，是因為竟然沒有一個貸款方落井下石。」

二〇一一年一月，中共最高法院公布施行的《關於審理非法集資刑事案件具體應用法律若干問題的解釋》中，終於明確規定，未向社會公開宣傳，在親友或者單位內部針對特定對象吸收資金的，不屬於非法吸收或者變相吸收公眾存款。

第四件是成都「李思怡事件」。李思怡是一位三歲小女童，她的母親李桂芳於二〇〇三年六月四日，因涉嫌偷竊和吸毒，被強制送往成都市戒毒所勒戒。李女在派出所，和押解途中，以及到達戒毒所後，一再提出女兒李思怡一人被關在家中，無人照顧，哭求先送她回家安置。但均遭到冷漠以對，無情拒絕，導致李思怡獨處約一周前後，因孤獨、恐懼、痛苦和飢渴，在哭喊、掙扎、絕望中活活餓死。

六月二十一日，因鄰居聞到屍臭，驚覺有異，報警才發現李思怡死在臥室門後，遺體已經嚴重腐敗，大量蠅蛆寄生，慘不忍睹；雙腳因用力踢門腫脹，兩手指甲也因抓門折損，門上油漆脫落，留有絲絲血痕；喉嚨紅腫，當知哭叫之悽厲；窗前留有一小橙，顯然是向外呼救，但窗戶緊閉，無人聽到；所有衣櫥均被翻亂，可能是找食物，或是晚上因黑暗驚恐躲入造成。

李思怡餓死事件，引起社會軒然大波。許多人在網路上表達憤慨之情，網路也因此一事件，展開對執法單位和幹部的冷漠、社會照顧弱勢體系等問題進行大討論。有人發起道德自救活動，或發起絕食一日，懷念李思怡。「中科院」一位學者康曉光，專程赴成都調查，回北京後，泣血寫了一本七、八萬字的書，取名《起訴》，自費出版，免費贈人，讀者莫不動容落淚。

案發後，雖有派出所副主管和民警幹部共二人被捕，但只分別判刑三年和二年，顯然不符社會期望。

第五件是湖北「杜導斌事件」。杜導斌，湖北黃陂人，大學畢業，湖北應城市「醫療改革辦公室」副科長。一九八九年曾參加武漢學生遊行示威，聲援北京學運。自二〇〇一年起，他在互聯網，先後共撰寫張貼《論顛覆政府是合法的》等二十八篇表達對政治、社會問題的觀點和批評的文章。

二〇〇二年十一月七日，一位筆名為「不銹鋼老鼠」的著名民運學生——北京師範大學心理系女生劉荻，被北京市公安局逮捕後失去音訊，輿論大嘩。杜導斌先後撰寫《關於劉荻案致全國人大代表及政協委員的公開信》，和《我們願陪劉荻坐牢》兩文，獲得劉曉波等近二十名知名民運人士聯署發起網路簽名活動。

十月二十八日，杜導斌被中共以「採取造謠誹謗的方式，公然煽動顛覆國家政權罪」逮捕，但他聲援劉荻的活動，在他被拘留一個月後，發生了作用，中共以證據不足將劉案以免予起訴的方式，釋放了劉荻。

杜導斌的被捕，震驚了國內知識分子、民運人士和網路活躍網民，紛紛撰文譴責抗議中共非法拘捕，網路並出現《關於網絡作家杜導斌因言獲罪一案致溫家寶總理的公開信》和《保障言論自由、維護基本人權——關於湖北警方拘捕作家杜導斌的聲明》兩封聯名信，《不銹鋼網站》還提供了簽名服務，簽署者踴躍如潮，引起國際重視，成為關注中國人權重要指標之一。

這年十一月「國際筆會」在墨西哥召開年度代表大會，通過譴責中共迫害網路作家杜導斌的決議案，並得到包括南非諾貝爾文學獎得主戈迪默等國外數十位知名文學家之響應簽署。杜導斌還獲得美國「民主基金會」授予的二〇〇四年「亞洲傑出民主人士」，和其他多項國際名譽稱呼。

迫於國際壓力，二〇〇四年六月十一日，中共以「杜導斌歸案後能如實供述自己的犯罪事實，庭審中亦能認識到其行為觸犯了刑法，造成了社會危害，表示認罪服法，認罪態度較好」之理由，「從輕」判處有期徒刑三年，緩刑四年。杜導斌不服，認為他根本無罪，提起上訴被駁回。爾後又多次申訴，均不獲回應。

二〇〇八年七月二十一日，北京奧運開幕前十八天，中共顯然怕杜導斌「鬧事」，在他四年緩刑期滿前十二天，莫須有的指控他「在緩刑考驗期限內，拒不悔罪，不服從監管，多次違反法律和執行機關的監督管理規定，經教育後仍不悔改，情節嚴重。」撤銷其緩刑，重新逮捕收監。

杜導斌到二〇一〇年十二月八日，才因補足刑期，獲得釋放出獄。

中國大陸的「維權運動」就因為這幾個案件，涉及到個人權益受侵害，和官員的顢頇無能與浮濫用權，在二〇〇三年前後大爆發。自此之後，「維權」活動持續擴散，凡是全國各地因侵害人權、損及人民利益，或妨害人身和言論自由，以言入罪，迫害民運和異議人士等事件，知識界、法界和網路「部落客」都已不再萎縮畏懼，勇敢地站出來，為「維權」伸張正義，獲得極大成果，逐漸擺脫了「六四」血腥鎮壓後的寒蟬陰影。

因此，「維權運動」被視為繼「八九民運」

以後，大陸有識之士破繭而出，發展形成的新形式的民主運動，並能與人民切身權益緊密結合。北京大學一位教授王天成，曾因「組黨」被判刑五年。出獄後，看到「維權運動」的發展，非常興奮的說：「我們終於找到了一條知識份子和底層民眾權利、權益結合的道路。」

這種「維權」效果，雖不如「八九民運」給中共造成的龐大政治壓力，和政權存續的危機，而不惜採取霹靂殘酷手段血腥鎮壓了學生民主運動。但因「維權運動」活動範圍廣闊，任何涉及人民權益的問題，都可動用社會各種力量，予以譴責、抗議、聲援、訴訟等方式進行營救，還能爭取國際聲援，屬於一種小範圍的個案型態，而能以「遍地開花」方式，構建成「裡應外合」強大壓力。以中共立場而言，這只不過涉及少數人的事件，影響不大，而願意考慮到國內外相關輿論等因素，從輕從寬處理。這不但鼓舞了「維權」人士，也讓人民瞭解到，當權益受損時，要當仁不讓，全力爭取。而且這種「聚沙成塔」，潛移默化的力量，並不亞於「八九民運」的效果。所以，「維權運動」的持續發展，等到「量變」到一定程度，「質變」就會如水到渠成般，達成推動政治改革的目的。

二○○四年九月，北京市基督教牧師蔡卓華、蕭雲飛夫婦，和內兄蕭高文、胡錦雲夫婦四人，遭中共指控非法印刷、販售《聖經》和宗教書籍牟利，分別以「非法經營罪」和「窩藏贓物罪」逮捕，實際上蔡卓華是受「海外聖經公會」委託印製《聖經》，免費分送教友。但中共只允許官方的「三自愛國教會」所屬的「愛德基金會」印製《聖經》，且只准在「愛國教會」內販售。中共因而將此案視為「最大的一起境外宗教滲透案」。

中國大陸對宗教信仰的自由，雖較毛澤東時代略有寬鬆，但在官方管制範圍外，傳教自由仍然有很多禁錮，特別是民間有規模、有組織的傳教，則絕對禁止。因此，著名「維權」律師和法律學者高智晟、范亞峰（社科院法學研究所副研究員）、張星水、金曉光、滕彪、王怡等共有九位律師出於伸張正義，針對這樁宗教迫害和妨害宗教自由的案件，組成律師團義務辯護（另有律師許志永、陳永苗等人被中共刁難，禁止參與辯護，並透露說：「上面打招呼了！」）。這是大陸「維權」律師集體辯護的一個標誌性的案件，這九位律師被香港《亞洲周刊》評選為二〇〇五年「風雲人物」。

最後，中共仍以「非法經營罪」宣判蔡卓華有期徒刑三年、蕭雲飛兩年、蕭高文一年六個月。三人共被罰款四十五萬元；被控「窩藏贓物罪」的胡錦雲，則被判免於刑事處分。

從以上這些較顯著的案例，可以看出大陸內的「維權運動」，基本上是以通過代理案件，義務為人權遭受侵害的當事人，走上法庭辯護，爭取憲法和法律保障的權利，進行體制內的鬥爭。這是中共「六四」鎮壓民主運動後，知識份子突破禁忌，爭取人權和自由的新型式的民主運動。而中共的報復手段，則是藉故吊銷律師執照，或者年檢不合格，而喪失上庭辯護資格。

隨著「維權運動」發展，又有人提出「公民不合作」的鬥爭，例如：基督教的「家庭教會」活動不向中共登記，或針對中共「一胎化」政策，故意「超生」等等。廣州有位律師唐荊陵，是「公民不合作」運動倡導者之一，他認為中共的各項選舉，虛假不實，都在製造民主假象，如果參與投票，實際等於幫助中共作假。因此，他提出「八毛錢贖回選票」活動，呼籲大家拒絕參與投票，花人民幣八毛錢的郵資寫封信（或透過網路）聲明：「我不參與這種選舉」。

自「八九民運」後，中共剝奪了憲法賦予人民的集會和遊行示威的權利，因此許多集會與遊行示威，只得以非法形式舉行。此類活動，有些擺明了不怕鎮壓，不畏入獄，就是要非法集會和遊行示威；有些活動，規模不大，在遭到公安警察禁止訊問時，就辯稱是「路過」、「散步」、「圍觀」，或「打醬油」（我是來打醬油的，正好路過這裡）逃避查察。

滕彪博士於二〇一四年五月在美國普渡大學一項「宗教自由與中國社會典型案例學術研討會」上說：「在原來的社會運動中，鬥爭劇目比較有限，靜坐啊、罷工啊、絕食啊、抗議啊等這些東西。自從有了『互聯網』，鬥爭的劇目幾乎是無窮無盡的，種種的形式，網絡救援、網絡會議、人肉搜索、網絡快閃等等。因為『互聯網』具有開放性、即時性、草根性、活動性，極大地豐富了社會運動的可能性。它一方面極大地降低了參與的成本，那也就意味著降低了參與的風險；另一方面，又極大地增強了人際溝通的速度和能力。」「有個說法，戰無不勝的中國共產黨，將要敗在『互聯網』手下，這是上帝送給中國的一個最好的禮物。」

二〇〇三年因「孫志剛事件」，曾向全國「人大」遞交《對〈收容遣送辦法〉進行法律審查的建議書》的「維權」律師許志永、滕彪和俞江三人，與公益律師張星水，在當年十月創立「北京公盟諮詢有限責任公司」，簡稱「公盟」，成立的宗旨是「以建立約束權力的民主法治制度為目標，期能理性、建設性地推動中國的民主、法治和社會正義」，提出的標語是「為了公共利益」。後續參與該公司「維權」的律師，約有二十位。

「公盟」成立後，積極從事「維權」活動，如：二〇〇四年三月，向全國「人大」會議提出《完善我國憲法人權保護條款的建議》書面資料；二〇〇六年，完成《二〇〇五年中國人權發展報告》、《中國信訪問題研究報告》；二〇〇七年，推動《公民權利與政治權利國際公約》的批准和履行項目等；二〇〇八年，為「（三聚氰胺）毒奶粉事件」受害者，提供法律協助；二〇〇九年，舉辦「法律知識培訓班」，傳播「維權」知識等。

「公盟」的「維權」行動，還包括呼籲廢除「勞教」、取消流動子女的中高考戶籍限制、爭取網絡自由、推動全國各地公民參選人大代表，和為人權被侵害之個案辯護等等。中共終於忍受不了，於二〇〇九年七月，以逃漏稅罪名，重罰「公盟」一四二萬元人民幣，並取締該組織。負責人許志永被以「偷稅罪」逮捕，後以「取保候審」名義釋放。

「公盟」被取締後，許志永與滕彪、王功權、黎雄兵、李方平等人，於二〇一〇年三月再發起成立「公民」新組織，取代「公盟」，繼續從事公益維權活動。二〇一二年五月，許志永發表《中國新公民運動》一文，將「公民」的「維權運動」向前推進了大大的一步。許志永的「新公民運動」之綱領，重點有二：在政治上，推動整個國家以和平方式朝向憲政轉型；在社會上，推動整個社會從「臣民社會」朝向「公民社會」轉型。許志永在他的《新公民精神——自由、公義、愛》文章中，說：「自由、公義、愛」來自「普遍人性的純真渴望，以及對他人、社會、國家和全人類的責任，是值得每一個中國公民和中華民族永遠珍惜的美好價值，是人類文明進步的象徵。」

「公民」成立後，即於十月推出《公民承諾》倡議書，鼓吹「中國公民意識能夠更加普遍，共同支持保護公民權利」，因而被視為「新公民運動」的濫觴；同年，提出「教育平權」主張，呼籲中共消除在教育資源分配上的巨大不公，取消高考戶籍限制活動自由，獲得廣泛支持，中共不得不讓步，由教育部於二〇一二年八月公布《隨遷子女就地高考政策》。

二〇一一年，「公民」又發起「公民同城聚餐」活動，請各地公民在每月最後一個星期六，自發組織聚會，不拘形式，不限議題，探討各種社會與民生等公共問題。到二〇一三年，已有三十多個城市參與「公民同城聚餐」活動，並引起中共的「關注」，約談參與者，甚至在「聚餐」前，軟禁或警告經常參加者，特別是社會知名人士。

二〇一三年，「公民」繼續提出「財產公示」主張，要求中共官員公布財產，之後在深圳、北京、江西（新余）、湖北（赤壁）等許多城市，就有公民集體上街遊行，呼籲官員公布財產。這年三、四月間，中共逮捕了數十人參與「新公民運動」活躍人士，許志永再次被拘捕。

七月十六日，中共以涉嫌「聚眾擾亂公共場所秩序」罪名，正式拘捕許志永，以迴避鎮壓「新公民運動」之實。許志永被捕後，「公民」發起人之一的王功權和其他維權人士發表聲明，誓言許志永案因「新公民運動」而起，他們將接力推動此一運動。

中共對「新公民運動」的打壓，迅速引起國內外知識份子的抗議。「公民」主要成員發表公開信《許志永事件之公民社會呼籲書》，要求中共釋放許志永和其他被捕公民活動人士。參與聯署的大陸知識份子和維權人士多達二千四百多人，但中共不為所動，自八月起陸續逮捕包括王功權在內之各地「新公民運動」主要領袖多人。這年十二月，許志永與王功權二人入選美國《外交政策》（Foreign Policy）雜誌二〇一三年年度全球百大思想家。

二〇一四年一月、四月，中共開庭審理許志永案，同案被告共有七人。許志永被判刑四年，其他六人分別被判「免於刑事處罰」（一人）到三年半不等。但江西新余市反而重判當地「新公民運動」領袖劉萍和魏志平各六年半（另有一人三年），刑期最重。「國際特赦組織」對新余市判決，表示「荒謬」，促請中共無條件釋放三人。

許志永被判決前，在一月間，北京著名媒體人高瑜（民運份子）曾傳出：中共決定將「公盟」（「公民」）定性為「反黨集團」，許志永和王功權有可能被定重罪。中共自建政以來的政治鬥爭，凡批判對象被定性為「反黨集團」之類罪名，代表著是「敵我矛盾」的「你死我活」的流血鬥爭，但都是中共黨內權力鬥爭。而「公盟」或「公民」均非官方機構，竟被列為「反黨集團」，應是不實傳言，但已透露中共對「新公民運動」之恐懼和憎恨。

四月間，高瑜被中共以涉嫌「洩漏國家機密罪」逮捕，判刑七年。中共威脅高瑜若不認罪，將對其子不利。她被迫只得公開承認洩密。判決書指控她洩漏的是一份《關於當前意識型態領域情況的通報》文件，規定下級組織「學習」和高校教師授課時有「七不講」，即「普世價值」、「新聞自由」、「公民社會」、「公民權利」、「黨的歷史錯誤」、「權貴資產階級」和「司法獨立」等七項「不要講」（二〇一三年八月刊於境外雜誌）。消息傳出，引起國際嘩然，無法認同這是「國家機密」。但這件文件透露了中共箝制言論，拒絕政治改革和實行民主的決心。

在「新公民運動」推動期間，江蘇常州一位下肢高位截癱只能用拳頭敲打鍵盤的殘障者張建平，以驚人的毅力，於二〇〇八年發起「權利運動」，並成立網站，建立數百個「怨民」、「訪民」信息庫，解答問題。並且將全國各地為了公眾利益被「勞教」、判刑監禁，甚至被迫害致死者，在網路撰文伸張正義，因而受到中共的打壓，但張建平一心為受害者堅持揭露黑暗，無所畏懼，被譽為「維權勇士」。

「權利運動」另一位重要負責人為新疆昌吉殘疾人士胡軍，他因年輕時被誣陷坐牢，又在分派煤礦坑服勞役時受傷脊椎骨析，造成高位癱瘓。胡軍出獄後不停上訪，再次入獄，被關長達十三年。二〇〇八年獲釋後，加入「權利運動」工作，利用網路快速和無遠弗屆的傳播力量，開展為服刑人、和「訪民」服務的「維權」道路。二〇一四年五月，胡軍被捕，稍後中共以涉嫌「煽動顛覆國家政權」罪名，將胡軍「監視居住」六個月。

「權利運動」主要即由張建平和胡軍這兩位殘疾勇士，擔當起為全國各地「訪民」，反映冤情的重責大任，深受「訪民」愛戴。所以，當胡軍被中共逮捕後，全國各地許多「訪民」手持「權利運動與公道同行」、「胡軍是訪民的希望之聲」，和「中國電信無德給胡軍斷網，冤！冤！冤！」等各種抗議橫幅聲援。

但是，大陸「維權運動」的中堅骨幹仍是律師，而最著名的是高智晟律師。滕彪說：「在二〇〇五年左右，中國有一個最勇敢的律師，在他面前，我們每個律師都最好不要說自己勇敢啊！他就是高智晟。他對維權運動提出來一些口號，叫組織化、街頭化、政治化……我們當然同意這種看法，中國維權運動要有大的發展，必須街頭化、組織化、政治化……後來他被判刑，受到非常慘無人道的酷刑。」

滕彪解釋：一、組織化。像「天安門母親運動」、「泛藍聯盟」、「獨立中文筆會」、「貴州人權討論會」、「公盟」、「南方街頭運動」、「新公民運動」、「中國人權律師團」，和基督教「家庭教會」等等，都是朝組織化的方向努力。對維權的司法案件，也組織律師團出庭辯護；二、街頭化。○五年後街頭化的發展非常迅速，營救陳光誠律師時，就曾在法院門口抗議。其後針對大型的群體案件，舉行街頭的抗議越來越多。另一個引人注目是「南方街頭運動」，自稱「街頭民主派」，舉牌上街抗議。所以，街頭化成為「維權運動」重要的趨勢；三、政治化。像九〇年代的「組黨活動」、高智晟案、「零八憲章」、「新公民運動」、許志永案，都有政治化的轉變。像法輪功案件的辯護，它本身是信仰自由和基本人權，但它的背後有強烈的政治意涵。

高智晟（一九六四～）陝西榆林人，家貧，憑自學完成法律學歷成為律師，二〇〇一年被中共司法部評選為「十大傑出律師」之一。他因長期為維護弱勢群體，如法輪功學員、地下基督教徒和遭受官方打壓的私營企業主、基層農民等個案權益進行辯護，並參與調查中共非法活摘「法輪功」學員器官案件，被譽為「中國良心」、「當代最偉大的人權律師」、「地球上最勇敢的律師」之一，因而遭受中共的迫害。二〇〇六年八月被吊銷律師執照，和秘密逮捕，飽受酷刑。十二月二十二日，中共以「煽動顛覆國家政權罪」判處高智晟有期徒刑三年，緩刑五年。

但高智晟不知「悔改」，竟於二〇〇七年發表《致美國國會公開信》，呼籲美國抵制二〇〇八年北京奧運，全家因而被中共軟禁。二〇〇九年一月，高妻不堪迫害，攜子女（被迫失學）逃亡國外，獲美國政治庇護。二月，高智晟即被中共秘密逮捕失蹤長達兩年，二〇一一年撤銷緩刑，入獄三年，二〇一四年八月獲釋。在這期間，高智晟三度獲得提名參選諾貝爾和平獎。

另外一位著名維權律師為陳光誠。陳光誠（一九七一～）山東沂南人，一歲時雙眼失明，十八歲時才入學，二〇〇一年南京中國醫藥大學畢業。陳光誠自一九九六年起，即因維護殘疾人士的權益，數度到北京上訪，並自學法律知識，幫助基層農民和殘疾人士維權，被譽為「赤腳律師」。

陳光誠因於二〇〇五年揭發臨沂市府強制對育齡婦女進行絕育手術，對懷第二胎的孕婦強行墮胎，甚至濫捕孕婦親屬，逼迫交納巨額罰金等不法情事，而遭中共軟禁（含妻、女）在家，禁止與外界通訊聯繫，並遭毆打。

二〇〇六年八月陳光誠又被指控犯有「故意破壞財物罪」和「聚眾擾亂交通秩序罪」判處徒刑四年三個月。大陸著名維權人士，如胡佳、李和平、杜光、馮蘭瑞、應松年、姜明安、張思之、茅於軾、吳思聯、高智晟等數十人，曾分別發起營救行動，要求中共釋放陳光誠。

二〇一〇年九月陳光誠刑滿出獄，中共把陳案定性為「敵我矛盾」，繼續軟禁在家，前來探視之維權人士和外國記者，均遭暴力相向，強制驅離。

中共非法迫害陳光誠，反使他在國際上聲名大噪，先後當選香港《亞洲周刊》二〇〇五年「風雲人物」、美國《時代雜誌》二〇〇六年「百大人物」；二〇〇七年獲得英國人權組織《查禁目錄》頒發的「言論自由獎」、英國皇家國際問題研究所和開放民主網站「中國影響力五十人名單」之一；同年，獲菲律賓「麥格塞塞獎」。

二〇一二年四月二十日，陳光誠在村民協助之下逃出家中，由北京趕來之維權人士何培蓉、郭玉閃等人駕車救走，二十六日進入美國駐北京大使館，獲得保護。中共批評美方干涉中國內政，要求美方道歉，並威脅陳光誠如不離開美國大使館，其家人將會有危險。於是，陳光誠改變不肯離開大陸赴美立場，希望與家人一起赴美。此時，適逢美國國務卿希拉蕊訪問北京，表達對本案之關切，終於在中美協議下，五月十九日，陳光誠獲發中共護照，並取得美國簽證，攜家人搭機赴美，入紐約大學學習英語和法律。

在大陸維權人士中，還有二位值得一提的是著名藝術家艾未未，和維權人士譚作人。

艾未未（一九五七～）為筆名，本名蔣未未，浙江金華人，生於北京。父親為中國知名作家艾青（蔣正涵），曾任中國作家協會副主席，一九五八年被打為右派。艾未未在襁褓中即隨父母下放北大荒和新疆，長達十九年。一九七八年入北京電影學院動畫系，八一年赴美留學，原決定永不再回中國。但因父親病重，於九三年返國照顧，並自九四年起在北京編輯中國藝術地下刊物《黑皮書》、《白皮書》和《灰皮書》。

二〇〇八年五月十二日四川汶川發生大地震，震後中共拒絕公布死亡的學生名單和人數。二〇〇九年三月，艾未未發起「五一二地震」公民調查活動，號召志願者前往汶川調查遇難學生實況，確認了一五三所學校五一九六名學生遇難。艾未未將名單公布在網路上，立即遭中共刪除，網址也被強行關閉。八月，艾未未赴成都為譚作人案出庭作證，深夜在旅館遭警方破門而入，毆打重傷，腦部出血，九月，艾未未在德國開畫展時，突陷昏迷，診斷為「外力導致腦出血」，進行緊急手術，保住生命。

譚作人（一九五四～）成都人，華西醫大畢業，維權人士，一九八九年曾參加成都和北京學生民運，並且熱衷環保運動。二〇〇九年二月，提議對汶川大地震「豆腐渣」崩塌之學生校舍工程進行調查。三月，被中共以譚作人曾以電子郵件與境外敵對份子王丹聯繫，和在境外網站發表《一九八九：見證最後的美麗——一個目擊者的廣場日記》關於「六四」事件的文章等罪名逮捕，八月以「煽動顛覆國家政權罪」開庭審理，譚作人請傳喚艾未未等人作證，但法庭拒絕證人出庭，艾未未並被毆傷。譚作人被判刑五年，二〇一四年三月獲釋。

艾未未回國後，多次參與或發起維權行動，並拍攝為紀錄片，放上網路。如：二〇一〇年二月，北京朝陽區正陽藝術區遭警方強制拆除，八名藝術家被毆傷。艾未未與受傷、受害的藝術家拉起「公民權利」等橫幅在長安街遊行請願；六月，在推特網路上發起「說出你的名字」活動，鼓勵網友「不要匿名地爭取自由」，立即有六百餘人響應；七月，發起《十・一中指》影像競賽：「在你認為需要伸出中指的任何狀態下，拍攝自己的中指和其所指背景」，共有三一一件作品參賽，選出四十三件佳作展示。

中共終於無法忍受艾未未的行為，將其軟禁在北京家中。二〇一一年一月，更將艾未未設在上海的「馬陸工作室」強制拆除。四月三日，艾未未在北京機場被警方帶走失蹤，引起國際嘩然，抗議聲浪越演越烈。全球藝術家有十萬人簽署要求中共放人，網友發起「我愛未未」聲援活動，美、英、德各國政府和「國際特赦組織」、「人權觀察組織」均要求中共立即釋放艾未未。六日，中共公布「艾未未涉嫌經濟犯罪」，正進行調查。六月二十二日，艾未未突獲釋返家「取保候審」。

十一月，中共以艾未未逃漏稅，處罰其經營之「發課公司」補稅款人民幣一五二二萬元，如不服要打官司，須先交納人民幣八四五萬元，才有訴訟資格。艾未未支持者在網上發起「借錢運動」，不過十日，即獲得借款三萬筆共九〇三萬元，完成納稅擔保手續。於是「發課公司」提起行政覆議，並獲准閱卷，赫然發現罰稅案係公安局交辦北京地稅局之任務。但地稅局於次日即通知覆議結果：維持原決定。「發課公司」再提起訴訟，一、二審均敗訴。

高智晟、陳光誠、艾未未、譚作人四人，不過是大陸「維權運動」中引起國際關注的代表人物，實際在大陸參與「維權」的人士數甚多。譬如說，較著名的有：

一、北京九君子：許志永、滕彪、劉衛國、黎雄兵、梁小軍、李方平、蕭國珍、王功權、笑蜀。

二、北京五君子：蒲志強、徐友漁、郝建、胡石根、劉荻。

三、北京三君子：唐荊陵、袁新亭、王清營。

四、廣州五君子：歐榮貴、蕭勇、黃文勳、楊崇、羅守恆。

五、鄭州十君子：常伯陽、陳衛、於世文、賈靈敏、姬來松、方言、候帥、殷王生、董廣平、劉地偉。

六、財產公示君子：袁冬、張寶成、馬新立、侯欣、丁家喜、趙常青、孫含會、王永紅、李蔚。

七、其他：郭飛雄、胡佳、黃琦、劉莎莎、唐小昭、古川、吳華英、王荔蕻、華澤、何培蓉、王雪臻、馮正虎、何楊、遊精佑、慕容雪村、劉萍、力虹、陳樹慶、李元龍、趙岩、昝愛宗、孫不二、李勁松、李蘇濱、鄭恩寵、楊天水、楊在新、劉正有、傅先才、姚立法、呂邦列、孫文廣、韓穎、野靜春、曹天、薛錦波、林祖戀、楊色茂、陳西（陳友才）、陳雲飛、黃曉敏、孫林、唐吉田、唯色、殷德義、趙連海、左曉環、朱虞夫、朱承志……等等。

這些維權人士絕大部分都曾被中共逮捕拘禁、毆打，或判刑、勞改，甚至死亡（如二〇一一年廣東陸豐烏坎村村民為保護土地發起的集體維權運動的代表薛錦波，即死因不明），家屬也備受牽累。《人民日報》就曾在二〇一四年七月指控「維權律師、地下宗教、異見人士、網路領袖、弱勢團體」這五類人士是受到美國利用滲透中國基層，「干擾中國崛起」的「新黑五類」。

儘管如此，維權人士並不屈服於中共的打壓。網站「博訊」為聲援「維權運動」，自二〇一一年開始評選「中國維權運動最引人矚目的人和事件」，以激勵維權威人士勇於抗爭，維護公民權利。

「維權運動」不同於「民主運動」之處，在於不突顯政治訴求，藉對社會上不公平現象，或公民權利受損，依據憲法和相關法律規定，進行抗爭活動，公開地爭人權、爭法治，實際上就是爭自由、爭民主，雖然進行的是「體制內的改革」，但累積下來的力量，不容輕忽。所以，「維權人士」認為：「我們始終將日益發展的中國大陸民間維權運動看作當代中國民主人權運動的重要內容。」正因為如此，「維權運動」能夠促使中國大陸人民的覺醒，讓公民意識和民主意識繼續提升，遲早會形成一股沛然不可抵的政治改革力量。尤其在網際網路資訊時代帶來信息快速的傳遞流通，「維權運動」有可能是壓倒中共獨裁政權最後一根稻草。

13 茉莉花革命潮

現中國顯示春去春會回

「茉莉花革命」源自北非突尼西亞，共出現兩次。第一次是一九八七年，班・阿里發動不流血政變，推翻時任總統的哈比卜・布爾吉巴，奪得政權。因茉莉花是突尼西亞的國花，故而得名。但班・阿里也從此成為獨裁者，掌權長達二十三年。自二〇〇八年起，突尼西亞受金融風暴影響，經濟衰退，失業率高達十四％，其中三至五成又都是年輕人，而且政治腐敗，通貨膨脹，民不聊生，社會累積不滿情緒已近沸點。二〇一〇年十二月十七日，一位來自突國南部的大學研究所畢業的二十六歲青年穆罕默德・布瓦吉吉，因失業和家庭經濟負擔沉重，不得已拉著一臺小車，無照在街頭販賣蔬果，遭遇警察取締並沒收攤車。布瓦吉吉不堪損失，憤而引火自焚死亡，激起民怒爆發一連串抗爭活動，並迅速蔓衍全國，發展成為反政府的民主運動。二〇一一年一月十四，總統班・阿里倉皇出逃，流亡沙烏地阿拉伯，此即第二次「茉莉花革命」。

突尼西亞人民「茉莉花革命」的成功，在北非和中東地區的回教國家立即產生連鎖效應，群起效尤，紛紛走上街頭，抗議獨裁和貪腐，並要求民主和自由。首先發生的是埃及，於二〇一一年一月二十五日爆發群眾運動，二月十一日總統穆巴拉克辭職，成為第二個因大規模示威抗爭而垮臺的獨裁者；第三個被推翻的政權為利比亞，二月十五日，利比亞出現反對格達費統治的示威遊行，並迅即轉化為內戰。八月二十日，反對派攻入首都的黎波里，格達費逃往故鄉蘇爾特。十月二十日，格達費被俘，但隨後在支持者與反對派交火中，遭到致命槍擊身亡，結束長達四十二年的獨裁。

因示威而導致動亂最嚴重的國家，當係敘利亞。敘國人民反政府示威活動於一月二十六日爆發，反對派要求總統阿薩德下臺，阿薩德同意通過和談解決國內的矛盾，但遭到拒絕。三月十五日，反政府示威活動演變成為反對派武裝與政府軍之間的軍事衝突，內戰持續至今未停。目前正蹂躪中東的伊斯蘭國，原即敘利亞反政府武裝中主要的聖戰組織之一，趁機壯大，現已佔領敘利亞北部和伊拉克北部的部分城市和地區，自認是一個獨立國家，聲稱擁有伊、敘的主權，勢力並深入利比亞和若干非洲國家。

其他受到影響爆發示威的國家有約旦、蘇丹、阿爾及利亞、葉門、茅利塔尼亞、阿曼、巴林、伊朗、吉布地、索馬利亞、科威特、黎巴嫩和西撒哈拉。甚至位於歐洲的阿爾巴尼亞、塞爾維亞、希臘、義大利，位於非洲的塞內加爾、加彭、烏干達、象牙海岸，亞洲的孟加拉、印度、北韓，和南美的玻利維亞等國家也出現了抗爭，或要求政府下臺的聲浪，但聲勢不若前述四國之激烈。

早在突尼西亞「茉莉花革命」爆發後，就已引起中共的警覺，開始嚴禁媒體報導，並嚴控網路的搜尋關鍵字。中共並在突國總統阿里於一月十四日棄職逃亡國外後，總書記胡錦濤即在一月二十三日的中央政治局會議上，指示加強對網際網路的監控和管理。但並未能阻斷網路有關「茉莉花革命」信息在中國大陸的傳播，和產生的影響。

就在埃及總統穆巴拉克二月十一日下臺後不久，網路「推特」（Twitter）的匿名帳戶「秘密樹洞」於二月十七日出現了一則訊息說：「不管你是結石寶寶的家長、拆遷戶、還是上訪者；不管你是不喜歡有人說爸爸是李剛（註：保定市某公安分局副局長之子李啟銘於二〇一〇年十月在河北大學內開車，撞死一名女生，另傷一人後肇逃，被捕後態度囂張說：有本事去告，我爸是李剛），還是不喜歡看溫影帝表演（指總理溫家寶擅長作秀）；不管你是零八憲章的簽署者，還是共產黨員；在這一刻，你我都是中國人，你我都是對未來還有夢的中國人，我們必須為自己的未來負責，為我們子孫的未來負責。」

「秘密樹洞」於是號召在國內發動一場「中國茉莉花革命」：「初次集會日期已定：二〇一一年二月二十日（星期天）下午二時，全國各大城市集合地點將提前一天在博訊新聞網公告，希各周知。如屆時情況有變不能及時通知，請自行前往各大城市中心廣場。」自由亞洲電臺注意到這條「推文」，發表了一篇《中東鎮壓示威受關注，網傳中國茉莉花革命日期已定》之報導。隨後，「秘密樹洞」突將「推文」刪除，不再出現。

二月十九日，「博訊新聞網」公布了哈爾濱、長春、瀋陽、北京、天津、西安、南京、上海、成都、武漢、杭州、長沙和廣州等十三個大城市集會地點，呼籲集會「以散步為主」，「只需走到指定的地點，遠遠圍觀，默默地跟隨，順勢而為，勇敢的喊出你的口號。或許，歷史就從這一刻開始改變。」「早期的集會不建議喊口號，避免早期活動被鎮壓或扼殺，散步人士盡量保持沉默，如果相互交流，應儘量把話題集中在通貨膨脹、國民福利、貪污腐敗等，不要過多談論結束一黨專政話題。」「請參與者守望相助，如發生參與集會人員受到不良對待，以最大容忍處理，旁人請及時支援。集會結束時不留垃圾，以華人的高素質品格，並有條件追求民主自由。」這裡所謂「早期」，可能指的是第一次集會，或集會開始時，所以才提出「不建議喊口號」，否則與前面「勇敢的喊出你的口號」形成矛盾。

稍後香港網路公布「茉莉花革命」的口號為：「我們要食物、我們要工作、我們要住房」；「我們要公平、我們要正義」；「保障私有產權、維護司法獨立」；「啟動政治改革、結束一黨專政、開放報禁、新聞自由」；「自由萬歲、民主萬歲」。並有網友把集會地點製作成「茉莉花革命的Google地圖」，供參加者參考。

透過網路號召發起「中國茉莉花革命」集會

活動，立刻觸及中共敏感神經，尤其「人大」、「政協」兩會即將在三月初召開，中共不敢掉以輕心，在二月十八、十九兩日內大肆逮捕維權律師和人士，據「美聯社」十九日報導：有江天勇、唐吉田、滕彪、冉雲飛、李天天、劉國慧、丁矛、朱虞夫、廖雙元、黃燕明、盧勇祥、蕭勇、張建平、石玉林、佘萬寶和李宇等上百人被捕。部分異議人士被軟禁，對各地前往北京上訪人士進行「大截訪」，有百餘人被攔截遣返。

這時剛好也是學生寒假結束返校之際，中共隨即下令各大學高校禁止學生於二月二十日離校外出。有學生透露被老師「約談」，勸阻上街參加「茉莉花集會」，學生多對此不滿。部分尚未回校學生得悉後，乃藉故延遲返校。

中共在十九日當天同時加強對境內境外網站和伺服器的審查力度，Gmail和Google Reader一度出現無法存取，轉載「茉莉花革命」訊息的網站不是被關閉，就是被遮蔽。微網誌無法以「茉莉花」或同音字進行搜尋，搜索引擎「百度」則會出現：「因為法律規則限制，無法取得搜尋結果」文字。中共甚至威脅異議人士不得上到海外民運人士聚集的「推特」網站。

二月二十日，中共如臨大敵，在十三個城市集會點派出大量公安警察和便衣人員驅離人群，不允許任何人滯留現場。北京天安門廣場，公安並強制檢查遊人隨身包。但這些嚴密防範措施，並未能阻止群眾參與「茉莉花革命」集會。

北京下午二時不到，王府井大街麥當勞速食店門前開始有示威者聚集，最多時約有千人滯留在現場，圍觀的群眾更多達數千人。人們很難從熙熙攘攘來往的人群中，分辨出誰是示威者，誰是行人。中共只得不分對象，驅離所有群眾，仍有行動突出的示威者，至少有三人遭到公安逮捕。一位自稱遊客之青年，手持茉莉花，被公安帶走。前來採訪的中外記者，也無例外遭到驅離，次日境外媒體仍紛紛有北京「茉莉花革命」的新聞報導。另據美國華爾街日報亞洲版網站稱：美國駐北京大使洪博培曾到現場，被人認出後，即刻離去。北京「茉莉花革命」活動，約一個多小時結束。

在上海人民廣場有不少人聚集，五人被捕；瀋陽一名日本領事館外交官前往集會點被公安拘留，雖即獲釋，仍引起日方不滿提出抗議，中共只得道歉認錯。其他「茉莉花革命」號召集會的城市，因集會現場有大批公安警察進駐防範，沒有出現人潮，有網友戲稱：「今天主要是由警察完成網友發起的茉莉花集會」。

但在未列入十三個集會城市的廣西南寧和廣東深圳，也出現了群眾響應聚集。南寧朝陽廣場至少有數百人參與；深圳市民廣場集會，除當地人外還有來自如東莞等地的外地人參加。

此外，香港有「社民連」和「四五行動」成員二十多人，於下午二時前往中共在港「中聯辦」，將印有茉莉花圖案的傳單，摺成紙飛機投擲入內；美國紐約市也有「中國民主黨」成員二十多人在十九日晚上十時（北京時間二十日上午十一時）在時報廣場高唱民謠《好一朵美麗的茉莉花》，聲援「中國茉莉花革命」活動，並高呼「茉莉花革命」所擬口號，再加上「人民萬歲！中國屬於人民！」兩句。

一場不知真正源頭，只是在網路「推特」上由「秘密樹洞」發起的「茉莉花革命」，搞得中共人仰馬翻，動員大量公安警力全力防範的示威活動，結果分辨不出「敵」、「我」。這讓海外民運人士看到了新的民運動力契機。尤其在「秘密樹洞」消失後，有海外民運組織或個人就以發起者自居，出現了不少以「中國茉莉花革命」為主題的網站，鼓吹此一活動，如「茉莉花革命消息中心」、「茉莉花革命」等，真假難辨。

據「美聯社」報導：「中國茉莉花革命」發起者有好幾個源頭，而且是彼此不相關聯的數個匿名團體。該社採訪了其中一個由二十位中國青年透過網路組成的團體，這些人分散很廣，在中國境內有八人，境外十二人分居在六個國家。從這篇報導，可瞭解此一活動是由境內和境外民運人士集體智慧所設想出來，為的是突破中共嚴密監控和打壓，繼續推動大陸內部沉寂已久的民主運動。

「秘密樹洞」消失在「推特」，卻出現在「博訊新聞網」，它在二月二十二日發文說：「為不連累和此事無關遭拘禁者，曾商議集體自首，終因人數太多與程度不一，未能達成共識。」二十四日再次發文表示：「茉莉花革命」是個計劃性的行動，前在「推特」發起號召，只是試探性質，因中共反應過度，反促成了第一次的集會的成效。發起者並不願看到出現如利比亞「革命」情況，只希望藉一次次的集會，讓國人「克服對專制暴力的恐懼，勇敢表達自身願望，從而加速中國民主轉型進程；以網際網路關注力量，集會圍觀，改變中國。」至於發起人呢？「可以說有，也可以說沒有」。

「博訊新聞網」創辦人韋石在次日接受「美國之音」採訪時，否認「博訊」參與發起，他說：「既不知道這些人，也沒有和這些人合作做這事情」。因此，整個「中國茉莉花革命」的源頭，更讓人撲朔迷離。

「茉莉花革命」接著又號召群眾，每個星期日下午二時在各城市人流最多地點，或是中心廣場，以和平聚會、散步和圍觀方式進行活動。這種和平的示威方式，其實是仿效一九八九年九月四月，東德人民在萊比錫聖尼古拉教堂發起的「星期一示威」行動，人數由第一次的一千人，到十月已發展到五十萬人以上，並擴展到東德其他各大小城市，各地示威人數也都在十萬到數十萬人之間。人民提出「給我們自由」、「放我們出去」、「進行政治改革」，和「容許自由選舉」等口號，政治訴求也逐步提升推翻政府，兩德統一等。東德雖極力鎮壓，但阻擋不住人民怒火，經過兩個月的每周一黃昏時的和平示威，終於在這年十一月九日迫使東德共黨政府退讓，一夕之間推倒了柏林圍牆，完成了兩德統一。

「中國茉莉花」活動雖然號稱為「革命」，實際上採取的是溫和、非暴力和隱蔽鬥爭的形式爭取民主、自由和人權，策略上是以「持久戰」

方式，消耗和疲憊中共箝制人民的力度，並累積民間抗爭實力，冀望也能達到大規模的示威行動，迫使中共實行政治改革或下臺，實現還政於民的目標。所以發起者又把「茉莉花革命」稱之為「微笑革命」。這與中東的「茉莉花革命」的暴力抗爭方式，已完全不同，而延用此一名稱，只是藉「茉莉花革命」席捲中東世界之勢，融合東德推翻共黨政權的和平示威，和自創散步與圍觀（應該是參考網路召集的快閃活動）短暫快速集會的方式，號召在「六四」鎮壓後對中共產生畏懼的大陸人民重上街頭，以拯救陷於低迷的民主運動。

「發起者」這種構想，初期確實產生了效果，給予中共極大的壓力。二月二十五、六日，北京《環球時報》抨擊西方輿論期望中東「茉莉花革命」波及中國，搞亂中國，是西方國家的策略，並否認二月二十日曾出現「中國茉莉花革命」。但是《北京日報》卻在三月五日「打臉」說：「（匿名人士）通過網際網路煽動非法聚集，妄圖製造事端，挑起『街頭政治』」，呼籲民眾「必須有清醒的認識」。次日《上海日報》亦要求市民「不信謠、不傳謠、不參與」。

二月二十七日第二次集會，原計劃在二十七個城市舉行，結果有上百個城市的民眾參與活動。中共在北京不但出動了大批公安警察和便衣特務，而且抽調全國各地通訊監聽人員支援北京，監控網際網路，並部署了防暴部隊。許多在現地採訪的境外記者被扣留帶走，到晚上才釋放。其他城市，中共也都如臨大敵，全力防堵驅離，甚至有集會地點的電影院（上海），被勒令在當天停業，防止群眾藉看電影聚集。

由於「茉莉花」活動訊息均依賴網路傳播，中共雖採取了許多阻斷封鎖措施，但仍難防止網友通過「翻牆」等手段，獲得相關訊息。中共於是在三月一日緊急發布《禁止利用網際網路等從事違法活動的通告》，規定凡違犯者「司法機關將追究刑事責任」。中共禁止傳播的「行為」，共有四項，其中第三項：「組織、煽動非法集會、遊行、示威，擾亂公共場所秩序的」，即針對「茉莉花」活動而來。

中共發布禁令次日，在Google部落格出現署名「一群中國基督徒」的貼文：《基督徒每主日去廣場為公義禱告書》，號召教友在每周主日教堂彌撒結束後，於下午二時前往各所在之公共場所（同「茉莉花革命」集會點）以默禱、走禱或哭禱等方式，「為中國的公平正義和神愛降臨中國禱告」。

三月六日的集會，「茉莉花革命」號召各地大學生參加活動，北京有高校學生於下午前往海龍大廈前之廣場聚集。中共迅即封閉廣場附近地鐵站，並派直升機臨空監視。在北京集會點王府井街麥當勞內外，中共部署了大量便衣公安，並干擾手機信號，對採訪記者搜身；上海集會點和平電影院前，多位外籍記者被扣留，帶到一處地下掩體的臨時公安指揮部問話；當天，全國各地著名的異議和民運人士都受到監控，或被拘押在派出所內。因中共的嚴密防範，所以全國各地集會點，多未出現人潮。「美國之音電臺」以電話訪問了若干省市的民運人士，發現有些異議者被中共限制在家中，不得外出，有些地方乾脆將異議人士拘禁在派出所內，不給予參加「茉莉花」活動機會。

《人民日報》海外版在三月十日終於耐不住，發表《中國不是中東》評論文章，批評境內外一些別有用心的人，圖謀把中東「茉莉花革命」禍水引向中國，冀望在中國挑起「街頭政治」，搞亂中國，但是「中國不是中東，想把中東亂局引向中國的圖謀註定落空」。

三月十三日第四次「茉莉花革命」集會，「發起人」再提出兩項訴求：「官員向人民公布財產」、「政府向人民公布稅收的使用用途」。這一天，中共防範措施仍然十分嚴密，如各大學學生一律禁止離校外出；在北京大學和王府井麥當勞速食店附近除部署大批警力外，還出現多輛灑水車；在海淀區圖書城的「網咖」，限令歇業一日，附近的空曠地，中共用隔板築牆封閉。因此，各集會點均未見人潮聚集。

儘管「中國茉莉花革命」在中共嚴密的防堵下，「周」見式微。但卻仍提出三月二十日第五次集會日的政治訴求，要求提高為：（一）結束一黨專政，釋放所有民主異見人士，召回所有流亡在外民主人士共同治國，依法民選，懲治所有貪官；（二）停止對反共人士的任何形式的政治迫害，還政於民，軍隊國家化，依照西方普世價值和平演變新中國，開通多黨參政，開通民選執政，保證反共政黨取得國家執政；（三）廢除黨禁、報禁、網禁；（四）改善中國國民退休、養老保障、保障泛民主人士自由擇偶和生育要求。改善退伍軍人權益，停止截訪、迫害、收監等殘暴手段；（五）改善教育不足，提高國民道德修養、取締庸人治國之人民代表；（六）成立聯邦國會，實行多黨協商制度，實行民選總統任期制度。取消軍委，取消人民代表大會；（七）所有熱愛民主的各黨派勇士們、無黨派志士們，勇敢地站出來吧，唯一讓邪黨恐懼的就是我們彼此的團結。那麼我們就團結在一起吧。

不過這些政治訴求，不論文字或思維邏輯似乎均欠流暢，懷疑是有人趁機「插花」，而非原始發起人所為。這一天，中共仍不敢稍有鬆懈，鄰近天安門廣場的新華門前、長安街和王府井大街上，出現的警車和巡邏之騎警機車比以往更多，警燈閃爍，不斷警告行人不要停留，快步離開。在王府井地鐵站和麥當勞速食店前，有公安警察檢查學生模樣和可疑人士的身分證件。

自此以後「茉莉花革命」在中國開始沒落，網路雖然不停的發布《繼續散步公告》，先後至少有七十七次《公告》之多，但已經缺乏號召力，「中國茉莉花革命」實際已束之高閣。雖然在大陸各地方，偶而出現一些抗議或「散步」活動，已難成氣候。不過，海外各「茉莉花革命」網站依然存在，各民運組織仍然寄望「茉莉花革命」再現中國大陸，這無異是鏡花水月，不著邊際了。

「茉莉花革命」未能在中國發揮效果，並不

足為奇。原因固然十分複雜，但歸納起來，主要是下列因素：

一、「八九民運」從四月十五日悼念胡耀邦開始，到六月四日中共以血腥鎮壓結束為止，長達五十天的民主運動，學生和社會群眾等民運人士佔據天安門廣場，堅持抗爭，幾乎瓦解中共政權。中共記取此一教訓，決不允許類似事件再次發生在中國大陸。因此，當北非和中東爆發「茉莉花革命」後，中共立即採取防微杜漸，加強對國內網際網路的監控和管制，特別是「秘密樹洞」於二月十七日在「推特」號召發起「中國茉莉花革命」之後，更加強化對網路的審查力度，任何轉載「茉莉花革命」信息的網站，一律遮蔽，或是強制關閉，在網路上無法以「茉莉花」或同音字搜尋到相關訊息。新聞媒體對北非和中東的「茉莉花革命」報導尺度，自始即受到嚴格管制。大陸人民對「茉莉花革命」新聞，所知有限，即使有網民設法翻牆，得知「茉莉花」集會地點，終究無法達到眾所皆知的目的。

二、「中國茉莉花革命」號召群眾以「散步」、「圍觀」等平和方式進行，並希望「歷史就從這一刻開始改變」。中共自然不敢掉以輕心，必須嚴肅面對，因而動員龐大警力控制所有人流眾多的場所，禁止行人滯留，檢查可疑分子，以防患未然，成功的阻斷了人群的聚集。即使在「茉莉花」活動式微後，中共仍不敢鬆弛，持續以強勢警力控制這些場所，竭力遏止任何群聚現象。

三、北非和中東爆發「茉莉花革命」，有兩個重要因素：一是社會普遍貧窮；二是國家領導人戀棧職務，長期執政，並且獨裁貪污，不顧民生。而中共自「六四事件」後，為轉移人民對政治的不滿情緒，全力引進資本主義，發展經濟，在二〇一一年時，已成為世界主要經濟體之一，貧窮人口大幅縮減，且絕大多數散居在內陸偏遠落後地區，認命服

「窮」，甚難對中共政權構成威脅。流亡海外具有煽動力的部分民運人士和學運領袖，看到中共經濟發展，也為之心動，不惜「棄運從商」，返回大陸經商，與民主運動徹底切割。至於中共黨和國家領導人，自毛澤東死亡，鄧小平打倒趙紫陽後，已建立起任期制，終身制不復存在，雖然獨裁體制依然未改，但獨裁的是「黨」的「集體」，不再是一、二個人。

四、北非與中東「茉莉花革命」之所以成功，有一個關鍵因素，即軍隊的反正。這在中共長期黨指揮槍的政策下，槍桿子始終牢牢地掌握在黨的手中，指望獲得軍隊的支持，何異緣木求魚。在「八九民運」期間軍隊不但沒有動搖過，而且受到黨的唆使，血腥屠殺了學生，更何況軍隊在中共經濟發展後，各類待遇已有較大改善，軍隊造反起義幾無可能。

雖然「茉莉花革命」在中國大陸只是曇花一現，即歸沉寂，並不代表大陸民主運動已經沒落。在「八九民運」被血腥鎮壓後，中國境內民運人士鬥志並未隨之消沈，反將鬥爭策略提升到組黨活動，即使是再被打壓，仍不放棄爭取民主自由與人權之熱情，他們改弦易轍，從體制外鬥爭走向體制內的改革，因此有「零八憲章」的產生和「維權運動」的爆發。「茉莉花革命」的出現，證實了民主運動仍在持續滋長，正所謂春去春會回。

中共的經濟改革不但促進了中國的經濟的繁榮，也助長了大陸交通的發展和教育的提升，更由於留學政策和開放旅遊觀光，西方民主自由思潮，早已在中國泛濫。世界上許多民主國家都是在經濟發達，民智增長後，人民在享受經濟寬裕之餘，走向追求政治上的自由民主的大道，甚至不惜流血革命。中共以為只要政經分離，就能夠維持「黨天下」之不墜，難免讓人懷疑是癡人說夢。

附錄一　劉曉波的《零八憲章》

零八憲章
2008年12月10日公佈

一、前言

今年是中國立憲百年，《世界人權宣言》公佈六十週年，「民主牆」誕生三十週年，中國政府簽署《公民權利和政治權利國際公約》十週年。在經歷了長期的人權災難和艱難曲折的抗爭歷程之後，覺醒的中國公民日漸清楚地認識到，自由、平等、人權是人類共同的普世價值；民主、共和、憲政是現代政治的基本制度架構。抽離了這些普世價值和基本政制架構的「現代化」，是剝奪人的權利、腐蝕人性、摧毀人的尊嚴的災難過程。二十一世紀的中國將走向何方，是繼續這種威權統治下的「現代化」，還是認同普世價值、融入主流文明、建立民主政體？這是一個不容迴避的抉擇。十九世紀中期的歷史巨變，暴露了中國傳統專制制度的腐朽，揭開了中華大地上「數千年未有之大變局」的序幕。洋務運動追求器物層面的進良，甲午戰敗再次暴露了體制的過時；戊戌變法觸及到制度層面的革新，終因頑固派的殘酷鎮壓而歸於失敗；辛亥革命在表面上埋葬了延續二千多年的皇權制度，建立了亞洲第一個共和國。囿於當時內憂外患的特定歷史條件，共和政體只是曇花一現，專制主義旋即捲土重來。器物模仿和制度更新的失敗，推動國人深入到對文化病根的反思，遂有以「科學與民主」為旗幟的「五四」新文化運動，因內戰頻仍和外敵入侵，中國政治民主化歷程被迫中斷。抗日戰爭勝利後的中國再次開啟了憲政歷程，然而國共內戰的結果使中國陷入了現代極權主義的深淵。一九四九年建立的「新中國」，名義上是「人民共和國」，實質上是「黨天下」。執政黨壟斷了所有政治、經濟和社會資源，製造了反右、大躍進、文革、六四、打壓民間宗教活動與維權運動等一系列人權災難，致使數千萬人失去生命，國民和國家都付出了極為慘重的代價。

二十世紀後期的「改革開放」，使中國擺脫了毛澤東時代的普遍貧困和絕對極權，民間財富和民眾生活水平有了大幅度提高，個人的經濟自由和社會權利得到部分恢復，公民社會開始生長，民間對人權和政治自由的呼聲日益高漲。執政者也在進行走向市場化和私有化的經濟改革的同時，開始了從拒絕人權到逐漸承認人權的轉變。中國政府於一九九七年、一九九八年分別簽署了兩個重要的國際人權公約，全國人大於二〇〇四年通過修憲把「尊重和保障人權」寫進憲法，今年又承諾制訂和推行《國家人權行動計劃》。但是，這些政治進步迄今為止大多停留在紙面上；有法律而無法治，有憲法而無憲政，仍然是有目共睹的政治現實。執政集團繼續堅持維繫威權統治，排拒政治變革，由此導致官場腐敗，法治難立，人權不彰，道德淪喪，社會兩極分化，經濟畸形發展，自然環境和人文環境遭到雙重破壞，公民的自由、財產和追求幸福的權利得不到制度化的保障，各種社會矛盾不斷積累，不滿情緒持續高漲，特別是官民對立激化和群體事件激增，正在顯示著災難性的失控趨勢，現行體制的落伍已經到了非改不可的地步。

二、我們的基本理念

當此決定中國未來命運的歷史關頭，有必要反思百年來的現代化歷程，重申如下基本理念：

- 自由：自由是普世價值的核心之所在。言論、出版、信仰、集會、結社、遷徙、罷工和遊行示威等權利都是自由的具體體現。自由不昌，則無現代文明可言。
- 人權：人權不是國家的賜予，而是每個人與生俱來就享有的權利。保障人權，既是政府的首要目標和公共權力合法性的基礎，也是「以人為本」的內在要求。中國的歷次政治災難都與執政當局對人權的無視密切相關。人是國家的主體，國家服務於人民，政府為人民而存在。

• 平等：每一個個體的人，不論社會地位、職業、性別、經濟狀況、種族、膚色、宗教或政治信仰，其人格、尊嚴、自由都是平等的。必須落實法律面前人人平等的原則，落實公民的社會、經濟、文化、政治權利平等的原則。

• 共和：共和就是「大家共治，和平共生」，就是分權制衡與利益平衡，就是多種利益成分、不同社會集團、多元文化與信仰追求的群體，在平等參與、公平競爭、共同議政的基礎上，以和平的方式處理公共事務。

• 民主：最基本的涵義是主權在民和民選政府。民主具有如下基本特點：（1）政權的合法性來自人民，政治權力來源於人民；（2）政治統治經過人民選擇；（3）公民享有真正的選舉權，各級政府的主要政務官員必須通過定期的競選產生；（4）尊重多數人的決定，同時保護少數人的基本人權。一句話，民主使政府成為「民有，民治，民享」的現代公器。

• 憲政：憲政是通過法律規定和法治來保障憲法確定的公民基本自由和權利的原則，限制並劃定政府權力和行為的邊界，並提供相應的制度設施。在中國，帝國皇權的時代早已一去不復返了；在世界範圍內，威權體制也日近黃昏；公民應該成為真正的國家主人。祛除依賴「明君」、「清官」的臣民意識，張揚權利為本、參與為責的公民意識，實踐自由，躬行民主，尊奉法治，才是中國的根本出路。

三、我們的基本主張

藉此，我們本著負責任與建設性的公民精神對國家政制、公民權利與社會發展諸方面提出如下具體主張：

修改憲法：根據前述價值理念修改憲法，刪除現行憲法中不符合主權在民原則的條文，使憲法真正成為人權的保證書和公共權力的許可狀，成為任何個人、團體和黨派不得違反的可以實施的最高法律，為中國民主化奠定法權基礎。

分權制衡：構建分權制衡的現代政府，保證立法、司法、行政三權分立。確立法定行政和責任政府的原則，防止行政權力過分擴張；政府應對納稅人負責；在中央和地方之間建立分權與制衡制度，中央權力須由憲法明確界定授權，地方實行充分自治。

立法民主：各級立法機構由直選產生，立法秉持公平正義原則，實行立法民主。

司法獨立：司法應超越黨派、不受任何干預，實行司法獨立，保障司法公正；設立憲法法院，建立違憲審查制度，維護憲法權威。儘早撤銷嚴重危害國家法治的各級黨的政法委員會，避免公器私用。

公器公用：實現軍隊國家化，軍人應效忠於憲法，效忠於國家，政黨組織應從軍隊中退出，提高軍隊職業化水平。包括警察在內的所有公務員應保持政治中立。消除公務員錄用的黨派歧視，應不分黨派平等錄用。

人權保障：切實保障人權，維護人的尊嚴。設立對最高民意機關負責的人權委員會，防止政府濫用公權侵犯人權，尤其要保障公民的人身自由，任何人不受非法逮捕、拘禁、傳訊、審問、處罰，廢除勞動教養制度。

公職選舉：全面推行民主選舉制度，落實一人一票的平等選舉權。各級行政首長的直接選舉應制度化地逐步推行。定期自由競爭選舉和公民參選法定公共職務是不可剝奪的基本人權。

城鄉平等：廢除現行的城鄉二元戶籍制度，落實公民一律平等的憲法權利，保障公民的自由遷徙權。

結社自由：保障公民的結社自由權，將現行的社團登記審批制改為備案制。開放黨禁，以憲法和法律規範政黨行為，取消一黨壟斷執政特權，確立政黨活動自由和公平競爭的原則，實現政黨政治正常化和法制化。

集會自由：和平集會、遊行、示威和表達自由，是憲法規定的公民基本自由，不應受到執政黨和政府的非法干預與違憲限制。

言論自由：落實言論自由、出版自由和學術自由，保障公民的知情權和監督權。制訂《新聞法》和《出版法》，開放報禁，廢除現行《刑法》中的「煽動顛覆國家政權罪」條款，杜絕以言治罪。

宗教自由：保障宗教自由與信仰自由，實行政教分離，宗教信仰活動不受政府干預。審查並撤銷限制或剝奪公民宗教自由的行政法規、行政規章和地方性法規；禁止以行政立法管理宗教活動。廢除宗教團體（包括宗教活動場所）必經登記始獲合法地位的事先許可制度，代之以無須任何審查的備案制。

公民教育：取消服務於一黨統治、帶有濃厚意識形態色彩的政治教育與政治考試，推廣以普世價值和公民權利為本的公民教育，確立公民意識，倡導服務社會的公民美德。

財產保護：確立和保護私有財產權利，實行自由、開放的市場經濟制度，保障創業自由，消除行政壟斷；設立對最高民意機關負責的國有資產管理委員會，合法有序地展開產權改革，明晰產權歸屬和責任者；開展新土地運動，推進土地私有化，切實保障公民尤其是農民的土地所有權。

財稅改革：確立民主財政和保障納稅人的權利。建立權責明確的公共財政制度構架和運行機制，建立各級政府合理有效的財政分權體系；對賦稅制度進行重大改革，以降低稅率、簡化稅制、公平稅負。非經社會公共選擇過程，民意機關決議，行政部門不得隨意加稅、開徵新稅。通過產權改革，引進多元市場主體和競爭機制，降低金融准入門檻，為發展民間金融創造條件，使金融體系充分發揮活力。

社會保障：建立覆蓋全體國民的社會保障體制，使國民在教育、醫療、養老和就業等方面得到最基本的保障。

環境保護：保護生態環境，提倡可持續發展，為子孫後代和全人類負責；明確落實國家和各級官員必須為此承擔的相應責任；發揮民間組織在環境保護中的參與和監督作用。

聯邦共和：以平等、公正的態度參與維持地區和平與發展，塑造一個負責任的大國形象。維護香港、澳門的自由制度。在自由民主的前提下，通過平等談判與合作互動的方式尋求海峽兩岸和解方案。以大智慧探索各民族共同繁榮的可能途徑和制度設計，在民主憲政的架構下建立中華聯邦共和國。

轉型正義：為歷次政治運動中遭受政治迫害的人士及其家屬，恢復名譽，給予國家賠償；釋放所有政治犯和良心犯，釋放所有因信仰而獲罪的人員；成立真相調查委員會，查清歷史事件的真相，釐清責任，伸張正義；在此基礎上尋求社會和解。

四、結語

中國作為世界大國，作為聯合國安理會五個常任理事國之一和人權理事會的成員，理應為人類和平事業與人權進步做出自身的貢獻。但令人遺憾的是，在當今世界的所有大國裡，唯獨中國還處在威權主義政治生態中，並由此造成連綿不斷的人權災難和社會危機，束縛了中華民族的自身發展，制約了人類文明的進步—這種局面必須改變！政治民主化變革不能再拖延下去。為此，我們本著勇於踐行的公民精神，公佈《零八憲章》。我們希望所有具有同樣危機感、責任感和使命感的中國公民，不分朝野，不論身份，求同存異，積極參與到公民運動中來，共同推動中國社會的偉大變革，以期早日建成一個自由、民主、憲政的國家，實現國人百餘年來鍥而不捨的追求與夢想。

附錄二　王炳章的《棄醫從運宣言》

王炳章

當年謫醫通天河，曬經石旁誦《離》歌。如今償願闖西域，自古難阻向東波。拿個博士區區志，臥薪三載為報國。蛟龍歸海騰巨浪，莫喪經書剩傳說。

這是一九八二年六月，題在我博士論文扉頁的序言詩。這首小詩，就是我決意放棄醫學生涯，從事民主運動的宣言。它總結了我前一段的人生歷程，表達了立志報國的意願，也隱晦闡明了「棄醫從運」決定產生的背景、動機及過程。

我是一名中國醫生，畢業於北京醫學院。在校時參加文革，當過紅衛兵頭頭，後覺上當而隱退。畢業後，以「老九」放逐於青藏高原。在通天河畔，唐僧當年西天取經的曬經石旁，慕玄奘出國學經之膽略，抒屈原《離騷》憂國之情懷。後調回內地，苦修醫術，夢想以醫報國。一九七八年，我考取第一批公費留學。一九七九年上半年，出國集訓期間，西單民主牆運動蓬勃興起，給祖國帶來了初春氣息。當時，我是運動的參加者。然而，魏京生的突然被捕，震撼了我們的心靈，使我陷於深沈的思考之中。出國前，父老鄉親千叮萬囑，讓我牢記「黃河九曲，終向東流」。志同道合的朋友們，語重心長地囑托：「在國內，你已在醫務界嶄露頭角。今天，你飛出了牢籠，你的抱負不應再受到這點名譽的束縛。在民族需要時，你應成為一個醫學挽留不住的人。」

我背負著這些寄托，於一九七九年十月，留學於加拿大麥吉爾大學及蒙特利爾臨床醫學研究所。一九八〇年元月註冊為研究生，一九八二年九月，獲得麥吉爾大學醫學院實驗醫學優秀哲學博士學位。

畢業了，面臨著前途的抉擇。一些「好心人」叫我衣錦還鄉，甚至對我封官許願。也有熱心的朋友勸我留居北美，安居樂業，甚至願作具體安排。可是，這些朋友，怎能理解我的用心良苦呢？對我來說，拿個博士，僅為區區小志，臥薪三載，志在報國報民。近三年來，身在異國他鄉，心懷神州故園。站在聖•勞倫斯河邊，望著東去的流水，就想起父老親朋的囑托。博士課程的繁忙，未擠掉我對民運問題的研究；醫學實驗的興趣，未減少我對祖國形勢的關注。出國後不久，即傳來對魏京生的審判；去年底，又驚聞王希哲被捕。覺醒一代的責任感告訴我，「醫學挽留不住」我的時候來到了。在考取留學那一天就開始運籌的報國大略，終於隨著博士論文的完稿而漸趨成熟。在論文序言詩中，我以蛟龍東歸、志在除舊布新而翻江倒海的氣魄為勉勵；以唐僧返里，忘記恩人囑托而喪失經書的傳說為借鑒。我，絕不可忘記大家的叮囑，毅然作出決定：放棄醫學生涯，獻身民主運動。

當初，從事醫道，乃為父母推動下的個人所好。而今，成為一個民主運動的活動家，是新興的中國當代民主運動的需要。從此，我將放下我心愛的臨床家的聽診器，帶上社會觀察家的聽診器，去診斷中國社會的惡患痼疾；我將放下我心愛的外科醫師的手術刀，操起社會改革者的手術刀，去割除危害中國社會的膿瘡毒瘤。這，是一條荊棘漫布的艱苦之路，但是一條光明的路，希望的路。

為表達自己對中國當代民運先驅者的敬仰，決定今後起用王驚蟄的筆名。驚，魏京生京字諧音；蟄，王希哲哲字諧音(註：遺憾的是王現在自我墮落了)。我願化驚蟄之雷，劈碎專制制度，開創民主自由。驚蟄之後，就是春分了，祖國的春天一定是美麗的。

我對治病救人，施行人道的醫學仍有無限的依戀。待祖國滿園春色之時，請允許我重返醫壇。

一九八二年十一月於北美

參考資料

一、台灣出版書報：

01.《林彪的忠與逆》。翁衍慶著，新銳文創，二〇一二年七月出版。

02.《統一戰線與國共鬥爭》。翁衍慶著，中共研究雜誌社，二〇〇六年二月出版。

03.《命運——李洪林自傳》。李洪林著，文統圖書有限公司，一九九三年十一月出版。

04.《毛澤東全傳》。辛子陵著，書華文化事業有限公司，一九九三年十二月出版。

05.《中國大陸研究》。張五岳主編，新文京開發出版股份有限公司，二〇〇三年七月出版。

06.《毛澤東與文化大革命》。韋政通著，立緒文化事業有限公司，二〇〇九年九月二版。

07.《毛澤東私人醫生回憶錄》。李志綏著，時報文化出版企業有限公司，一九九五年四月出版。

08.《毛澤東、鄧小平的重大過錯與決策失誤》。民聲著，靈活文化事業有限公司，二〇一〇年三月出版。

09.《中國共產黨簡史》。楊碧川著，一橋出版社，一九九七年四月出版。

10.《紅狗——我在中國的日子》。齊家貞著，允晨文化實業股份有限公司，二〇一一年四月出版。

11.《中華人民共和國史十五講》。王丹著，聯經出版事業股份有限公司，二〇一二年七月出版。

12.《王丹獄中回憶錄》。王丹著，新新聞文化事業股份有限公司，一九九七年五月出版。

13.《火與血的真相——中國大陸民主運動紀實》。中共研究雜誌社，一九八九年十月出版。

14.《紅朝傳人——誰將把中國帶向未來？》。德國包爾著，中共研究雜誌社，一九九一年八月出版。

15.《天安門一九八九》。聯合報編輯部，聯經出版事業股份有限公司，一九八九年八月出版。

16.《天安門民主運動資料彙編》。中共問題資料雜誌社，一九八九年十二月出版。

17.《危城手記》。趙慕嵩著，時報文化出版企業有限公司，一九八九年八月出版。

18.《求索與守望——中國民運江湖回望錄》。秦晉著，新銳文創，二〇一二年十一月版。

19.《我無罪——劉曉波傳》。余杰著，時報文化出版企業股份有限公司，二〇一二年八月出版。

20.《九評共產黨》。大紀元系列社論，聯鳴文化有限公司，二〇〇八年五月版。

21.《北平大屠殺——一九八九年中國大陸人民爭取民主運動紀要》。匡華出版公司編印，一九八九年七月出版。

22.《西山日落——人民解放軍「六四」屠城用兵內幕》。郭進著，大國文化事業股份有限公司，一九九二年六月出版。

二、大陸、香港和美國出版書籍報刊：

01.《中國思想運動史1949－1989》。李洪林著，香港天地圖書有限公司，二〇一〇年八月修訂版。

02.《五十年祭——從反右到文革》。王成彬著，香港中國文革歷史出版社，二〇一一年四月出版。

03.《中共九十年功罪——篡改的歷史》。《新史記》編輯部編印，香港外參出版社二〇一一年九月出版。

04.《魏京生假釋以來言論集》。香港民主大學編印，一九九七年二月二版。

05.《中國大陸學潮實錄》。曾慧燕著，香港新報出版部，一九八九年一月出版。

06.《中國之春文選1982－1992》。《中國之春》編輯委員會編輯，紐約中國之春雜誌社，一九九三年一月出版。

07.《中國民主團結聯盟十年簡史》。陳力、蘆葦著，美國中國民聯總部一九九四年出版。

08.《中國民主革命之路——中國民主化運動百題問答《民運手冊》》。王炳章著，環球實業（香港）公司，二〇〇〇年十二月修正稿。

09.《歷史的見證——『文革』的終結》。薛慶超著，北京人民出版社，二〇〇八年十一月出版。

10.《八九中國民運紀實》上、下冊。吳牟人、鮑明輝、倪培華、倪培民、王晴佳編輯，一九八九年八月紐約出版。

11.《天安門屠殺》。杜斌編著，香港明鏡出版社，二〇一三年六月出版。

12.《趙紫陽最後的機會》。袁會章主編，香港明鏡出版社，一九九七年五月出版。

13.《大夢誰先覺——《中國之春》與我的民主歷程》。丁楚著，香港海風出版社，二〇〇九年四月出版。

14.《紀念中國聖女林昭逝世四十四週年》。美國大紀元時報，二〇一二年五月一日。

15.《林昭忌日——悼念微博未屏蔽》。美國世界日報，二〇一二年四月三十日。

16.《楊巍就是楊巍——楊巍妹妹楊瀟貝、妹夫餘芒採訪記》。《中國之春》雜誌，一九九一年二月號。

17.《名校雙博士民運實踐者楊建利求仁得仁》。曾慧燕著，北美世界日報《世界周刊》，二〇〇七年九月二日。

18.《中國終會以方勵之為傲》。美國世界日報，二〇一二年四月八日。

19.《《北京之春》——海外民主運動的一面旗幟》。美國世界日報，二〇一三年六月二日。

三、網路資料：

01.《梁漱溟》。維基百科、自由的百科全書。

02.《梁漱溟與毛澤東唱反調》。讀秀社區——人物論壇。

03.《梁漱溟受毛澤東嚴厲批評的歷史公案真相》。賀吉元著，中國共產黨新聞——史海回眸。

04.《胡風反革命集團案》。維基百科、自由的百科全書。

05.《波茲南事件》。維基百科、自由的百科全書。

06.《最早揭露毛澤東真面目的女英雄馮元春》。曉楓著，看中國，二〇一二年一月二十四日。

07.《林希翎》。百度百科，二〇一一年十一月二十三日。

08.《林希翎》。維基百科、自由的百科全書，二〇一二年七月十日。

09.《最後一個右派——林希翎》。中國歷史——鐵血社區。

10.《頭號大右派羅隆基迷倒美女無數，被美女揭批》。章詒和著，阿波羅新聞網，二〇一一年六月二十三日。

11.《歷史紀錄：他們敢於大罵國民黨，卻只能向共產黨低頭認罪》。阿波羅新聞網，二〇〇七年七月四日。

12.《費孝通的後半生：從著名右派到學術泰斗》。李懷宇著，人民網之文史頻道，二〇一〇年十一月十二日。

13.《百花齊放、百家爭鳴》。維基百科、自由的百科全書，二〇一二年六月十六日。

14.《反右運動》。維基百科、自由的百科全書，二〇一二年七月二十七日。

15.《還原一九五七年——反右派運動的歸因研究》。魏紫丹著，博訊網。
16. 《李達（哲學家）》。維基百科、自由的百科全書，
17. 《中共「一大」代表李達的悲慘結局》。林輝著，大紀元評論，二〇一一年四月四日。
18. 《馬寅初〈人口論〉遭批判始末》。鳳凰資訊，二〇〇八年六月四日。
19. 《馬寅初與毛澤東人口問題的一場論爭》。賀吉元著，人民網，二〇〇二年六月十三日。
20. 《劉文輝（上海）》。維基百科、自由的百科全書，二〇一二年九月十一日。
21. 《劉文輝、上海被殺第一人》。中國地方網聯《東方之子》。
22. 《張志新》。維基百科、自由的百科全書，二〇一二年五月二十三日。
23. 《張志新》。陳少京著，中國文革浩劫遇難者紀念園《我們沒有忘記你》，（原載《南方日報》），二〇〇〇年。
24. 《千古奇冤——張志新的生前死後》。大紀元網系，二〇〇〇年三月十二日。
25. 《〈出身論〉－遇羅克》。Hello,MyWurld.二〇〇九年四月十四。
26. 《遇羅克》。維基百科、自由的百科全書，二〇一二年六月二十日。
27. 《哥哥遇羅克的故事》。遇羅文著，簡選自《我家》，中國文革浩劫遇難者紀念園《我們沒有忘記你》。
28. 《不朽的遇羅克》。胡平著，大紀元評論，二〇〇八年十月。
29. 《遇羅克》。星島環球網，二〇〇六年五月十二日。
30. 《一九七〇年遇羅克因〈出身論〉被判處死刑》。二〇〇九年九月二十三日三聯生活周刊，新浪網。
31. 《李九蓮》。維基百科、自由的百科全書。
32. 《反華國鋒，李九蓮被辱屍體、鐘海源被活摘器官》。昝愛宗著，大紀元評論，二〇〇八年八月二十六日。
33. 《因聲援李九蓮，鐘海源被判死刑活體取腎》。大紀元網系，二〇〇六年四月十日。
34. 《史雲峰》。百度百科，二〇一一年十一月二十七日更新。
35. 《散發反革命傳單，長春工人史雲峰就義前被縫嘴》。中華網，二〇〇五年四月七日。
36. 《史雲峰烈士》。吉林省英烈網著，二〇〇九年八月

十一日。
37.《長春英烈——史雲峰》。阮耀鍾著，新浪博客，二〇一一年五月十九日。
38.《王申酉》。維基百科、自由的百科全書。
39.《王申酉》。互動百科，二〇一二年三月十四日。
40.《王申酉供詞摘錄》。天材教育網。
41.《傑出青年思想家王申酉》。金鳳著，新浪博客轉載自《炎黃春秋》二〇〇四年九期。
42.《王佩英》。維基百科、自由的百科全書，二〇一三年二月二十四日。
43.《文革時期被槍斃的知名「反革命份子」毛應星》。晨藍新元的日誌，網易博客，二〇一三年四月五日。
44.《冰火「八・一八」：王容芬與宋彬彬》。祭園守園人著，新浪博客，二〇〇八年四月八日。
45.《王容芬與王申酉：中國人應該知道的兩個名字》。淮水安瀾網，二〇一〇年九月五日。
46.《揭密：一九七六年四五天安門事件的真相》。來源：楊尚昆日記，美國僑網，二〇一三年四月六日。
47.《批鄧、反右傾翻案風》。維基百科、自由的百科全書，二〇一三年一月十七日。
48.《四五運動》。維基百科、自由的百科全書，二〇一三年四月五日。
49.《李一哲》。維基百科、自由的百科全書，二〇一二年七月二十四日。
50.《李一哲大字報——關於社會主義的民主與法治》。中國民主社會主義網，二〇一三年一月十七日。
51.《胡平》。維基百科、自由的百科全書，二〇一一年十二月二十九日。
52.《西單民主牆》。維基百科、自由的百科全書，二〇一二年四月二十二日。
53.《彭真拿著魏京生大字報去找鄧小平，把他說服了》。明鏡新聞網，二〇一二年四月十八日。
54.《七十年代末北京的西單民主牆》。倍可親全球快訊，二〇一二年七月一日。
55.《郭羅基》。維基百科、自由的百科全書。
56.《魏京生》。維基百科、自由的百科全書，二〇一三年九月十二日。
57.《一九七六年四月五日「四・五運動」》。人民網，二〇〇三年八月一日。
58.《吳德：十年風雨事一九七六年天安門事件真相》。中新網，二〇〇七年十二月四日。
59.《楊巍反革命宣傳煽動案》。上海市地方誌辦公室，上海通。

60. 《劉曉波》。

61. 《六四事件》。維基百科、自由的百科全書，二〇一二年八月六日。

62. 《汪岷:回憶王炳章和早期《中國之春》》。六四維基，原載：《新世紀》，二〇一二年七月。

63. 《兩次「天安門事件」的對比》。嚴家其著，大紀元評論，二〇〇九年四月二十一日。

64. 《方勵之》。維基百科、自由的百科全書，二〇一三年十一月十九日。

65. 《一九八九年社會運動的歷史條件與「新自由主義」的反歷史解釋》。汪暉著，勞工世界網，二〇〇九年六月。

66. 《華夏歷史：中共暴政統治時期五、六、七、二十三》。心緣著，明慧學校，二〇〇六年四月二十五日。

67. 《蘇聯解體》。維基百科、自由的百科全書，二〇一四年七月十五日。

68. 《東歐民主化》。維基百科、自由的百科全書，二〇一四年六月二十七日。

69. 《匈牙利十月事件》。維基百科、自由的百科全書，二〇一三年一月九日。

70. 《周恩來在「匈牙利事件」的風頭》。淳于雁著，博訊新聞網，二〇一二年九月十五日。

71. 《匈牙利十月事件》。中文百科在線，二〇一三年一月十一日。

72. 《史海回眸：一九五六年匈牙利事件真相》。孔寒冰、郭潔著，鳳凰網資訊摘自《世界知識》二〇〇六年二十一期，二〇一〇年十一月八日。

73. 《王炳章是中國民運的一桿大旗》。費良勇著，大紀元評論，二〇一三年十月十五日。

74. 《民主中國陣線介紹》。博訊（政黨社團之聲及民運之聲）。

75. 《「六四」二十一名通緝學生今安在？人生際遇各不同》。超級蘋果網新聞。

76. 《中國民主團結聯盟、民主中國陣線、中國民主聯合陣線聯合公報》。博訊新聞網，二〇一〇年四月二十二日。

77. 《丁子霖》。

78. 《一九八九年六四鎮壓受害者狀況民間報告》。江棋生著，天安門母親網站。

79. 《民運向中共建黨八十周年獻禮》。人民報，二〇一四年十月一日。

80.《中國逮捕民運人士王炳章》。博訊新聞網，二〇〇二年十二月二十一日。
81.《岳武故意隱瞞重大情節沒有說》。海納百川，二〇〇三年一月六日。
82.《王炳章博士被中共綁架真相》。中華民主正義黨、中華正義自救聯軍網，二〇一二年二月二十六日。
83.《中國民主黨》。
84.《楊建利闖關回國探索民運新路》。中國民主教育基。
85.《楊建利》。維基百科、自由的百科全書。
86.《周鋒鎖抵達北京「重返天安門廣場」被抓捕遣返美國》。自由亞洲，二〇一四年六月。
87.《李洪志》。維基百科、自由的百科全書。
88.《法輪功》。維基百科、自由的百科全書。
89.《三退》。維基百科、自由的百科全書，二〇一四年十月十八日。
90.《竊國強盜的敲詐》。劉曉波網站，二〇〇三年二月十六日。
91.《王炳章越南蒙難記》。岳武著，CDN《華夏文摘》編輯，二〇〇三年一月二十九日。
92.《從王炳章被誘捕到共產大圈人、臨死的共產匪要比往昔更瘋狂》。曉峰著，自由中國，二〇〇三年二月六日。
93.《芒街遇險話英豪——紀念王炳章博士蒙難十周年》。方圓著，工黨論壇，二〇一二年六月二十七日。
94.《與世人共析閻慶新的共特身份》。鄭錚著；《從炳章失蹤後的一年，看海外民運圈內圈外諜影幢幢》。李克新著，二〇〇三年六月二十九日；《關於王炳章事件的階段調查報告》。李克新著，二〇〇四年二月十三日；《民運之風是從哪裡敗壞的》。趙杰著；《張琦是炳章的未婚妻？還是中共安插在炳章身邊的女諜》。鄭錚著。反共產抗強拆聯合會《掃諜風暴之三》。
95.《張宏堡》。百度百科，二〇一四年六月二日。
96.《中功》。互動百科，二〇一四年八月三十日。
97.《中功張宏堡自封總統逃制裁》。新浪網，二〇〇三年九月一日。
98.《七七憲章》。維基百科、自由的百科全書。
99.《零八憲章》。維基百科、自由的百科全書。
100.《三百多名零八憲章簽署人要求共擔刑罰》。美國之音，二〇〇九年十二月十二日。
101.《零八憲章何罪？不得不說的話》。（鮑彤），自由亞洲電臺，二〇〇八年十二月十一日。

102.《和平憲章產生的歷史背景》。秦永敏著，天易（綜合）網，二〇一三年十月十三日。
103.《和平憲章》第二版。秦永敏著，《北京之春》網刊，二〇〇三年二月二日。
104.《秦永敏》。維基百科、自由的百科全書，二〇一四年十一月十二日。
105.《孫志剛事件》。維基百科、自由的百科全書，二〇一四年六月十九日。
106.《蔣彥永》。互動百科。
107.《蔣彥永談披露中國隱瞞SARS真相經過》。大紀元網，二〇〇三年四月十日。
108.《孫大午事件的詳細實情》。百度百科，二〇〇三年七月二十一日。
109.《孫大午事件，孫大午案件》。和訊博客，二〇一三年七月十五日。
110.《李思怡事件》。維基百科、自由的百科全書，二〇一四年二月二十五日。
111.《李思怡》。百度百科，二〇一四年十一月五日。
112.《杜導斌》。維基百科、自由的百科全書。
113.《杜導斌》。百度百科，二〇一四年七月八日。
114.《中國維權運動時代的興起》。古川著，旺報文化副刊。
115.《公盟》。維基百科、自由的百科全書，二〇〇九年十二月二日。
116.《新公民運動》。維基百科、自由的百科全書。
117.《中華人民共和國民主運動》。維基百科、自由的百科全書。
118.《高智晟》。維基百科、自由的百科全書。
119.《陳光誠》。維基百科、自由的百科全書。
120.《譚作人》。維基百科、自由的百科全書。
121.《艾未未》。維基百科、自由的百科全書。
122.《蕭國珍律師談維權運動》。黃花崗雜誌。
123.《博訊推出二〇一一年中國維權運動「25」》。博訊網，二〇一一年十二月二十八日。
124.《維權》。維基百科、自由的百科全書，二〇一四年七月十九日。
125.《中國維權運動和公民社會的發展》。大紀元網，二〇〇六年八月三十日。
126.《中國維權運動》。維基百科、自由的百科全書，二〇一二年五月二十六日和二〇一四年九月十六日兩稿。
127.《中國維權運動的歷史和現狀》。獨立中文筆會，二〇一四年十月十三日。
128.《從維權運動看中國「公民人格」的養成》。王策著，二〇一四年九月二十日。
129.《中國維權運動往何處去？》。滕彪著，二〇一一年五月七日。
130.《中國民間維權運動風起雲湧》。谷歌網。
131.《茉莉花革命》。維基百科、自由的百科全書，二〇一四年十一月三十日。
132.《茉莉花革命》。百度百科，二〇一四年十二月二十六日。
133.《茉莉花革命見證人民力量》。臺灣讀報教育指南，二〇一一年。
134.《中國茉莉花革命》。維基百科、自由的百科全書，二〇一四年八月三日。
135.《中國「茉莉花革命」緣起及其影響》。何清漣著，看雜誌83期，二〇一一年三月十七日。
136.《中國大陸「四五運動」與茉莉花行動：從反極權到反威權》。陳華昇著，國政基金會國政評論，二〇一一年三月十六日。
137.《網民發動中國茉莉花革命，解放軍嚴陣以待》。蘋果日報，二〇一一年二月二十日。
138.《從荒謬的高瑜案看中國的問題》。侯立藩著，風傳媒，二〇一五年五月五日。

血歷史67　PC0566

新銳文創
INDEPENDENT & UNIQUE

中國民主運動史
——從中國之春到茉莉花革命潮

作　　者	翁衍慶
責任編輯	盧羿珊
圖文排版	周政緯
封面設計	蔡瑋筠
出版策劃	新銳文創
發 行 人	宋政坤
法律顧問	毛國樑　律師
製作發行	秀威資訊科技股份有限公司 114 台北市內湖區瑞光路76巷65號1樓 電話：+886-2-2796-3638　傳真：+886-2-2796-1377 服務信箱：service@showwe.com.tw http://www.showwe.com.tw
郵政劃撥	19563868　戶名：秀威資訊科技股份有限公司
展售門市	國家書店【松江門市】 104 台北市中山區松江路209號1樓 電話：+886-2-2518-0207　傳真：+886-2-2518-0778
網路訂購	秀威網路書店：http://www.bodbooks.com.tw 國家網路書店：http://www.govbooks.com.tw
出版日期	2016年4月　BOD一版
定　　價	400元

國家圖書館出版品預行編目

中國民主運動史：從中國之春到茉莉花革命潮
/ 翁衍慶著. -- 一版. -- 臺北市：新銳文創
2016.04
面；　公分. -- (血歷史；67)
BOD版
ISBN 978-986-92257-6-2(平裝)

574.1　　104021596

讀者回函卡

感謝您購買本書，為提升服務品質，請填妥以下資料，將讀者回函卡直接寄回或傳真本公司，收到您的寶貴意見後，我們會收藏記錄及檢討，謝謝！

如您需要了解本公司最新出版書目、購書優惠或企劃活動，歡迎您上網查詢或下載相關資料：http:// www.showwe.com.tw

您購買的書名：______________________________

出生日期：________年________月________日

學歷：□高中（含）以下　□大專　□研究所（含）以上

職業：□製造業　□金融業　□資訊業　□軍警　□傳播業　□自由業

□服務業　□公務員　□教職　□學生　□家管　□其它______

購書地點：□網路書店　□實體書店　□書展　□郵購　□贈閱　□其他

您從何得知本書的消息？

□網路書店　□實體書店　□網路搜尋　□電子報　□書訊　□雜誌

□傳播媒體　□親友推薦　□網站推薦　□部落格　□其他__________

您對本書的評價：（請填代號　1.非常滿意　2.滿意　3.尚可　4.再改進）

封面設計____　版面編排____　內容____　文／譯筆____　價格____

讀完書後您覺得：

□很有收穫　□有收穫　□收穫不多　□沒收穫

對我們的建議：______________________________

____

____

____

請貼
郵票

11466
台北市內湖區瑞光路 76 巷 65 號 1 樓
秀威資訊科技股份有限公司 收
BOD 數位出版事業部

（請沿線對折寄回，謝謝！）

姓　　名：＿＿＿＿＿＿＿＿　年齡：＿＿＿＿　性別：□女　□男

郵遞區號：□□□□□

地　　址：＿＿＿＿＿＿＿＿＿＿＿＿＿＿＿＿

聯絡電話：(日)＿＿＿＿＿＿＿＿(夜)＿＿＿＿＿＿＿＿

E-mail：＿＿＿＿＿＿＿＿＿＿＿＿＿＿＿＿